U0572938

BLUE BOOK

智库成果出版与传播平台

北京市哲学社会科学研究基地智库报告系列丛书

中央商务区蓝皮书
BLUE BOOK OF CENTRAL BUSINESS DISTRICT

中央商务区产业发展报告（2023）
ANNUAL REPORT ON CBD INDUSTRIAL DEVELOPMENT (2023)

数字服务提升城市能级
Digital Service Enhancing Urban Capacity

张　杰　高杰英 等／著

社会科学文献出版社
SOCIAL SCIENCES ACADEMIC PRESS (CHINA)

图书在版编目（CIP）数据

中央商务区产业发展报告 . 2023：数字服务提升城
市能级 / 张杰等著 . --北京：社会科学文献出版社，
2023. 11
（中央商务区蓝皮书）
ISBN 978-7-5228-2825-1

Ⅰ. ①中… Ⅱ. ①张… Ⅲ. ①中央商业区-经济发展
-研究报告-中国-2023 Ⅳ. ①F72

中国国家版本馆 CIP 数据核字（2023）第 217678 号

中央商务区蓝皮书
中央商务区产业发展报告（2023）
——数字服务提升城市能级

著　　者 / 张　杰　高杰英 等

出 版 人 / 冀祥德
组稿编辑 / 陈凤玲
责任编辑 / 李真巧
责任印制 / 王京美

出　　版 / 社会科学文献出版社·经济与管理分社（010）59367226
　　　　　　地址：北京市北三环中路甲 29 号院华龙大厦　邮编：100029
　　　　　　网址：www. ssap. com. cn
发　　行 / 社会科学文献出版社（010）59367028
印　　装 / 天津千鹤文化传播有限公司

规　　格 / 开本：787mm×1092mm　1/16
　　　　　　印张：19.25　字数：289 千字
版　　次 / 2023 年 11 月第 1 版　2023 年 11 月第 1 次印刷
书　　号 / ISBN 978-7-5228-2825-1
定　　价 / 149.00 元

读者服务电话：4008918866

　　本书是北京市社会科学基金研究基地重点项目"中央商务区产业蓝皮书（2023）——数字服务提升城市能级"（项目编号22JCB029）的研究成果，同时也是北京市哲学社会科学 CBD 发展研究基地和首都经济贸易大学"市属高校分类发展——京津冀协同发展与城市群系统演化的政产学研用平台构建"资助成果。

中央商务区蓝皮书
编委会

主要编撰者简介

张 杰 管理学博士，首都经济贸易大学教授、博士生导师，研究生院副院长。美国明尼苏达大学（University of Minnesota, Twin Cities）、罗格斯大学（Rutgers, The State University of New Jersey）访问学者。兼任中国城市经济学会理事，商务部服务贸易统计专家组顾问，北京市东城、朝阳等区人大财经委顾问等社会职务。主要研究领域为 CBD 发展战略、城市经济战略管理等。主持国家社会科学基金项目、北京市社会科学基金项目等 6 项，承担中央机构编制委员会办公室、自然资源部不动产登记中心、北京市经济和信息化局、北京市商务局等政府部门委托研究项目以及北京、昆明、郑州、三亚等地规划项目 60 余项。出版专著《特大城市中央商务区发展研究：产业布局·管理路径·国际战略》《中央商务区（CBD）楼宇经济发展研究》《中央商务区（CBD）现代服务业发展研究》《中央商务区（CBD）战略管理研究》等 8 部，合著教材或著作 20 部。发表学术论文 40 余篇。研究成果曾获北京市哲学社会科学优秀成果奖二等奖、国土资源科学技术奖二等奖。北京市青年教学名师。

高杰英 首都经济贸易大学教授、博士生导师，北京市哲学社会科学CBD 发展研究基地主任，北京市长城学者，北京市教学名师，北京市正高级职称专家评委。美国明尼苏达大学卡松商学院访问学者。教育部学位与研究生教育评估论文评审专家，中国投资协会学科建设委员会理事，北京市国际金融学会理事，全国期货产教融合联盟理事，*Frontia of Economics*、《经济理论与管理研究》、《北京理工大学学报》（哲学社会科学版）杂志匿名评审，中央人民广播电视台财经栏目、财新网特约评论员。专著《百年银行资本监管的逻辑与未来》获北京市第十四届哲学社会科学优秀成果奖二等奖，主讲课程"商业银行经营管理"获批国家级一流课程认定，主编案例获全国金融教指委优秀案例奖并入选中国金融专业学位教学案例库。

主要研究领域为区域经济与金融、金融机构与金融市场。具备多年大型银行和股份制银行工作经验，在《经济学动态》《国际金融研究》《经济学家》等核心期刊上公开发表论文46篇，出版专著3部、教材3部。主持国家社会科学基金项目"金砖银行互利共赢合作模式及风险防范机制研究"、国家社会科学基金后期资助项目"国际金融市场尾部风险效应及防范研究"，主持教育部国家留学基金项目与北京市社科、北京市教委等多项课题，撰写《农业发展银行减费让利与财务可持续关系研究》《外部冲击下全球股票市场风险溢出及我国A股市场风险防范对策研究》《北京市互联网金融行业风险预警预防工作机制》等研究报告。

摘　要

在新发展格局下，发展数字经济已经成为我国城市发展的主导战略，中央商务区数字服务提升城市能级的引领作用、动力要素和路径导向日益凸显。

本书立足中央商务区"数字服务提升城市能级"这一主题，从理论上研究 CBD 数字服务提升城市能级的五个推进方向，以案例分析当前我国十大城市 CBD 的数字经济发展动态，延续测算中央商务区发展相关指数，提炼总结城市能级提升三大路径，通过理论指导、案例分析、指标测算、路径凝练和实践借鉴，综合阐述我国中央商务区数字服务提升城市能级最新发展动态、特色与路径，并提出加快发展数字消费、数字科技、数字服务、数实融合等提升城市能级的具体发展建议。

立足"数字服务提升城市能级"主题，本书通过构建中央商务区综合发展指数、区域辐射指数、楼宇经济指数和营商环境指数，采用熵值法确定权重，对选定的一线城市和新一线城市中央商务区的发展情况进行测度。数据测算表明：当前我国城市 CBD 正处于产业转型、数字经济推进的转换阶段，一线城市和部分新一线城市 CBD 数字经济快速发展，数字服务融入城市管理、居民消费、服务业升级等各层面，数字治理、数字消费、数字贸易等新业态蓬勃发展。

为保证学术支撑和深入学理思考，本书对中央商务区数字服务提升城市能级的三大路径，即宏观数字服务、中观资产管理、微观企业转型，进行专题详细分析，并形成了三篇专题报告。专题报告既研究数字经济与数字服务

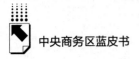
机理，又阐述资产管理和城市能级提升路径，具有一定理论深度。

展示借鉴各地 CBD 发展经验、了解汇总 CBD 实际发展情况，也是本书的重要内容和成果特色。上海陆家嘴管理局总结陆家嘴金融城专业服务发展方向，浙江省商务研究院研判杭州未来科技城 CBD 数字经济发展动态，观山湖现代服务产业试验区管委会分享楼宇经济管理模式，各地经验富有特色、可资借鉴。

作为国内主要研究 CBD 产业发展的蓝皮书，本书对近期北京、上海、广州、深圳、杭州等国内十城 CBD 数字经济发展动态进行了综合分析，其中北京 CBD 构建数据平台推进跨境数字服务、上海陆家嘴金融城提升专业服务推进数字贸易、广州天河 CBD 数字贸易发展推进建设示范区、深圳福田 CBD 数据要素赋能数字经济高质量发展、杭州城北 CBD 数字总部集聚产业生态链条。上述比较分析，既可以观察未来 CBD 数字经济与高端服务产业的发展方向和路径，也可以思考各地 CBD 发展中的特色与经验，为今后 CBD 发展和管理工作提供不可多得的借鉴与参考。

关键词： 中央商务区　数字服务　城市能级

目 录 ↖➡

Ⅰ 总报告

Ⅱ 指数评价篇

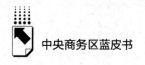
Ⅲ 专题研究篇

Ⅳ 区域实践篇

皮书数据库阅读**使用指南**

总 报 告

General Report

B.1

中央商务区数字服务提升城市
能级报告（2023）

张 杰[*]

摘　要： 在新发展格局下，发展数字经济已经成为我国城市发展的主导战
略，中央商务区数字服务提升城市能级的引领作用、动力要素和
路径导向日益凸显。本报告立足中央商务区"数字服务提升城
市能级"这一主题，从理论上研究 CBD 数字服务提升城市能级
的五个推进方向，以案例分析当前我国十大城市 CBD 的数字经
济发展动态，延续测算中央商务区发展相关指数，提炼总结宏观
数字服务、中观资产管理、微观企业转型三大路径，通过理论指
导、案例分析、指标测算、路径凝练和实践借鉴，综合阐述我国
中央商务区数字服务提升城市能级最新发展动态、特色与路径，
并提出加快发展数字消费、数字科技、数字服务、数实融合等提

---
[*] 张杰，管理学博士，首都经济贸易大学教授、博士生导师，北京市哲学社会科学 CBD 发展研
究基地副主任，主要研究领域为 CBD 产业发展、城市经济与战略管理。

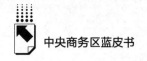
升城市能级的具体发展建议。

关键词： 中央商务区　数字经济　数字服务　城市能级

一　引　言

1996 年唐·泰普斯科特（Don Tapscott）在《数字经济：智力互联时代的希望与风险》中首次提出数字经济概念。1998 年美国商务部发布《新兴的数字经济》报告，正式提出数字经济的定义。2016 年 G20 杭州峰会通过《二十国集团数字经济发展与合作倡议》，首次将"数字经济"列为 G20 创新增长的一项重要议题。为加快数字经济发展，2017 年 3 月我国首次将数字经济写入政府工作报告。2021 年 3 月《中华人民共和国国民经济和社会发展第十四个五年规划和 2035 年远景目标纲要》发布，数字经济发展上升为国家战略。

在新发展格局下，《"十四五"数字经济发展规划》《数字中国建设整体布局规划》相继出台，从顶层设计我国数字经济发展体系。2022 年 7 月，国务院批准建立由国家发展改革委牵头，中央网信办、工业和信息化部等 20 个部门参与的数字经济发展部际联席会议制度，统筹协调国家层面数字经济发展战略的实施。2023 年 2 月，中共中央、国务院印发《数字中国建设整体布局规划》，强调到 2025 年，基本形成横向打通、纵向贯通、协调有力的一体化推进格局，数字中国建设取得重要进展；到 2035 年，数字化发展水平进入世界前列。在此背景下，经由国家推动、地方政府推进尤其是我国典型 CBD 所在的超（特）大城市政府的推动，近年来数字经济、大数据产业、数字服务业等新型经济形态和产业业态蓬勃发展，中央商务区数字服务正在显著提升城市能级。

2023 年 5 月 23 日，国家互联网信息办公室发布《数字中国发展报告（2022 年）》，报告指出 2022 年数字中国建设取得显著成效，其中，数字经济成为稳增长促转型的重要引擎。2022 年我国数字经济规模达 50.2 万亿元，总量稳居世界第二位，同比名义增长 10.3%，占国内生产总值的比重提升至 41.5%。

该报告指出，我国数字产业规模稳步增长，电子信息制造业实现营业收入 15.4 万亿元，同比增长 5.5%；软件业务收入达 10.81 万亿元，同比增长 11.2%；工业互联网核心产业规模超 1.2 万亿元，同比增长 15.5%。同时，数字企业创新发展动能不断增强。我国市值排名前 100 的互联网企业总研发投入达 3384 亿元，同比增长 9.1%。科创板、创业板已上市战略性新兴产业企业中，数字领域相关企业占比分别接近 40% 和 35%。[①]

2022 年我国大数据产业规模达 1.57 万亿元，同比增长 18%；数据产量达 8.1 ZB，同比增长 22.7%，占全球数据总产量的 10.5%。数据资源供给能力和流通应用创新能力不断提升，数据要素正成为除劳动力、土地、资本、技术之外最先进、最活跃的新生产要素。[②] 2023 年以来，我国数据资源体系建设步伐持续加快。

显然，数字经济、数字产业、数字服务的本质，是通过大数据发展要素和数字化服务技术推进城市产业结构的升级和产业功能的完善。从产业发展现实看，因其高创新性、强渗透性、广覆盖性，数字服务已成为当前提升京沪穗深等超（特）大城市生产性、生活性、生态性城市功能的主要手段。从产业发展空间来看，包括数字服务业在内的高端服务业最为集中的城市功能区，就是中央商务区（CBD）。因此，分析研究中央商务区数字服务提升城市能级的现状与方向，具有重要的理论价值和实践意义。

二 中央商务区数字服务提升城市能级五大推进方向

数字城市是城市发展的未来，中央商务区又是城市的核心功能区。中央

---

① 《国家互联网信息办公室发布〈数字中国发展报告（2022 年）〉》，国家互联网信息办公室网站，2023 年 5 月 23 日，http：//www.cac.gov.cn/2023-05/22/c_1686402318492248.htm。
② 《让数据可确权、可流通、可交易 构筑数字经济发展新优势》，国家互联网信息办公室网站，2023 年 8 月 8 日，http：//www.cac.gov.cn/2023-08/08/c_1693145260283464.htm。

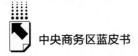

商务区数字服务提升城市能级的理论路径，涵盖了数字产业化、产业数字化和数字治理等内容，可以从 CBD 数字基础设施先进泛在、数字经济创新活跃、数字生态健康有序、数字政府智慧高效、数字社会全民畅享五个维度，全面提升城市金字塔能级（见图1）。

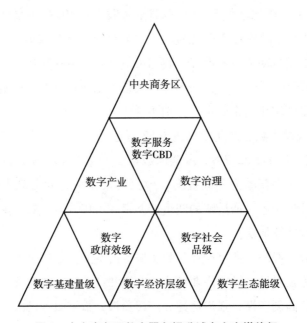

图1　中央商务区数字服务提升城市金字塔能级

（一）CBD 数字服务推进数字基础设施建设，扩大城市量级

CBD 起源于城市中心区、商业商贸商务集聚区、高精尖服务业等高端产业办公区，具备商务服务属性，出于对第一手信息交流的渴求，CBD 以最为先进的基础设施来支撑行业服务，所以 CBD 也是各城市最先部署、最先落地、最先生效的数字基础设施先行区。

CBD 需要高速泛在、集成互联、智能绿色、安全可靠的新型数字基础设施来赋能产业发展进而扩大城市量级。当下 CBD 需要以 5G/6G 和千兆光网等通信网络技术为基础，以人工智能、区块链等数据创新技术作为驱动力，以数据中心、云计算等数据算力为核心，建成城市数据中心、新型互联网交换中心，形成千兆带宽、万物互联、E 级算力发展格局，成为所在城市甚至城市群的数据信息通信枢纽节点，全力支撑数字商务服务。

（二）CBD 数字服务促进数字经济创新，提高城市层级

CBD 是最能适应、体现、激发数字经济这一经济形态的城市功能区域。数字经济的内涵，就是通过互联网等数字平台，充分利用数据资源推动研发、生产、流通、服务、消费等全价值链各环节的协同发展。作为立足于服务高端产业发展的功能区，CBD 具有全方位市场衔接、全产业链条服务、全时空信息处理的独特优势，可以显著提高城市层级。

从产业发展来看，CBD 可以激活金融、文化、商务、科技、信息等产业的全新消费需求，显著推进物联网、大数据、云计算、人工智能、虚拟现实等新一代信息技术全面创新发展，显著增强原始创新、集成创新、融合创新、应用创新等专业服务水平，通过信息节点、服务链条和产业圈层快速形成创新活跃的数字经济生态和数字服务市场。

（三）CBD 数字服务增进数字政府智慧，提质城市效级

2022 年 6 月 23 日发布的《国务院关于加强数字政府建设的指导意见》（国发〔2022〕14 号）明确提出，"将数字技术广泛应用于政府管理服务，构建数字化、智能化的政府运行新形态"。[①]

CBD 致力于提升高端商务服务、促进现代信息互通和精英人才集聚、打造先进生态设施，作为城市品牌形象区域，CBD 理应是所在城市数字化治理最为发达的功能区、所在区域政府管理最为高效的网格区和城市形象展示最为直接的标志区。这也要求区域政府率先建成智慧高效的数字政府，从保障发展秩序、优化营商环境与提升城市治理体系和治理能力现代化水平等

---

① 《国务院关于加强数字政府建设的指导意见》，中华人民共和国中央人民政府网站，2022 年 6 月 23 日，https://www.gov.cn/zhengce/content/2022-06-23/content_ 5697299.htm。

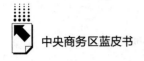

方面不断提质城市效级。

从 CBD 区域治理角度看，需要全面建成区域高效协同的施政履职数字化工作体系，区域规划、投资、建设、运营、维护等体制机制更加优化，CBD 城市云脑支撑城市治理精准感知、科学分析、智慧决策的能力显著增强，实现区域办公"一网协同"、政务服务"一网通办"、社会治理"一网统管"、政府决策"一网支撑"，以数字政府强力支持数字服务。

（四）CBD 数字服务推动数字社会全民畅享，扩容城市品级

CBD 数字服务因其全球化、大体量、实时性，要求互联网等数字平台具有普及率高、渗透性强、更新及时等特点，使数字金融便利大众、数字文化温润社会、数字商务服务产业、数字科技改变生活、数字信息沟通你我，通过商务服务带动产业结构升级、经济层次迭代和区域科学治理，最终建成全面畅享的数字社会。

从 CBD 共享发展角度看，需要全面加快教育、医疗、养老、文旅、出行、家庭、社区等领域服务设施的智能化升级，不断扩展和丰富社会交互空间与生产生活消费方式，建设包括人、内容生态、表现形式、产业、区域和技术支撑等在内的普惠高效、融合多元的现代数字社区，推动建成现代化数字社会，不断提升城市品位、扩容城市品级。

（五）CBD 数字服务保障数字生态健康有序，提升城市能级

CBD 数字服务离不开数据要素、数字内涵和信息沟通，客观上需要由互联网等信息平台驱动、由标准的硬件与软件等数字设备提供服务保障并系统实现企业信息和数据的流通等数字化服务的数字经济生态系统；同时，着眼于可持续发展，也极其需要促进发展与规范管理相统一，构建数字规则体系，营造开放、健康、安全的数字生态系统。

从 CBD 数字服务角度看，需要数据要素基础制度不断完善、数据要素供给更加丰富，需要围绕促进数据要素合规高效、安全有序流通和交易，需要不断培育专业数据开发商和第三方专业服务机构，建设数据要素流通中

心、应用场景引领中心和产业赋能创新中心，更加科学、智慧、可持续地提升城市能级。

三 当前我国十大城市 CBD 数字经济发展动态

当前，作为国家重要发展战略和地方政府产业经济发展主方向，在我国诸多 CBD 所在地，如北京、上海、广州、深圳、杭州、重庆、天津、成都、南京、武汉等超（特）大城市，数字经济正在进入发展快车道，并取得了显著成绩。

（一）北京 CBD：构建数据平台推进跨境数字服务

2021 年 8 月印发《北京市关于加快建设全球数字经济标杆城市的实施方案》、10 月印发《北京市关于促进数字贸易高质量发展的若干措施》，2022 年 5 月印发《北京市数字经济全产业链开放发展行动方案》、6 月发布《北京市数字消费能级提升工作方案》，北京市近年来力推数字经济、数字贸易、数字消费发展工作。2022 年北京市数字经济发展居全国前列，实现增加值 17330 亿元，占地区生产总值的 41.6%。① 2023 年上半年，北京市数字经济实现增加值 9180.5 亿元，同比增长 8.7%，占地区生产总值的比重为 44.5%，同比提高 1.1 个百分点；其中，数字经济核心产业实现增加值 5565.1 亿元，增长 10.9%，占数字经济增加值的比重超 6 成。②

作为北京市核心区域，北京 CBD 所在朝阳区积极探索数字经济新路径，围绕"科技+商务"双轮驱动发展战略，着力打造"3+X"数字经济产业体系，重点突破产业互联网、人工智能、数字安全三大核心产业集群，培育互联网 3.0、光子、量子、数字医疗等前沿产业新优势。目前，朝阳区已经拥

---

① 赖志凯：《数字经济推动北京产业重构》，《工人日报》2023 年 7 月 11 日，第 7 版。
② 《2023 年上半年各省市数字经济成绩单》，数据观，2023 年 8 月 1 日，https：//www.163.com/dy/article/IB2P4KPB0511A72B.html。

有 600 多家与互联网 3.0 产业相关的企业，全面涵盖基础支撑、底层技术、运营服务和场景应用等关键环节，初步形成以人工智能技术、交互技术和运算技术等核心技术为基础的互联网 3.0 产业体系。朝阳区加快北京数字经济算力中心建设，上线国内首个数字人存证平台，为互联网 3.0 产业发展夯实基础。

北京 CBD 作为北京"两区"政策叠加区与北京数字经济、国际消费中心城市建设主承载地，发展优势明显。2022 年以来，北京 CBD 积极探索数字经济发展道路，推出一批创新场景，不断推进建设具有全球影响力的数字 CBD 标杆区。[①]

2022 年 5 月 20 日，北京 CBD 招商服务中心举行北京 CBD 全球数字会客厅线上发布会；5 月 27 日发布北京 CBD 全球创新创业云中心，在数字世界中创造了集创新交流、资本孵化与企业服务于一体的时空融合数字空间，开创 Web3.0 时代创新创业新模式；7 月 26 日发布国内首个 L4 级别高精度城市级数字孪生平台，实现北京 CBD 的 1∶1 全要素、高拟真还原，实现"足不出户"开展全球化招商推介；7 月 29 日，北京 CBD 联合北京国际大数据交易所正式揭牌成立北京 CBD 跨国企业数据流通服务中心，落实数据要素市场化跨境流通，服务数据跨境市场。

（二）上海陆家嘴金融城：提升专业服务推进数字贸易

2000 年 10 月上海提出发展数字新经济，提出"100+"应用场景，覆盖十二大领域；2021 年 1 月发布《关于全面推进上海城市数字化转型的意见》，7 月发布绿色低碳、元宇宙、智能终端产业发展三大"新赛道"行动方案，8 月上海市经信委发布《数都上海 2035》；2023 年 1 月，上海发布首批元宇宙重大应用场景需求榜单，涵盖商业运营、课堂教育、文旅出游、品牌娱乐、智能制造、医疗健康、数字城市七大领域。2023 年 6 月上海市关

---

① 《2022 成绩单 | 数字赋能产业升级，助力北京 CBD 高质量发展》，北京商务中心区管理委员会，2023 年 1 月 12 日，https：//baijiahao.baidu.com/s? id＝1754806883650627341&wfr＝spider&for＝pc。

于城市数字化转型发展情况的报告指出，上海市数字经济核心产业增加值保持平稳较快增长，产业规模已超过 5500 亿元。① 目前上海正加快"硬核"数字技术攻关，包括开展跨境贸易、工业互联网、供应链金融、区域征信等重点领域的应用；推动通用人工智能大模型创新发展，本土 AI 企业发布语言大模型和 AIGC 产品级应用，"MOSS"大模型上线开源，支持企业积极布局大模型研发和垂直领域应用。2023 年上半年全市信息传输、软件和信息技术服务业增加值同比增长 10.7%。1~5 月全市信息传输、软件和信息技术服务业实现营业收入同比增长 18.4%。其中，互联网和相关服务业在部分电商、外卖等平台企业持续发展利好因素的作用下，营业收入同比增长 23.8%；软件和信息技术服务业在部分应用软件企业的拉动下，营业收入同比增长 15.0%。②

目前，陆家嘴中心区已发展成为拥有 1500 万平方米写字楼（其中甲级写字楼占 50% 以上）的产城融合区域，形成了"一核一心一带一轴"的空间发展格局，成为国内专业服务业的重要集聚地。陆家嘴集聚各类专业服务机构 3000 多家，其中全球律所创收排名前 10 中 6 家、全国律所创收排名前 10 中 5 家、上海市律所创收超 10 亿元的半数以上，以及全球四大会计师事务所中 3 家、全国会计师事务所 20 强中 11 家，全球五大地产经纪公司中 4家，均在陆家嘴设有机构，呈现"产业规模大、国际化程度高、品牌影响力广"的显著特点，为增强区域经济活力以及优化营商环境发挥了重要的促进作用。

据 2023 年 1 月上海市政府新闻发布会数据，2022 年上海全力稳住外贸基本盘，货物进出口达到 4.19 万亿元，同比增长 3.2%。③ 2023 年上海将实施"货物贸易优化升级"行动，继续全力培育贸易竞争新优势，促进外贸

① 黄景源：《上海数字经济核心产业规模已超 5500 亿元，建成 25 个生活数字化转型重点场景》，网易，2023 年 6 月 20 日，https://www.163.com/dy/article/I7N4ONOL0534A4SC.html。
② 《上半年上海国民经济运行情况解读：经济保持恢复性增长态势》，澎湃网，2023 年 7 月 20日，https://m.thepaper.cn/baijiahao_23922329。
③ 《2022 年货物进出口达 4.19 万亿元 上海将促进外贸稳中提质》，中国新闻网，2023 年 1月 29 日，https://www.sohu.com/a/635260506_123753。

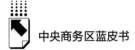

稳中提质，提升数字服务等国家特色服务出口基地能级，围绕生物医药、信息技术、集成电路等产业，大力发展数字贸易，优化数字贸易发展政策，加快集聚和培育数字贸易标杆企业，打造数字贸易品牌，推动建设上海数字贸易国际枢纽港。

（三）广州天河 CBD：数字贸易发展推进建设示范区

2020 年 3 月，广州出台《广州市加快打造数字经济创新引领型城市的若干措施》，提出加快打造数字经济创新引领型城市；2021 年获批创建国家人工智能创新应用先导区；2022 年在全国率先出台首部城市数字经济地方性法规《广州市数字经济促进条例》，当年 12 月，广东数字金融创新产业园（起步区）在广州市天河区正式挂牌运营，这是全国首个数字金融创新产业园区。

2020 年 4 月，商务部、中央网信办、工业和信息化部公布首批 12 家国家数字服务出口基地名单，广州天河 CBD 成为唯一获批国家数字服务出口基地的中央商务区。当年，广州天河 CBD 有数字服务类企业近 2 万家，其中高新技术企业超 700 家，软件业务收入达 450 亿元，数字服务出口企业近 400 家，电信、计算机和信息服务出口额达 63 亿元，区内已实现光纤宽带和 5G 全覆盖。依托完善的数字基础设施、硬件环境和高端的业态，数字服务新应用先后出现。

2022 年广州市数字贸易实现进出口 411.23 亿美元，同比增长 20%，近三年平均每年增长 27.8%，远远高于服务贸易和货物贸易的年均增速。集成电路设计、网络与数据安全、电商服务平台、人工智能、云计算和大数据等新兴高附加值服务外包均实现倍增，特别是知识产权服务执行额同比增长 7.6 倍。广州数字贸易额超亿美元的企业有 20 家，超千万美元的企业有 147 家，金融服务、数字音乐、广告营销、生物医药、游戏动漫等领域涌现出一批具有国际化视野和资源整合能力的"单打冠军"和"隐形冠军"。[①]

---

① 《新政策　新动力　新方向　2023 广州数字贸易发展论坛成功举办》，广州市商务局网站，2023 年 2 月 28 日，http：//sw.gz.gov.cn/gkmlpt/content/8/8823/post_8823846.html#151。

2022 年 7 月，广东省委深改委部署出台《关于支持广州市天河中央商务区建设"四个出新出彩"示范区的行动方案》，推动天河 CBD 打造成为综合城市功能、城市文化综合实力、现代服务业、现代化国际化营商环境出新出彩示范区。目前，天河 CBD 汇聚超过 120 家企业总部，超 200 家世界500 强企业投资设点，54 家外国领事机构驻扎，经济总量超过 3000 亿元，这片占广州千分之二的土地产出了全市八分之一的 GDP。

（四）深圳福田 CBD：数据要素赋能数字经济高质量发展

2021 年，深圳福田区印发《福田区推进数字经济发展行动方案（2021—2023）》，着力打造数字经济发展高地，构建数字经济"1+6+N"发展体系。2023 年 6 月，福田区再出台《福田区数字经济高质量发展行动方案（2023—2025）》，提出打造具有全国辐射力和示范性的数字经济发展"一区三地"目标，其中，"一区"是指国家数字经济先行示范区，"三地"是指数字科技前沿创新高地、数字产业融合示范高地、数字要素市场生态高地，推动实施数字新基建、创新数字新科技、引进数字新智造、提升数字新金融、激活数字新文化、拓展数字新商贸、培育数字新生态、优化数字新治理八大行动，落实落细信息基础设施、算力中心等 26 个项目。

2022 年，福田区数字经济核心产业增加值约为 678 亿元，占 GDP 的12.3%。2023 年第一季度，实现增加值同比增长 8.1%，数字经济规模超百亿元级企业超 40 家，集聚荣耀终端、华为数字能源、平安科技、华润数科等龙头企业。[①]

近年来福田 CBD 区域数字经济和数字服务快速发展。"湾区芯谷"加速建成，以 EDA 龙头企业华大九天等优质企业与意法半导体全球封测创新中心等重大平台落户加快集成电路产业集聚。引进粤港澳大湾区量子科学中心，深圳国际量子研究院率先研发具有自主知识产权的 30kV 电子束曝光

---

① 《福田"新经济"系列观察②丨数字经济乘风而起，数据要素赋能创新》，福田区发展和改革局，2023 年 6 月 26 日，http://www.szft.gov.cn/bmxx/qfzhggj/gzdt/content/post_ 10668011.html。

机。推动上市全国首支金融科技指数——香蜜湖金融科技指数，以湾区国际金融科技城、国际金融科技生态园打造"金科双园"联动发展格局，气候投融资机制改革入选国家首批试点。打造全省首个法人数字空间金融场景应用，建设产融金融创新公共服务平台——"福田产融直通车"。推出全国首创深圳数字交互皮影剧《嬉戏》和 AR 多维皮影戏等非遗创新科技类项目。开展"全民 AR 寻宝"、丹青光影数字书画艺术展等数字文化活动，建立"沉浸式"体验数字文物博物馆，设置博物馆虚拟现实体验区。

福田率先在城区品质管理中应用"BIM+CIM"数字技术，建设绿色低碳产业园区。数字政府全面升级，区政府投资项目全流程智慧化监管平台已集成市、区 11 个系统的数据。数字民生不断深入，福田全面提升文体公共服务水平，推动文体设施实现 100%"一网统管、一键预约"。同时，以构建数字经济核心产业监测体系为抓手，搭建数字经济监测平台，提升监测和服务水平，促进数字经济高质量发展。①

（五）杭州城北 CBD：数字总部集聚产业生态链条

2018 年杭州市数字经济核心产业营收突破万亿元，达到 10824 亿元，当年 10 月发布《杭州市全面推进"三化融合"打造全国数字经济第一城行动计划（2018—2022 年）》。2022 年 9 月，杭州提出高水平重塑全国数字经济第一城，以数字化改革为牵引，以科技创新为核心动力，谋划打造万亿级智能物联产业圈，以视觉智能、云计算、大数据、网络通信、智能仪表、高端软件和人工智能等优势基础产业作为主攻方向，形成数字产业生态圈。2022 年，杭州数字经济核心产业增加值突破 5000 亿元，占 GDP 比重超 27%；营收达 1.6 万亿元。② 2023 年 5 月，杭州召开全市数字经济创新提质

① 《福田观察｜聚焦数字经济，全国首个数据要素全生态产业园启动》，南方 Plus，2023 年 6 月 17 日，https：//static. nfapp. southcn. com/content/202306/17/c7802896. html。
② 唐骏垚：《头雁杭州如何领飞数字经济创新提质——硅谷天堂，寻找下一个爆发点》，浙江网，2023 年 5 月 24 日，https：//news. hangzhou. com. cn/zjnews/content/2023-05/24/content_8540847. htm。

"一号发展工程"大会，力推数字新经济。

在"以设计带动制造"的发展思路下，杭州正在补强数字经济的"硬核"。2022 年，杭州数字经济核心产业增加值增速为 2.8%，但集成电路产业增加值增速达 10.2%，实现两位数增长，"软强硬弱"局面正在改观。[①] 20 年来，杭州培育了一批数字经济龙头企业。"2022 杭州市数字经济百强企业榜单"入榜企业营收超 1.5 万亿元，较上年增长超 26%。2023 年上半年，杭州第三产业增加值增长 9.3%，以信息传输、软件和信息技术服务业为主体的营利性服务业增加值增长 10.5%。[②]

杭州城北 CBD 所在余杭区，2023 年上半年实现地区生产总值 1456.11 亿元，同比增长 10.8%，其中数字经济对全区 GDP 贡献超六成，总量居浙江县（市、区）第一位。余杭区云集阿里巴巴集团全球总部、字节跳动华东中心、快手浙江中心、菜鸟网络总部、中电海康总部、vivo 全球 AI 研发中心、OPPO 全球移动端研发总部等数字经济总部企业，数字经济核心产业增加值约占杭州市的 1/3、浙江省的 1/5，余杭区数字经济发展一马当先。数字总部正带动数字经济产业链条延伸和产业生态集聚。目前余杭区已集齐"淘快抖"三大电商平台，孵化遥望科技等头部 MCN 机构，集聚超 100 名百万以上粉丝主播、超 500 名十万以上粉丝主播。依托未来科技城数字经济产业基础，余杭区还吸引了超 1200 家电商产业链相关企业入驻。[③]

（六）重庆江北嘴 CBD：数字经济渗透产业商圈服务

作为六个国家数字经济创新发展试验区之一，重庆数字经济发展深刻影

---

① 唐骏垚：《头雁杭州如何领飞数字经济创新提质——硅谷天堂，寻找下一个爆发点》，杭州网，2023 年 5 月 24 日，https：//z.hangzhou.com.cn/2023/202304jjfsz/content/content_ 8541315_0.htm。

② 鲁佳：《6.9%！2023 年上半年杭州 GDP 9602 亿元》，钱江晚报百家号，2023 年 7 月 20 日，https：//baijiahao.baidu.com/s? id=1771928428194028902&wfr=spider&for=pc。

③ 何玲玲、朱涵、马剑：《站上新风口 再创新优势 杭州余杭实现"两位数增长"的"数字密码"》，浙江在线，2023 年 8 月 8 日，https：//zjnews.zjol.com.cn/ymkzj/202308/t20230808_26073230.shtml。

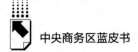

响着经济社会生活的方方面面，成为激发城市活力的重要因素。2023 年 7 月 10 日，《重庆市互联网发展报告（2022）》发布，重庆市数字化综合发展水平在全国 31 个省（区、市）中排名第 9，位列全国第一梯队。①

近年来，重庆数字基础设施建设不断取得新突破。截至 2022 年底，每万人拥有 5G 基站数超 19 个，位列全国第 7；光纤入户端口数达到 2587.4 万个，占比达 96.9%，10G-PON 端口数达到 28.2 万个。②

截至 2022 年底，工业互联网标识解析国家顶级节点（重庆）已连接西部 10 省市 38 个二级节点、2 万余家企业，标识注册量累计达 149.6 亿条，解析量超 89.9 亿次；"星火·链网"区块链基础设施不断完善，接入企业超 650 家，总标识注册量 1.1 亿条。

2022 年，重庆数字经济赋能作用凸显，综合评价居全国第 12 位，已成为城市高质量发展新引擎。全市软件业务收入超过 2700 亿元，总量进入全国前十；新能源汽车产量 37 万辆，同比增长 1.4 倍。建设 144 个智能工厂、958 个数字化车间；打造 40 个市级智能制造示范标杆，建设 30 个创新示范工厂和 30 个 "5G+工业互联网" 先导示范场景。

2022 年重庆加快建设数字政府，政务服务效率和便捷度大幅度提升，数字政务综合评价排名全国第 9。"渝快办"——重庆打造的全市统一的政务服务平台注册用户超 2600 万，累计办事 2.6 亿件，行政许可实现全面清单化管理、99% 的事项 "最多跑一次"，311 项 "川渝通办" 政务服务事项全面落地、办理总量超 1300 万件次。建成市级部门数据资源池 68 个，实现数据共享 10416 类、开放 5493 类，共享数据日均调用量突破 1300 万条。

2022 年 12 月，商务部公布首批 12 个全国示范智慧商圈、16 家全国示范智慧商店，解放碑—朝天门商圈及重庆来福士、WFC 重庆环球购物中心

① 《〈重庆市互联网发展报告（2022）〉发布 重庆数字化水平位列全国第一梯队》，重庆市人民政府网站，2023 年 7 月 11 日，http://wap.cq.gov.cn/ywdt/jrcq/202307/t20230711_12138558.html。

② 《十大亮点！重庆数字化综合发展水平全国第 9 居全国第一梯队》，华龙网，2023 年 7 月 10 日，https://baijiahao.baidu.com/s？id=1771040833678601390&wfr=spider&for=pc。

两家商场入选。近年来，解放碑—朝天门商圈持续推动数字化转型与智慧商圈建设，包括建成近 170 个 5G 基站、85 个公共 Wi-Fi 亭、近 70 个多功能智慧灯杆、超 330 处智能垃圾回收站、9 座智慧公厕等智能化便民设施。

2023 年 6 月，位于重庆江北嘴 CBD 的江北嘴数字经济产业园正式投入运营，产业园采取云计算、大数据、区块链、人工智能、物联网、5G 等技术，全渠道、多方位为入驻企业及项目服务，首批入驻企业 40 余家。

（七）天津小白楼 CBD：数字经济产业园区快速发展

国家网信办发布的《数字中国发展报告（2022 年）》显示，天津市数字化综合发展水平排全国第 8 位，位于全国第一梯队。2023 年 7 月《天津市互联网发展报告（2022）》发布，天津加快构建全市数字基础设施大动脉，整体建设水平居全国第 7 位；每万人拥有 5G 基站 26.1 个，居全国第 3 位；千兆宽带接入用户占比达 20.04%，居全国第 7 位；重点网站 IPv6 支持水平居全国第 5 位。同时，天津积极推进全国一体化算力网络京津冀国家枢纽节点建设，在用商业数据中心规模超 5.3 万标准机架，8 家数据中心入选国家绿色数据中心，全市智能电表覆盖率达 100%。天河新一代超级计算机同时斩获第 24 届国际超算排名大数据图计算能效榜单和小数据图计算能效榜单两项全球第一。此外，天津以信息化驱动引领现代化，加快全市数据资源整合，截至 2022 年底，全市人均数据产量居全国第 3 位，数据开放水平位列全国第一梯队。据测算，2022 年天津市数字经济规模超 8700 亿元，全市软件和信息技术服务业收入 2722 亿元，人工智能产业核心规模达到 140 亿元，智慧农业、智能制造、数字商务发展迅猛——全市农业生产信息化率为 30.5%，西青区、津南区顺利通过国家数字乡村试点地区终期评估；全市工业企业"上云"突破 9000 家，打造 316 家智能工厂和数字化车间；全市超过 80% 的餐饮企业开通网络售卖业务，网上零售交易水平排全国第 10 位。[①]

---

① 《加快推进数字天津建设〈天津市互联网发展报告（2022）〉正式发布》，央广网百家号，2023年 7 月 28 日，https://baijiahao.baidu.com/s? id=1772668904283833041&wfr=spider&for=pc。

2022年，天津上线23个"一件事一次办"办事场景，市级行政许可事项网上审批和"零跑动"事项比例提升到87%，即办件占比提升到38%。2022年，全市政务新媒体影响力居全国第10位。2022年，天津市信息和通信技术（ICT）相关产业研发人员、ICT相关产业研发经费投入、电子信息领域高新技术企业情况均居全国第6位。在累计引进的44.3万名各类人才中，新一代信息技术、人工智能等新兴产业从业人员占比26%。[①]

2022年6月，天津发布《中国新一代人工智能科技产业发展报告》《天津城市智能体白皮书》等成果，天津高标准建设国家数字服务出口基地，打造天津国际数字服务港，可数字化交付服务贸易额达68.51亿美元，位列全国第8。天津加快全市数据资源整合，资源供给能力持续增强，数据资源得分全国排名第9位。截至2022年底，天津市人均数据产量居全国第3位，市信息资源统一共享交换平台为230余个场景提供数据共享服务，数据开放水平位列全国第一梯队。[②]

天津小白楼CBD所在河西区，截至2023年上半年数字经济企业共计1956家，企业数量同比增长14.9%，2023年1~6月实现营收58.76亿元，同比增长27.7%，实现全口径税收16745万元。2019年网信大厦暨天津市数字经济产业创新中心挂牌亮相，依托网科大厦、中国太平金融大厦、五福大厦、北大资源新文化中心等商务楼宇，新八大里数字经济产业主题园区稳步发展，截至2023年6月，园区共有企业440家，企业数量同比增长4.3%，2023年1~6月实现营收24.09亿元，同比增长20.5%。其中规上企业41家，营业收入20.58亿元，占园区营业收入的85.4%。数字经济企业311家，占企业总量的70.7%，营收19.20亿元，占园区总量的79.7%。[③]

---

① 《〈天津市互联网发展报告（2022）〉发布 加快推进网络强市数字天津建设》，天津市人民政府网，2023年8月10日，https://www.tj.gov.cn/sy/tjxw/202308/t20230810_6374034.html。
② 《〈天津市互联网发展报告（2022）〉发布 加快推进网络强市数字天津建设》，天津市人民政府网，2023年8月10日，https://www.tj.gov.cn/sy/tjxw/202308/t20230810_6374034.html。
③ 王钰晨：《河西区数字经济发展稳步推进》，北方网，2023年8月10日，http://news.enorth.com.cn/system/2023/08/10/054229319.shtml。

（八）成都天府 CBD：数实相融推进数字产业建圈强链

四川是全国六个国家数字经济创新发展试验区之一，成都则是四川建设国家数字经济创新发展试验区的核心区域，数字经济正成为成都高质量发展的动力源泉。近年来，成都深入贯彻落实制造强国、数字中国等战略，持续推动数字产业化和产业数字化，不断促进数字经济与实体经济深度融合。

2022 年成都集聚国家川藏铁路技术创新中心等 138 家国家级创新平台，在产业建圈强链方面，成都已形成电子信息万亿元产业集群、8 个千亿元产业集群，高新技术企业总数增至 9952 家，较 2018 年增长 253.36%，科创板上市企业 16 家，排全国第 6 位；腾讯、阿里巴巴、百度、字节跳动、快手、爱奇艺等头部企业先后落户；中德合作智能网联汽车、车联网标准及测试验证试点示范项目四川试验基地、国家数字服务出口基地、中国（成都）超高清创新应用产业基地等数字新基建快速发展。①

2022 年 5 月，"东数西算"成渝枢纽节点样板工程成都智算中心正式上线，这是全国唯一智算存一体的超大型数据中心，人工智能算力平台拥有"天宫"昇腾 AI 全栈基础软硬件平台 300P 的 AI 计算能力。截至 2023 年 5 月，成都已先后建成西门子、富士康、积微物联等一批工业互联网特色云平台，培育 27 家云平台服务商，引导 4 万余家企业使用云平台，培育打造了 50 余个市级、20 余个省级、11 个国家级工业互联网示范项目。2022 年成都数字经济核心产业增加值为 2779.51 亿元，占全市地区生产总值的比重为 13.4%，较上年同期提升 0.3 个百分点，占全省数字经济核心产业增加值的比重达 64.3%。

成都天府 CBD 所在天府区于 2022 年 11 月集中授牌 30 家四川省级数字化转型促进中心，依托数字经济相关企业、科研院校、产业联盟等主体，整合各方资源，为产业集聚区、产业链上下游企业、行业内中小企业

---

① 吴君：《成都驶上数字经济发展快速路》，中访网，2022 年 12 月 15 日，https：//baijiahao.baidu.com/s？id=1752242376855120446&wfr=spider&for=pc。

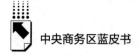

等提供转型促进服务。据悉，四川长虹打造的工业互联网平台，已服务中小企业用户近 8 万家；成飞集团推出的数字化工艺集成解决方案，提高加工效率近 30%；铁骑力士搭建的智慧养殖系统，为生猪养殖户降低成本超1000 万元。

（九）南京河西 CBD：数字金融双向赋能实体转型升级

2013 年南京制定出台《关于加快大数据产业发展的意见》。2021 年 10 月，南京发布《南京市"十四五"数字经济发展规划》。2022 年 2 月《南京市制造业智能化改造和数字化转型实施方案（2022—2024 年）》发布，着力推进制造业智能化改造和数字化转型；3 月，南京市商务局发布了《数字贸易发展行动方案（2022—2025 年）》，重点关注数字技术、数字金融、数字文化、跨境电商、知识产权服务、数据服务等领域；6 月《推进数字经济高质量发展实施方案》出台，提出到 2025 年，全市数字经济综合发展水平居全国前列，建成领先的数字经济名城。2023 年 3 月 16 日，南京市数字经济工作领导小组办公室正式印发《南京市推进数字经济高质量发展 2023 年工作要点》，重点推进打造具有国际竞争力的数字产业集群、加快产业数字化转型、提升数字治理现代化水平、建设新型数字基础设施、优化数字经济支撑环境、强化数字经济工作推进力度六方面 21 项重点任务。

南京河西 CBD 所在建邺区聚力推动数字经济产业发展。2022 年南京-华为联合创新实验室揭牌，华为政务—网通军团核心研发团队入驻，城市鸿蒙产业园启动建设。引进深信服、威努特、竹云科技等头部企业区域总部 4家，上下游关键节点企业 22 家，落地睿行数智、天数智芯等一批行业"隐形冠军""单打冠军"，形成数字基建、智慧物流和交通两个百亿级产业赛道，数字经济核心产业实现营收 530 亿元，增速 8.5%。[①]

---

① 《建邺：在中国式现代化南京实践中绘出最美图景》，搜狐网，2023 年 1 月 2 日，https://www.sohu.com/a/623714366_121388342。

数字技术和金融行业双向赋能，作为南京"重要金融中心核心集聚区"，2022年建邺区金融业增加值占GDP比重超30%，累计集聚金融类机构超1700家，税收占全区近50%，新增金融类持牌、备案机构超100家，数字人民币正不断落地。[①] 2023年1月，交通银行江苏省分行完成数字人民币在"建邺高新进园保"产品场景下的试点应用，成功将300万元"初贷保"发放给江苏朗瑟贸易有限公司；南京般罗若科技有限公司通过电子税务局签约数币三方协议，用数币钱包缴纳所得税3000元，宣布南京首单对公客户数字人民币缴税落地建邺区，实现了南京数币场景又一突破。

同时，建邺区还集聚了全国互联网20强企业中的13强，形成了数字基建百亿级产业赛道。2023年5月，中能壹方云、智慧互通、惊蛰数字科技、猿圈圈智能技术、阿里瓴羊智能科技、数字冰雹信息技术、视源股份江苏公司、小爱（江苏）数字智能8个优质数字经济产业项目签约，建邺夯实数字底座、开放产业生态、赋能实体转型升级。

（十）武汉王家墩CBD：数字基建推进数字产业创新布局

近年来，武汉市着力推进数字新基建、数字产业化、产业数字化、数字化治理和数据要素价值化等工作。2021年，该市数字经济核心产业增加值实现1635亿元，占GDP比重达到9.2%，整体发展水平居全国前列。[②] 2022年，武汉市数字经济发展进一步加快，成功入选国务院通报的全国2021年度建设信息基础设施和推进产业数字化成效明显市（州）。

2023年3月，武汉市发改委发布数字经济发展报告。报告指出，武汉市数字经济核心产业涵盖"光芯屏端网"、人工智能、大数据与云计算、量子科技、空天信息、智能网联汽车等方面。作为全国首批5G试点城市，截至2023年3月，武汉已建成5G站点超过3.9万个，5G商用规模和速度居

---

① 《金融与数字经济如何在南京建邺"双向奔赴"》，网易，2023年5月17日，https://www.163.com/dy/article/I4V0FCMD0519BAES.html。

② 《武汉首部数字经济发展报告出炉 7万余家中小企业"上云用数赋智"》，长江商报百家号，2023年3月30日，https://baijiahao.baidu.com/s？id=1761750568045883260&wfr=spider&for=pc。

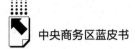

中部地区第一位。23 个工业互联网标识解析二级节点接入国家顶级节点，辐射湖北、湖南、江西、河南中部四省。"双千兆"城市于 2022 年底基本覆盖城区，投入使用 5G 车路协同测试道路 125 公里。"星火·链网"超级节点、骨干节点相继落户，已形成以"光芯屏端网云智"为特色的数字产业体系，持续推动数字经济与主导产业融合发展，年均滚动实施 500 个技改项目。2022 年，武汉推出数字经济应用场景 247 个，获批创建国家区块链发展先导区、人工智能创新应用先导区。①

武汉市一体化政务服务平台可网办事项率超 90%，实现 140 项事项全市通办、103 项事项掌上可办、220 项事项"一张身份证办成"。武汉在数字行政服务、数字公共服务、数字生活服务三个方面，均进入全国前列。

武汉王家墩 CBD 所在江汉区从数字基础设施建设、数字产业培育、服务业数字化转型、社会治理数字化等方面谋划数字经济实施方案，牵头拟定了《江汉区数字经济发展三年行动计划（2023—2026 年）》《关于促进区块链产业创新发展有关政策措施》《江汉区进一步支持科技创新推动数字经济集聚发展政策措施》等多个政策文件，推动数字经济区域总部建设。2022 年，江汉区以"数智江汉"建设为主线，聚焦"网、云、智、链、数"五大核心产业发展方向，已形成武汉云数字经济总部区、中国电子数字经济产业园、圈外区块链融合创新产业园、国泰汉口科创中心、武汉中心书城等数字产业园（楼宇）发展格局，全区数字经济核心企业已有 240 余家，全年全口径数字经济总量约 673 亿元，占 GDP 比重达到 44%。城区数字化转型初见成效，湖北邮电规划的"数据要素共享平台"入选工信部2022 年大数据产业发展试点示范项目，"全域智能运营"城市治理模式荣获ICT 中国（2022）最佳创新先锋案例。②

---

① 《5G 商用规模和速度居中部第一 武汉首部数字经济发展报告出炉》，武汉市科学技术局，2023 年 3 月 28 日，https://kjj.wuhan.gov.cn/xwzx_8/kjspxw/202303/t20230328_2176629.html。
② 朱惠：《今年武汉多层锚定数字经济发力》，湖北日报网站，2023 年 2 月 10 日，https://news.hubeidaily.net/mobile/1095002.html。

四　中央商务区数字服务提升城市能级数据支撑分析

本报告在《中央商务区产业发展报告（2022）》的基础上，以数字服务提升城市能级为出发点，继续跟踪分析中央商务区发展数据支撑体系，包括中央商务区综合发展指数、区域辐射指数、楼宇经济指数和营商环境指数，从中探析中央商务区高质量发展的概况与趋势、特点和规律。

本报告共选取 13 个 CBD，分别为北京 CBD、上海陆家嘴 CBD、广州天河 CBD、深圳福田 CBD、天津滨海新区 CBD、重庆解放碑 CBD、西安长安路 CBD、武汉王家墩 CBD、杭州武林 CBD、南京河西 CBD、成都锦江 CBD、长沙芙蓉 CBD、沈阳金融商贸 CBD。

下文提到的一线城市，均包括北京、上海、广州、深圳四个城市，其余样本 CBD 所在城市均为新一线城市。

（一）中央商务区综合发展指数评价

中央商务区综合发展指数由五个方面的分指数组成，分别反映 CBD 发展的某个特定方面。本报告把经济发展分指数、经济驱动分指数、科技创新分指数、社会发展分指数、区域辐射分指数列为一级指标。报告按照熵值法计算原理，分别对 2019~2021 年我国 13 市 CBD 的综合发展指数及五个分指数进行测算，如表 1 所示。

表 1　13 市 CBD 综合发展指数及分指数（2019~2021 年）

年份	所在城市分类	CBD	经济发展	经济驱动	科技创新	社会发展	区域辐射	综合发展指数	排名
2021	一线城市	北京 CBD	10.447	10.669	9.332	10.358	16.712	57.518	4
		上海陆家嘴 CBD	10.724	11.842	9.248	9.342	16.725	57.881	3
		广州天河 CBD	10.415	10.217	11.012	10.334	16.096	58.074	2
		深圳福田 CBD	10.594	10.187	11.295	10.501	16.492	59.069	1
	新一线城市	天津滨海新区 CBD	11.019	10.406	9.389	9.707	16.126	56.647	1
		西安长安路 CBD	9.807	9.285	10.588	9.781	15.608	55.069	5

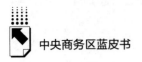

续表

年份	所在城市分类	CBD	经济发展	经济驱动	科技创新	社会发展	区域辐射	综合发展指数	排名
2021	新一线城市	重庆解放碑 CBD	9.903	9.389	9.631	10.542	15.621	55.086	4
		杭州武林 CBD	9.533	9.690	9.268	10.453	15.753	54.697	7
		武汉王家墩 CBD	9.744	9.968	10.494	9.371	15.791	55.368	3
		成都锦江 CBD	9.294	9.630	9.896	10.004	15.897	54.721	6
		南京河西 CBD	9.541	9.804	10.594	10.028	15.442	55.409	2
		沈阳金融商贸 CBD	9.417	9.378	9.492	9.922	15.459	53.668	9
		长沙芙蓉 CBD	9.561	9.535	9.761	9.656	15.249	53.762	8
2020	一线城市	北京 CBD	10.245	10.612	9.338	10.216	16.795	57.206	4
		上海陆家嘴 CBD	11.185	11.587	9.267	9.306	16.743	58.088	3
		广州天河 CBD	10.377	9.982	11.023	10.875	16.132	58.389	2
		深圳福田 CBD	10.561	10.360	11.259	10.548	16.502	59.230	1
	新一线城市	天津滨海新区 CBD	10.723	10.367	9.377	9.578	16.107	56.152	1
		西安长安路 CBD	9.779	9.321	10.424	9.825	15.562	54.911	5
		重庆解放碑 CBD	9.874	9.674	9.624	10.600	15.931	55.703	2
		杭州武林 CBD	9.740	9.495	9.278	10.318	15.740	54.571	7
		武汉王家墩 CBD	9.819	10.040	10.489	9.432	15.775	55.555	3
		成都锦江 CBD	9.299	9.756	9.954	9.965	15.896	54.870	6
		南京河西 CBD	9.474	9.648	10.673	9.931	15.431	55.157	4
		沈阳金融商贸 CBD	9.388	9.263	9.475	10.007	15.489	53.622	9
		长沙芙蓉 CBD	9.535	9.896	9.820	9.399	15.291	53.941	8
2019	一线城市	北京 CBD	10.280	10.704	9.355	10.074	16.843	57.256	4
		上海陆家嘴 CBD	11.204	11.502	9.279	9.258	16.857	58.100	3
		广州天河 CBD	10.449	9.954	11.079	11.158	16.358	58.998	1
		深圳福田 CBD	10.544	10.361	11.226	10.335	16.472	58.938	2
	新一线城市	天津滨海新区 CBD	10.698	10.399	9.360	9.431	16.066	55.954	1
		西安长安路 CBD	9.739	9.306	10.406	9.876	15.700	55.027	4
		重庆解放碑 CBD	9.898	9.629	9.711	10.553	15.793	55.584	3
		杭州武林 CBD	9.653	9.465	9.297	10.533	15.720	54.668	7
		武汉王家墩 CBD	9.892	10.218	10.423	9.393	15.812	55.738	2
		成都锦江 CBD	9.344	9.734	9.917	9.982	15.953	54.930	6
		南京河西 CBD	9.435	9.587	10.598	9.933	15.456	55.009	5
		沈阳金融商贸 CBD	9.316	9.332	9.439	9.956	15.590	53.633	9
		长沙芙蓉 CBD	9.548	9.810	9.913	9.517	15.264	54.052	8

根据综合发展指数结果，可以得到如下结论。

（1）2019~2021年，CBD经济发展差异化趋势较为明显。数据表明，我国城市CBD近年来正处于产业转型、数字经济推进的发展阶段，一线城市CBD和部分新一线城市CBD数字服务融入城市管理、居民消费、服务业升级等各层面，出现数字治理、数字消费、数字贸易等新业态。

总体来看，综合发展指数在2019~2021年呈现两大特点：一是一线城市CBD综合发展指数均高于新一线城市CBD，但差距有所减小；二是CBD综合发展指数均有所下降，其中一线城市CBD综合发展指数均值从2019年的58.323下降到2021年的58.136，降幅为0.32%；新一线城市CBD综合发展指数均值从54.955下降到54.936，降幅为0.03%。

（2）从2021年的综合发展指数来看，一线城市CBD中深圳福田CBD排在第一位，广州天河CBD和上海陆家嘴CBD分别居于第二位和第三位。但2021年北京CBD的综合发展指数从2020年的57.206上升到57.518，涨幅为0.55%，且经济发展分指数、经济驱动分指数、社会发展分指数和区域辐射分指数明显增长，北京CBD成为唯一正增长的一线城市CBD。其中，北京CBD和上海陆家嘴CBD经济驱动贡献突出，广州天河CBD属科技创新和经济发展双驱动型，深圳福田CBD科技创新驱动特征明显。

新一线城市CBD中，天津滨海新区CBD、南京河西CBD、武汉王家墩CBD分列前三。天津滨海新区CBD表现抢眼，经济发展分指数、经济驱动分指数、科技创新分指数、社会发展分指数和区域辐射分指数均实现正增长。

（3）具体地，从经济发展分指数来看，CBD经济发展各有特色。一线城市CBD按2021年经济发展分指数从高到低排序，依次为上海陆家嘴CBD、深圳福田CBD、北京CBD和广州天河CBD。其中，上海陆家嘴CBD注重金融商贸和高端服务业与数字经济的结合，深圳福田CBD侧重于数字技术提升。新一线城市组中，2021年天津滨海新区CBD远超其他CBD，重庆解放碑CBD、西安长安路CBD、武汉王家墩CBD、长沙芙蓉CBD随后排列。

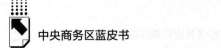

从经济驱动分指数来看，2019～2021年一线城市CBD排名相对稳定，上海陆家嘴CBD、北京CBD分居前两位。上海陆家嘴CBD外贸出口总额对经济发展起了重要的驱动作用，2021年实际利用外资规模为各CBD之最；北京CBD社会消费品零售总额助力经济驱动分指数上升，深圳福田CBD和广州天河CBD潜在消费能力较高。新一线城市CBD中，天津滨海新区CBD全社会固定资产投资驱动经济增长特点显著，重庆解放碑CBD将数字商务和数字零售融入消费，杭州武林CBD推进数字零售模式创新，以数字零售服务模式赋能城市经济发展。

从科技创新分指数来看，2021年一线城市CBD中深圳福田CBD和广州天河CBD继续领先，北京CBD和上海陆家嘴CBD紧随其后。2021年部分新一线城市CBD反超北京CBD和上海陆家嘴CBD，其中南京河西CBD、西安长安路CBD、武汉王家墩CBD的科技创新分指数均超过10，显示出较强的科技创新能力。

从社会发展分指数来看，一线城市CBD中，2021年深圳福田CBD和北京CBD分居前两位，深圳福田CBD得益于数字技术赋能公共领域，社会发展更加便利智能。新一线城市CBD中，重庆解放碑CBD得分最高，其在商圈建设中充分利用数字化服务，新建近170个5G基站、85个公共Wi-Fi亭，实现步行街免费Wi-Fi全覆盖等；杭州武林CBD紧随其后。

（二）中央商务区区域辐射指数评价

区域辐射指数是衡量CBD高水平开放与外向性发展的指标。为充分发挥CBD在国际开放枢纽和城市发展中的"标杆"作用，以CBD数字经济赋能城市发展，本报告把CBD区域辐射指数分为辐射能力分指数、辐射行动分指数和辐射绩效分指数进行具体测算。

经测算，13市CBD区域创新能力显著增强，创新要素集聚成为CBD经济发展的引擎，数字经济的崛起为区域创新要素流动、产业协同发展与升级等提供了新的技术支撑。

如图2所示，一线城市CBD中，北京CBD、上海陆家嘴CBD和广州天河 CBD 区域辐射指数在 2019~2021 年连续下降。新一线城市 CBD 中，天津滨海新区 CBD、武汉王家墩 CBD 区域辐射指数在 2019~2021 年平稳增长。这表明近年来新旧动能转换正在不断影响我国典型城市 CBD 的区域辐射能力。

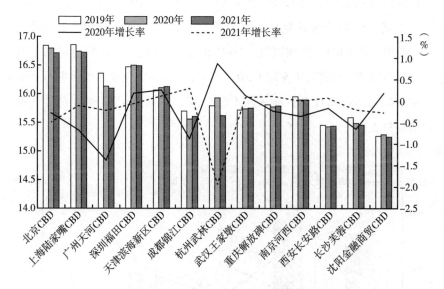

图 2　2019~2021 年 13 市 CBD 区域辐射指数

从 2019~2021 年 13 市 CBD 的区域辐射指数来看，一线城市 CBD 总体得分明显高于新一线城市 CBD，表明 CBD 综合竞争优势分化，区域辐射效应的地域性差异较大。一线城市 CBD 中，上海陆家嘴 CBD 区域辐射指数在 2019 年和 2021 年位居第一，上海作为"领头雁"引领长三角地区发展的区域辐射势能强大；深圳福田 CBD、北京 CBD 则分别辐射粤港澳大湾区和京津冀都市圈。

在辐射能力方面，新一线城市 CBD 中，天津滨海新区 CBD 辐射能力分指数连续三年最高，武汉王家墩 CBD 和重庆解放碑 CBD 的辐射能力分指数逐年上升。具体地，深圳福田 CBD 每万人发明专利授权量占绝对优势，连续三年居 13 市 CBD 之首，显示出强大的区域创新能力和粤港澳大湾区深厚的创新基础与良好的创新环境；广州天河 CBD 的城市道路总长度位居一线城市 CBD 榜首；武汉王家墩 CBD、长沙芙蓉 CBD 道路里程大幅增加，表明新一线城市交通设施发展迅猛，"枢纽+通道"综合效应显著增强，区域联通能力不断增强，双循环发展格局逐渐形成。

在辐射行动方面，如图 3、图 4 所示，2019~2021 年，从资金总量来看，一线城市 CBD 企业跨地区股权投资总额较高，北京 CBD、上海陆家嘴 CBD、广州天河 CBD、深圳福田 CBD 均超过 1100 亿元。从资金总量增长率来看，13 市 CBD 中武汉王家墩 CBD、南京河西 CBD 企业跨地区股权投资总额逐年平稳提高；2021 年广州天河 CBD、重庆解放碑 CBD 企业跨地区股权投资增幅较大。

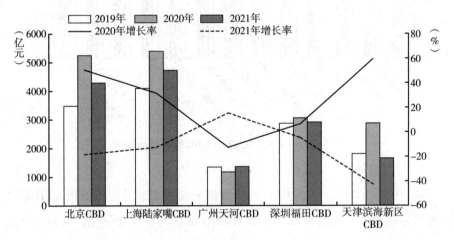

图 3 2019~2021 年 CBD 企业跨地区股权投资总额（超千亿元）及增长率

数据来源：量子数聚（北京）科技有限公司。

对 2021 年 13 市 CBD 吸收资金和跨地区股权投资的龙头行业进行具体分析。由表 2 可知，从吸收资金龙头行业来看，2021 年北京、上海、广州、天津、杭州、南京和长沙的 CBD 均为租赁和商务服务业，深圳福田 CBD 为文化、体育和娱乐业，成都锦江 CBD 为建筑业，武汉王家墩 CBD 为科学研究和技术服务业，重庆解放碑 CBD 和沈阳金融商贸 CBD 为金融业，西安长

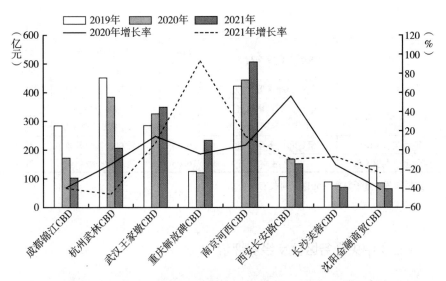

图4 2019~2021年CBD企业跨地区股权投资总额（低于千亿元）及增长率

数据来源：量子数聚（北京）科技有限公司。

安路CBD为电力、热力、燃气及水生产和供应业。上述行业差异，反映出当前我国城市CBD的主要经济活动仍处于商务活动范畴，对于数字基础设施先进泛在、数字经济创新活跃、数字政府智慧高效、数字社会全民畅享、数字生态健康有序等方面的数字CBD建设正在持续推进。

表2 2021年13市CBD吸收资金和跨地区股权投资龙头行业

CBD	吸收资金龙头行业	金额（亿元）	跨地区股权投资的龙头行业	金额（亿元）
北京CBD	租赁和商务服务业	1049.56	租赁和商务服务业	949.76
上海陆家嘴CBD	租赁和商务服务业	1443.33	租赁和商务服务业	2632.05
广州天河CBD	租赁和商务服务业	421.49	租赁和商务服务业	866.56
深圳福田CBD	文化、体育和娱乐业	1033.16	租赁和商务服务业	842.74
天津滨海新区CBD	租赁和商务服务业	893.47	金融业	508.98
成都锦江CBD	建筑业	56.30	金融业	36.78
杭州武林CBD	租赁和商务服务业	80.08	租赁和商务服务业	110.26
武汉王家墩CBD	科学研究和技术服务业	130.60	租赁和商务服务业	166.58
重庆解放碑CBD	金融业	210.11	租赁和商务服务业	84.38

续表

CBD	吸收资金龙头行业	金额（亿元）	跨地区股权投资的龙头行业	金额（亿元）
南京河西 CBD	租赁和商务服务业	191.92	租赁和商务服务业	238.81
西安长安路 CBD	电力、热力、燃气及水生产和供应业	253.27	居民服务、修理和其他服务业	41.68
长沙芙蓉 CBD	租赁和商务服务业	26.35	租赁和商务服务业	22.3
沈阳金融商贸 CBD	金融业	216.06	租赁和商务服务业	22.95

数据来源：量子数聚（北京）科技有限公司。

（三）中央商务区楼宇经济评价

近年来中央商务区楼宇经济稳步发展，一方面亿元楼数量稳步增长，另一方面各 CBD 楼宇大数据资源管理平台发力，通过深度发掘数据赋能潜力，打破数据壁垒，初步构建垂直的城市内人员流动、设施空间、商务活动等数字运营框架，统筹人流量监管、智慧停车、环境监测、消防安全、楼宇结构形态等多个场景的建设与应用，激活智慧楼宇管理乘数效应，为 CBD 超高层建筑高质量发展注入数字动能。

综合来看，相比 2018 年，2021 年 CBD 商务楼宇数量新增不明显，一线城市 CBD 中除上海陆家嘴 CBD 三年间新增楼宇多达 79 座、深圳福田 CBD 新增楼宇 11 座外，北京 CBD 和广州天河 CBD 变动并不明显。但是，北京 CBD 税收亿元楼占比增加了约 4 个百分点，广州天河 CBD 税收亿元楼占比由 2018 年的 41% 上涨至 2021 年的 69%；深圳福田 CBD 税收亿元楼占比也上升了约 4 个百分点，上海陆家嘴 CBD 由于新增楼宇数量庞大，市场选择增加，所以税收亿元楼占比稍有下降，由 2018 年的 48% 降至 2021 年的 37%，如图 5 所示。

新一线城市 CBD 中，除南京河西 CBD 三年内新增楼宇交付数达 29 座、武汉王家墩 CBD 新增楼宇 12 座外，其他 CBD 新交付数量变化不大。同时，2021 年西安长安路 CBD、武汉王家墩 CBD 税收亿元楼占比可观，较 2018

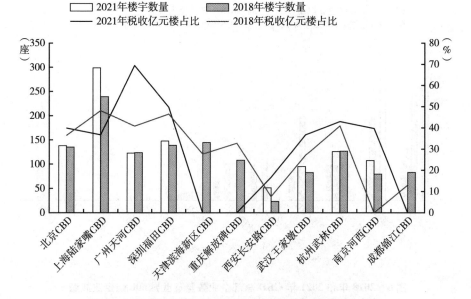

图 5　2018 年和 2021 年中国典型 CBD 商务楼宇变化情况

注：上海陆家嘴 CBD、杭州武林 CBD、深圳福田 CBD 为 2020 年数据，其余 CBD 为 2021 年数据。

资料来源：郭亮、单菁菁主编《中国商务中心区发展报告 No.7（2021）》，社会科学文献出版社，2021；郭亮、单菁菁主编《中国商务中心区发展报告 No.5（2019）》，社会科学文献出版社，2019。

年均提高了 10 个百分点左右。由此可见，虽然外部影响因素凸显、各种冲击不断，但是楼宇经济的集约性、高效性及稳定性依然发挥着作用。

如图 6 所示，2021 年北京 CBD 入驻总部企业 459 家、世界 500 强企业数 214 家，有近半世界 500 强企业选择将总部落户北京，相较于 2018 年分别增加了 31 家和 54 家。上海陆家嘴 CBD 有 600 家总部企业落户，相较于 2018 年的 281 家，总部企业数量增加 1.1 倍，同时有 340 家世界 500 强企业选择落户上海陆家嘴 CBD，三年间新增 250 家世界 500 强企业。广州天河 CBD 在 2021 年累计有 120 家总部企业选择落户，累计 204 家世界 500 强企业选择入驻，较 2018 年增加了 61 家。

截至 2021 年，新一线城市 CBD 中西安长安路 CBD 入驻总部企业 33 家、

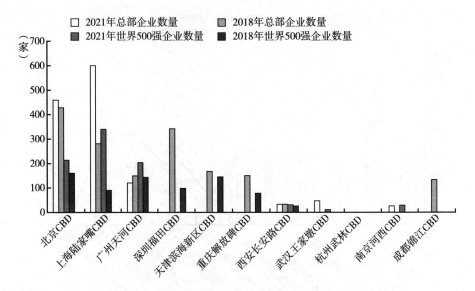

图6 2018年和2021年CBD总部企业数量及世界500强企业数量

资料来源：郭亮、单菁菁主编《中国商务中心区发展报告No.7（2021）》，社会科学文献出版社，2021；《中国商务中心区发展报告No.5（2019）》，社会科学文献出版社，2019。

世界500强企业31家，相较2018年变化不大，但是三年间SKP、王府井百货、合生新天地等知名企业纷纷落户。2021年南京河西CBD入驻总部企业26家、世界500强企业29家。

（四）中央商务区营商环境指数评价

营商环境指数分为经济与产业结构环境指数、人口与生活环境指数以及商业运作环境指数，涵盖3个一级指标和12个二级指标。2019~2021年13市CBD营商环境指数及分指数见表3。

数据分析表明，在数字经济蓬勃发展与构建国内国际双循环相互促进的新发展格局下，2019~2021年我国13市CBD营商环境提升效果显著，特色突出。

一线城市CBD中，2021年北京CBD营商环境指数位居第一，深圳福田CBD位居第二。上海陆家嘴CBD商业运作环境指数、北京CBD人口与生活环境指数、深圳福田CBD经济与产业结构环境指数表现优秀。

表3 2019~2021年13市CBD营商环境指数及分指数

年份	所在城市分类	CBD	经济与产业结构环境指数	人口与生活环境指数	商业运作环境指数	营商环境指数	排名
2021	一线城市	北京CBD	5.4799	5.7369	5.4344	16.6512	1
		上海陆家嘴CBD	4.7267	4.6474	6.6504	16.0246	3
		广州天河CBD	5.5812	5.4201	4.9253	15.9265	4
		深圳福田CBD	6.1097	5.4078	4.8565	16.3739	2
	新一线城市	天津滨海新区CBD	5.5763	4.7402	5.0156	15.3321	2
		西安长安路CBD	4.4368	4.7089	4.2112	13.3568	9
		重庆解放碑CBD	4.8538	5.2617	4.4450	14.5605	5
		杭州武林CBD	4.8207	4.9187	4.9813	14.7207	4
		武汉王家墩CBD	4.9482	4.6988	5.5987	15.2457	3
		成都锦江CBD	4.5001	4.7638	4.8346	14.0986	6
		南京河西CBD	4.8829	4.9788	5.4827	15.3444	1
		沈阳金融商贸CBD	4.3881	4.7664	4.4438	13.5983	8
		长沙芙蓉CBD	4.6957	4.9505	4.1205	13.7667	7
2020	一线城市	北京CBD	5.6167	5.7384	5.5212	16.8764	2
		上海陆家嘴CBD	5.1683	5.1923	6.6566	17.0172	1
		广州天河CBD	5.6238	5.4614	4.8959	15.9812	4
		深圳福田CBD	6.1090	5.5000	4.8277	16.4367	3
	新一线城市	天津滨海新区CBD	4.4154	4.7594	4.8540	14.0288	5
		西安长安路CBD	4.2143	4.8903	4.1676	13.2721	9
		重庆解放碑CBD	4.8747	5.3528	4.4358	14.6633	3
		杭州武林CBD	5.4380	5.0444	4.8508	15.3332	2
		武汉王家墩CBD	4.3912	4.7954	5.4453	14.6319	4
		成都锦江CBD	4.6514	4.1039	4.7370	13.4923	8
		南京河西CBD	5.1160	4.9803	5.4699	15.5663	1
		沈阳金融商贸CBD	4.5708	4.8587	4.5147	13.9442	6
		长沙芙蓉CBD	4.8104	4.3227	4.6234	13.7565	7
2019	一线城市	北京CBD	5.6353	5.7804	5.4701	16.8858	2
		上海陆家嘴CBD	5.7195	5.6269	6.5968	17.9432	1
		广州天河CBD	5.7572	5.3946	4.9214	16.0732	4
		深圳福田CBD	6.0313	5.3740	4.7977	16.2030	3

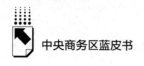

续表

年份	所在城市分类	CBD	经济与产业结构环境指数	人口与生活环境指数	商业运作环境指数	营商环境指数	排名
2019	新一线城市	天津滨海新区CBD	4.2914	4.6904	4.7963	13.7780	6
		西安长安路CBD	4.1954	4.8525	4.1980	13.2460	8
		重庆解放碑CBD	4.8260	5.2485	4.4301	14.5046	4
		杭州武林CBD	5.2792	4.9867	4.9212	15.1871	2
		武汉王家墩CBD	4.2123	4.8480	5.6017	14.6620	3
		成都锦江CBD	4.7221	3.5686	4.8152	13.1059	9
		南京河西CBD	4.9822	4.9524	5.4394	15.3741	1
		沈阳金融商贸CBD	4.5142	4.6530	4.4894	13.6566	7
		长沙芙蓉CBD	4.8339	5.0238	4.5227	14.3804	5

从CBD所在城区对外开放程度、金融环境、财政收入支持能力和物流环境等方面来看,上海陆家嘴CBD具有较大优势。一线城市CBD中,上海陆家嘴CBD金融机构本外币贷款余额、实际利用外资金额、财政收入支持能力、货物运输量均排名第一;广州天河CBD货物运输量指标表现较好;深圳福田CBD金融机构本外币贷款余额表现较好。

9个新一线城市CBD营商环境形成梯次发展态势。南京、天津、武汉等地CBD形成第一梯队,排名靠前。天津滨海新区CBD的城区GDP和每万人发明专利授权量表现突出,武汉王家墩CBD第三产业增加值占GDP的比重表现突出。

五 2023年中央商务区数字服务提升城市能级路径分析

2023年,数字经济已经成为我国经济社会发展的新引擎,正从各个方面渗透并改变着民众的生活方式、消费习惯和工作模式。CBD作为城市核心功能区、高端商务服务区、数字经济发展先导区,是数字CBD的建设者、实践者、探索者,也是通过数字服务提升城市能级的先行区域。

从数字经济发展宏观趋势、数字服务管理中观态势和数字转型企业微观视角来看，中央商务区数字服务提升城市能级的路径，取决于所在城市数字经济发展的整体形势、商务服务动态和企业发展具体情况。因此，本报告着眼于数字经济生态系统，从宏观数字服务、中观资产管理、微观企业转型这三条路径提升城市能级，详见图7。

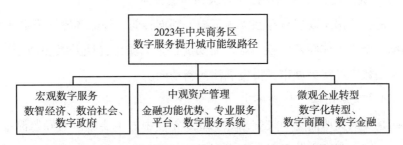

图7　2023年中央商务区数字服务提升城市能级路径

其中，宏观数字服务路径，根据产业结构、城市治理、政府效能、营商环境等现状，针对动能转换、"大城市病"、人口结构变迁、数字政府建设等现实问题，提出数智经济、数治社会、数字政府等发展方向；中观资产管理路径，从金融功能优势、专业服务平台、数字服务系统等方面提出建议；微观企业转型路径，以文本分析法刻画企业数字化转型程度，实证考察企业数字化转型提升城市能级的效果，并考察数字经济提升城市能级的区域异质性。

（一）CBD数字服务提升城市能级

目前，数字经济已经成为我国各地CBD发展的主导方向。数字经济是以数据资源为关键要素，以现代信息网络为主要载体，以信息通信技术融合应用、全要素数字化转型为重要推动力，促进公平与效率更加统一的新经济形态。其中，数字服务渗透进数字经济、数字社会和数字政府的方方面面，正在深刻推动我国生产方式、生活方式和治理方式变革，通过推动城市数智经济发展、数治社会构建和数字政府建设，从而有效提升城市能级。本报告

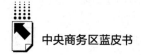

以中央商务区为基础，以城市与区域治理为视角，指出我国城市发展面临的挑战，提出数字经济促进城市发展的思路和对策建议。

1. 我国中央商务区所在城市能级提升面临的问题

总体来看，数字服务赋能城市能级提升呈现出多维度、全领域和系统性的特征，但也还存在以下现实问题需要积极面对。

（1）城市发展要求加快提档升级和动能转换。

当前，我国宏观经济存在需求不振、预期转弱、外部环境不确定性加大等问题，微观主体经营比较困难，需要加快推动城市提档升级和动能转换，通过发展数字经济为城市经济发展注入新动能。

（2）"大城市病"依然突出。

一是交通拥堵问题比较突出。《2022年度中国主要城市通勤监测报告》显示，全国主要城市单程平均通勤时间为36分钟，其中北京高达47分钟，耗时占据榜首。[1] 二是公共服务仍然存在较大短板。数据表明，深圳市每千人拥有床位数是3.58张，远低于广东省平均值4.48张，医院数量仅是广州的一半，执业医师仅为广州的2/3，医疗资源存在较大缺口。[2]

（3）人口和社会结构变迁对全龄友好型城市建设提出新要求。

当前，我国城市人口和社会结构正在发生急剧变迁。2020年我国流动人口达到37582万人，占全国人口的26.6%，与2010年相比增长69.7%。[3] 对于人口净流入城市而言，人口大量流入后，有助于改善城市人口结构，推动人口年龄结构更加年轻化，但同时也会对城市公共服务和基础设施产生较大挑战，特别是对养老、教育、医疗等具有显著影响。

---

[1] 《最新通勤报告！45个主要城市上班单程平均要花36分钟……》，中国消费者报百家号，2023年8月22日，https://baijiahao.baidu.com/s?id=1774908573017460760&wfr=spider&for=pc。

[2] 《经济实力那么强，这些城市的医疗实力为何成短板？｜新京智库》，新京报评论，2021年11月30日，https://mp.weixin.qq.com/s?__biz=MzA3NzMxNjQzMA==&mid=2650748359&idx=2&sn=0816a40c597e9457528b2f7e6eb00e40&chksm=87587de6b02ff4f0c3c269191dd9304157efa633d416ef118ee03e27758339a79f518ce098f6&scene=27。

[3] 《人口规模持续扩大　就业形势保持稳定——党的十八大以来经济社会发展成就系列报告之十八》，国家统计局网站，2022年10月10日，http://www.stats.gov.cn/xxgk/jd/sjjd2020/202210/t20221010_1889061.html。

（4）数字经济下的政府治理需要更加高效。

随着数字经济发展而产生的技术滥用、隐私泄露、安全故障等复杂性风险给城市治理带来许多难以预测的挑战。多元化的问题来源和参与主体使得治理共识的形成更加困难，政府需要在治理方式、回应速度、治理效率等方面付出更多努力。

（5）数据治理需要建立新的规则和制度体系。

政府在公共安全、司法、金融、税收、财政、审计、人口、教育等领域建立起独立的政务系统，但是系统之间缺乏有效衔接。城市数据治理缺乏科学规划和全局统筹，底数不清、数据不准、时效性差等问题干扰了决策准确性；各级政府和部门数据标准不统一、数据重复采集，数据之间未能实现高效便捷的互通共享、无法实现有效对接。数据管理制度缺位，制约数字系统建设。

2. 中央商务区数字服务提升城市能级的路径

（1）数智经济推动生产方式转变。

加快发展人工智能产业等新型数字产业。加快推进开发人工智能、元宇宙等数字产业核心技术，进一步提升数字化赋能城市发展的水平。北京市通州区与市科委、中关村管委会、市经信局联合印发了《北京城市副中心元宇宙创新发展行动计划（2022—2024年）》，力争通过3年努力，将城市副中心打造成为以文旅内容为特色的元宇宙应用示范区，元宇宙引领的副中心数字经济标杆城市样板初具形态。

积极发展数字贸易等新兴服务业。2022年杭州市举办首届全球数字贸易博览会，汇聚境内外800余家数字贸易头部企业，展示了数字物流、数字品牌、数字内容、数字消费、数字技术、跨境电商等领域的产品和服务，意向贸易成交额达374亿元。

北京中关村软件园以打造具备国际竞争力的数字产业高地为目标，以打破数字贸易发展瓶颈、扩大业务准入范围、破除数据流通障碍、打造数字经济新兴产业集群为抓手，对接国际高标准自由贸易协定规则。截至2022年底，园区实现产值4759亿元，地均产值达到每平方公里1830亿元，企业知

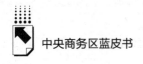

识产权突破 10 万项。

深入推进产业数字化转型。充分发挥城市经济社会发展海量数据和丰富应用场景优势，促进数字技术和实体经济深度融合，赋能传统产业转型升级，不断催生新产业、新业态、新模式，为城市经济增长提供强劲动力。以数字技术与实体经济深度融合为主线，推动数据智能在更深层次、更大范围向行业和企业渗透，做强产业数字化和数字产业化"双轮驱动"，加快塑造城市产业核心竞争力。

（2）数治社会引导生活方式转变。

数治社会完善数字交通治理体系、强化基层数字社会治理体系、打通居民服务"最后一公里"。

完善数字交通治理体系。通过应用大数据和人工智能等技术手段，实现交通流量的实时监测和优化调度，根据实时道路情况自动调整信号灯时间，可以减少交通拥堵，提高交通效率。杭州市不断拓展数字交通应用场景，已成为全国第一个实施"无杆停车场"城市、第一个利用"延误指数"作为治堵目标的城市，相关部门及时掌握交通情况，通过数字交通系统实现精准管理。

强化基层数字社会治理体系。推动建立 12345 网络统一智能受理系统，通过数字技术推动民众参与基层治理实践，通过诉求信息的收集分析，按层级、按领域进行梳理整合，统筹资源下沉，补足基层数字化短板，优化事项办理的流程，实时跟踪进度，聚焦实际困难，回应群众关切，不断简化办事程序，让百姓切实感受到透明和便捷。

打通居民服务"最后一公里"。通过应用数字技术，将公共服务送至居民身边，提高服务的质量、效率和便捷程度。北京市推动居民病历电子化建设，实现信息传递、数据监测、预警管理、应急保障等多种功能，进而推动健康大数据的应用，实现医疗卫生的公共资源向居民倾斜配置，优化公共卫生服务。

（3）数字政府加快治理方式转型。

"城市脑"高效治理。"城市大脑"是利用数字技术和人工智能等先进手段，对城市各种数据进行综合采集、分析和管理的系统，它通过打造公共交通、城市管理、卫生健康、基层治理等应用场景，推动城市高效治理和优化服务，为城市治理现代化提供数字系统解决方案。

"数据湖"共享治理。作为集成和存储各类数据的中心化数据存储系统，"数据湖"能够将来自城市各个部门、机构和传感器等的数据汇集到一个存储环境中，一体化连接各层级部门的海量信息，并通过分析各类数据，提升数据价值，为城市决策者提供全面的数据和决策支持。

"物联网"精准治理。利用广泛部署的传感器实现城市活动的监控、集成、管理，通过物联感知实现对城市运行的实时监测、精准控制和智能管理。其中，大数据中心负责信息化建设和数据统一归集，城市运行管理中心则负责城市的常态化监测和应急管理，推动城市治理实现精准预判、实时管控、联动联勤、数据共享。

"政务云"协同治理。通过政务云平台，政府部门可以实现信息化水平提升、服务质量改善和行政效能提高，进而推动政府数字化转型和城市智慧化建设。以数字化技术为基础的综合云服务平台实现城市政府服务事项"应上尽上"，能够推动数字城市建设和发展，提升市民的生活质量和城市治理水平。

"客户端"普惠治理。以网页、公众号、App 为代表的客户端使政府可以更加便捷、高效地与市民沟通。"一网通办"改革在上海市实施，推动超过 1400 个服务事项实现全程网络在线办理，既精简了办事流程，也缩短了办理时间。

"虚拟窗"合作治理。线上"虚拟窗口"已经成为政府服务企业和居民的重要渠道，它可以实现跨市、跨省通办，减少异地办事"多地跑""折返跑"现象。京津冀、长三角、川渝等区域率先开展试点，实现区域内高频政务服务事项在移动端"区域通办""无感漫游"，助力区域政务通办再上新台阶。

（二）CBD 资产管理提升城市能级

资产管理公司和 CBD 有着密切的联系，两者之间互相促进、互相依存。

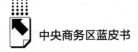

对于资产管理公司而言，CBD 是一个重要的市场和客户来源，同时也是其业务运作的重要对象；对于 CBD 而言，资产管理公司则是其重要的服务提供者和合作伙伴，两者共同推动区域经济发展、提升城市能级。

1. CBD 资产管理公司服务功能

不同于商业银行等传统金融机构，我国 CBD 所在城市的资产管理公司以不良资产经营为主业，以化解金融风险、服务实体经济、助力供给侧结构性改革和国民经济转型发展为己任，是金融体系的"稳定器"、金融风险的"防火墙"和金融危机的"救火队"，有着独特的功能优势。

专业化经营。资产管理公司深耕不良资产行业，已逐步形成成熟的业务模式和专业的人才队伍，除传统的金融机构不良资产收购处置业务外，还开展非金融机构不良资产处置业务、市场化债转股业务等，可充分运用"债权+股权""金融+产业"等特色金融工具箱，助力提升金融供给能力，服务实体经济，化解金融风险。

综合化平台。资产管理公司经过多年发展，已逐步成为涵盖不良资产经营、保险、银行、证券、基金、信托、信用评级和相关海外业务等板块的综合金融服务集团，搭建起综合化服务平台，可通过不良资产收购处置、实质性重组、市场化债转股等方式，充分发挥与银行、保险公司、证券公司、评级机构等的协同优势，推动市场主体闲置低效资产的改造转型与盘活流转，促进其提升价值和优化配置，积极服务实体经济。表 4 为我国四大资产管理公司控股机构。

表 4　我国四大资产管理公司控股机构

资产管理公司	银行	证券	保险	信托	其他
东方	大连银行股份有限公司	东兴证券股份有限公司	中华联合保险集团股份有限公司	大业信托有限责任公司	中国东方资产管理（国际）控股有限公司、上海东兴投资控股发展有限公司、东方前海资产管理有限公司、东方邦信融通控股股份有限公司、东方金诚国际信用评估有限公司、浙江融达企业管理有限公司

续表

资产管理公司	银行	证券	保险	信托	其他
信达	南洋商业银行有限公司	信达证券股份有限公司	—	中国金谷国际信托有限责任公司	信达金融租赁有限公司、中国信达（香港）控股有限公司、信达投资有限公司、中润经济发展有限责任公司
华融	—	—	—	—	华融金融租赁股份有限公司、中国华融国际控股有限公司、华融融德资产管理有限公司、华融实业投资管理有限公司
长城	长城华西银行股份有限公司	长城国瑞证券有限公司	长生人寿保险有限公司	长城新盛信托有限责任公司	长城国兴金融租赁有限公司、长城（天津）股权投资基金管理有限责任公司、中国长城资产（国际）控股有限公司、长城国富置业有限公司

定制化服务。资产管理公司拥有人才、技术、信息、资金等优势，金融资源丰富，金融工具专业，可根据业务需求，量身定制金融产品，并提供全周期服务，从而实现因企施策，化解风险。

2. CBD 资产管理公司提升城市能级路径

资产管理公司发挥独特功能优势，综合运用金融工具箱，服务实体经济，化解区域金融风险，在城市能级提升方面发挥着重要作用。

（1）加速城市设施建设。

当前我国诸多城市响应国家号召，实施城市更新行动。在城市更新过程中，因城市功能定位优化、存量资产改造升级的需求不断上升，出现大量商业物业不良资产。此外，诸多房企参与到城市更新行动中，但因流动性紧张频频产生不良资产。资产管理公司通过专业化不良资产运作为房企纾困，有效支持城市更新，加速城市建设。

（2）支持城市产业升级。

资产管理公司具有综合金融服务优势，可以为城市内的支柱企业、高新

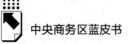

企业等提供逆周期不良资产收购和顺周期金融牌照业务，通过提供金融综合解决方案，支持实体经济发展，帮助城市优化产业结构，促进产业升级，提升城市的产业竞争力和经济实力。

（3）优化城市金融环境。

资产管理公司充分发挥功能优势和人才优势，盘活存量、优化增量，化解城市金融风险，优化城市金融环境和经济环境，提高了城市对外部投资的吸引力。例如，资产管理公司通过收购不良资产，减轻银行负担，提高银行的信用和资本充足率；通过资本运作、资源整合等手段，帮助企业剥离低效、无效资产；通过成立城市化基金，积极帮助城市化解债务风险。

（4）促进城市智慧治理。

城市规划和投资决策。数字服务提供了大量的城市数据和分析工具，帮助资产管理公司进行城市规划和投资决策。通过数字化的城市地理信息系统、市场数据分析和可视化工具，资产管理公司可以更准确地评估城市的发展潜力、市场需求和投资机会，帮助制定战略规划、确定投资方向，并优化资产配置以推动城市能级的提升。

城市建设和设施管理。数字服务可以用于城市基础设施的建设和管理。资产管理公司可以利用数字化的项目管理工具、协作平台和监控系统，实现对城市基础设施项目的全程管理，包括项目规划、预算控制、进度跟踪和质量管理等。通过数字化管理和实时数据分析，资产管理公司可以提高基础设施建设的效率和质量，促进城市能级的提升。

城市资金调配。数字服务可以帮助资产管理公司进行城市资金的调配。通过在线投资平台和数字化的融资工具，资产管理公司可以吸引更多的资金用以支持城市发展。数字化的资金调配系统可以实现资金的快速流动，提高资金利用效率，并促进城市能级的提升。

城市智能化和可持续发展。数字服务在实现城市智能化和可持续发展方面发挥着关键作用。资产管理公司可以利用物联网、人工智能和大数据分析等数字技术，实现城市的智能化管理，如智能交通治理、智慧能源管理、智能环境监测等。通过数据收集和分析，资产管理公司可以实时监测和调整城市运行状态，提高城市能源效率，减少环境影响，推动城市可持续发展。

城市推广和服务提升。数字服务可以帮助资产管理公司进行城市的市场推广和服务提升。通过数字化的市场营销工具和在线服务平台，公司可以更广泛地宣传和推广城市项目。数字化的客户关系管理系统可以提供个性化的投资服务和客户支持，提高客户满意度，并促进城市能级的提升。

（三）CBD 企业数字化转型提升城市能级

近年来，我国各城市 CBD 力推数字经济发展。随着全球经济的持续演化，数字经济已逐渐成为推动城市发展、提升城市能级的重要引擎。我国各地 CBD 集聚大量总部企业和上市公司。本报告以 2011～2021 年我国各地 CBD 所在城市沪深 A 股上市公司为研究对象，利用文本分析法刻画企业数字化转型程度，实证考察了企业实施数字化转型能否提升自身价值和创新绩效并减轻税负，从而赋能城市能级提升，并考察了数字经济提升城市能级的区域异质性。研究发现，数字化转型能够通过提升企业价值、企业创新绩效和降低企业税负的方式提升城市能级。

1. 数字化转型提升企业价值能级

数字化转型能够有效缓解信息不对称。一方面，数字化转型使得企业数据分析更为精准，企业能更有效获取最新信息，并精准预判业务发展走向。另一方面，数字化企业之间能更加顺畅地实现数据和资源的共享，在一定程度上缓解了信息不对称导致的资源配置效率低下问题，有利于吸引外部优质资源，为企业价值的提升奠定坚实基础。

数字化转型能更有效缓解企业融资困境。从金融体系角度来看，间接融资是我国企业的主要融资方式，银行等传统金融机构对于信贷投放往往秉持谨慎态度，民营企业、中小企业得到银行贷款相对困难。企业数字化转型能更好地推动信用体系的构建和发展，有助于缓解银行信贷中的逆向选择和道德风险问题，有效解决企业的融资问题。

数字化转型更有利于激发企业创新活力。数字化转型极大地提高了企业挖掘和利用内外部信息的能力，使企业能够根据市场需求，尽快进行产品和

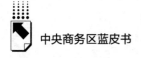

服务升级。更进一步，数字化技术的飞速发展和应用，使得企业在升级过程中更容易实现创新。

企业价值的提高有助于提升城市能级。首先，高价值企业通常能为城市创造大量的就业机会，促进经济发展。其次，高价值企业往往具有良好的经营业绩和发展前景，有助于吸引外部投资并带来产业链效应，推动城市整体经济发展。最后，高价值企业品牌有助于塑造城市形象，还可以为城市带来更多的财政收入，有利于提升城市公共服务水平，从而提升城市能级。

2. 数字化转型提升企业创新能级

数字化转型拓展企业创新机会。数字技术连接了众多企业利益相关者，当企业根据业务需求引入以大数据和云计算为代表的数字化转型工具时，企业便可以持续地扫描、捕获和分析各种复杂的信息，从而快速把握创新机会。

数字化转型能够提高企业创新效率。数字技术可以对创新流程进行精确的解构和定位，推动企业创新模式从粗放型向精细型转变，使知识型员工能够将更多精力投入到创新活动中。

数字化转型有助于降低企业创新成本。企业通过引入数字孪生和数字仿真技术，可以将实验元素数字化，以较低的成本实现理想的实验次数，达到创新目标，将更多的资源用于产品和技术研发，形成积极的反馈机制。

提高企业创新绩效有助于提升城市能级。企业的创新能力和创新活动能够推动产业结构升级，提升城市经济的竞争力。同时，企业创新可以引领产业发展和转型，推动产业结构优化，提升城市的知名度和吸引力，提升公众的生活质量，促进城市能级提升。

3. 数字化转型提升企业节税能级

数字化转型增强企业节税能力。数字化转型推动企业财务的数字化管理，实现涉税相关财务工作和数字技术的深度融合，企业可实时掌握最新的税收政策，并根据税收政策的变化及时调整生产经营活动和财务决策；推动企业开展大数据税务分析，加强税务风险管理，推进业务、财务和税务的一体化，提升企业的税收筹划能力和节税能力。

降低企业税负有助于提升城市能级。企业税负过高可能会阻碍企业发展，使企业无法进行新的投资或扩大生产，还可能降低城市或企业对外部投资和人才的吸引力。因此，企业税负是影响城市能级的重要因素。

4. CBD 都市圈城市能级提升的异质性分析

本报告统计了 2011～2021 年我国各地 CBD 所在 31 个省（自治区、直辖市）的企业数字化转型指数的均值分布情况，发现我国企业数字化转型程度呈现明显的地区异质性。东南沿海及部分中部地区数字化转型程度相对较高，而西部和北部地区数字化程度较低。

数据回归分析表明，数字化转型对企业价值的提升作用在长三角和珠三角经济圈更为显著，体现了长三角和珠三角地区经济发展水平较高的优势；数字化转型对企业创新绩效的促进作用在成渝经济圈和京津冀经济圈更明显，体现了成渝地区和京津冀地区明显的政策优势；数字化转型对企业税负的抑制作用在珠三角经济圈更显著，体现了珠三角地区良好的营商环境。

六　中央商务区数字服务提升城市能级
面临问题与发展建议

近年来，数字经济、"互联网+"、大数据等战略的深入实施在促进国家经济增长、提质增效方面发挥了重要作用。《数字中国发展报告（2022年）》显示，2022 年我国数字经济规模达 50.2 万亿元，总量居世界第二，同比名义增长 10.3%，占国内生产总值比重提升至 41.5%[①]，表明数字经济已经成为我国创新驱动经济增长的主要源泉和推动中国式现代化的重要引擎。截至 2023 年 5 月，我国软件业务收入超过 4.3 万亿元，同比增长

---

① 《数字中国发展报告（2022 年）》，http://www.cac.gov.cn/rootimages/uploadimg/1686402331296991/1686402331296991.pdf。

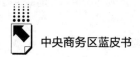

13.3%，信息技术服务收入达 2.84 万亿元，其中云计算、大数据服务共实现收入 4366 亿元。①

城市是推进数字经济发展战略实施的具体层面，CBD 是各城市数字经济发展领先的功能区域。目前，尽管我国 CBD 在数字服务提升城市能级的过程中成效显著，但总的来看，还存在一些亟待解决的问题。

例如，CBD 数字技术支撑能力有待加强。一些关键领域如高端芯片、操作系统、工业设计软件的数字服务仍存在不足，产业链、供应链体系基础和数字基础设施还有待巩固和提升。

又如，全国各地 CBD 数字经济发展不充分、不平衡。一线城市 CBD 和新一线城市 CBD 存在明显差距。数字鸿沟在 CBD 不同行业、不同区域、不同群体之间普遍存在，并且表现出扩大趋势。数字技术渗透率在第三产业为 40.7%，而在第一产业和第二产业仅为 8.9% 和 21.0%，数字技术明显滞后于产业发展。

再如，CBD 产业数字化转型壁垒较高。部分商业实体受既有经营方式、思维惯性和渠道冲突影响，转型动力不足；同时，现代商务数字化转型平台投入大、建设周期长、转换成本高、应用难度大。

还有，CBD 数字经济市场环境面临挑战。例如，个别企业依托市场支配地位，违法收集利用个人信息开展不正当竞争，导致市场垄断、数据安全风险增大、恶性竞争等危害市场环境的现象，传统治理体系难以及时有效应对；等等。

针对以上现实问题，基于我国新发展阶段和新发展格局、综合国内外 CBD 发展动态，并考虑全球范围内城市数字经济发展趋势，特提出以下 CBD 数字服务提升城市能级的发展对策。

（一）加快 CBD 数字消费，培育数字服务消费新业态

服务消费是中央商务区发展的重要方面。在消费增长乏力的情况下，中

---

① 《追"云"逐"数"抢新机——从 2023 全球数字经济大会看数字产业新动向》，新浪财经，2023 年 7 月 6 日，https：//finance.sina.com.cn/jjxw/2023-07-06/doc-imyztprp2148998.shtml。

央商务区应探索服务消费新模式。在数字经济蓬勃发展的现实背景下，服务消费升级应与数字化转型相结合，充分释放数字技术和数据资源对商务领域的赋能效应，全面提升商务领域数字化、网络化、智能化水平，切实推动商务高质量发展。一方面，利用互联网电商平台，拓宽品牌消费和品质消费的渠道，在电商平台和实体店铺做大做强"高品质消费节"，提供优质商品和服务，放大中央商务区的数字服务特色，线上线下同步促销。完善数字消费的配套措施，通过发放消费券等方式，释放消费潜力。另一方面，培育新的消费业态和消费模式。通过完善制度和法规，健全行业标准和自律规范，促进电商企业合理公平竞争。积极引导和鼓励电商企业创建小众、新奇、特别的小众网络品牌，推动个性化定制服务与数字化服务相结合，满足中央商务区多元化服务消费的新需求。

（二）赋能 CBD 数字科技，增强城市科创能级驱动力

数字化成为当今经济社会转型的新动力。中央商务区应利用好数字科技为自身发展注入新鲜血液。一方面，中央商务区的发展离不开对数字科技的扶持和应用。鼓励中央商务区的企业采用 5G、大数据、人工智能、物联网、区块链等先进信息技术支撑企业的数字化转型。鼓励企业推广无接触服务、云上消费、云上展会等新模式和数字消费新应用。此外，扩大电子发票、电子合同、电子档案等在中央商务区的应用范围。打造中央商务区内具有典型创新性和发展潜力的数字新企业，颁布数字科技扶持政策、遴选科技创新项目，以此增强中央商务区数字技术应用能力。另一方面，推动中央商务区服务消费的数据资源互联互通、有序共享，加强中央商务区数字消费统计分析和监测能力，推动中央商务区高端服务消费电商大数据共建共享。

（三）优化 CBD 数字服务，提高数字公共服务创新度

为了配合中央商务区的数字化转型，公共服务平台也应进行数字化升级。一方面，加快中央商务区管理机构的政务服务标准化和智能化。

提高政务服务的便利性和政务服务数字化智能化水平。推动中央商务区内的公共服务"一网可办""掌上可办",提升中央商务区管理机构的服务效率。另一方面,深入推进和发展智慧教育、数字健康服务、智慧文旅、智慧社区、社会保障服务数字化等,优化会展旅游、体育建设等服务资源数字化供给和网络化服务,促进优质资源深化应用、共享复用。发展智慧社区,打通信息惠民"最后一公里",加快既有住宅和社区设施数字化改造,探索优化智慧社区建设运营模式,推动智慧社区发展由以建为主转向长效运营。

(四)探索 CBD 数实深度融合,推动数字产业新发展

发展数字经济的核心在于将前沿数字化技术与传统经济业务紧密融合,形成一种相互交织、叠加、融合的创新领域。重点做好强化数实融合发展基础、推进产业数字化转型、扩大数字核心产业规模、加速数据要素市场建设等工作,积极探索具有 CBD 特色的数字产业化发展模式,支持产业互联网平台整合产业资源,营造推动数字经济繁荣发展的数字化生态环境,推动数字经济和实体经济融合发展,培育 CBD 内数字经济新业态、新模式,提升数字产业核心竞争力。构建 CBD 数据资源治理体系,持续汇聚高质量、特色化数据资源,建立以场景驱动、高效低成本的数字化赋能机制,深度赋能 CBD 人工智能等数字产业。

(五)优化 CBD 数字营商环境,推进线上线下营商环境整体优化

数字经济这一新型经济形态需要良好的营商环境来鼓励技术创新和业态模式创新,并有效引导和规范企业行为,促进形成合理的市场竞争秩序。在数字经济发展过程中,经营主体之间互动关系的不确定性较强,不断呈现新特点新趋势、出现新情况新问题。这使得优化数字营商环境的重要性持续凸显。营商环境的优劣度直接决定数字经济发展的速度、质量、水平和空间。优化数字营商环境,需有力推动线上市场健康有序发展、促进线上线下市场

公平竞争以及推进整体营商环境持续优化。①

数字平台成为重要的营商环境参与主体，使得线上市场分工更细，新产品、新业态、新模式以及新职业不断涌现，数字平台"组织者"和"管理者"角色凸显。需完善线上市场公平竞争机制，通过优化线上营商环境和线上市场体系建设，特别是完善数字平台垄断的认定标准等，建立符合平台发展特点的评估指标体系，更好发挥数字平台自治作用与监管主动性。

更好统筹优化线上线下市场竞争生态，将行业规范与数字经济领域反垄断相结合，落实公平竞争审查机制，推动线上线下一体化监管，促进数字经济健康发展。同时提高大型平台兼容性，鼓励线下企业将业务拓展至线上市场，携手中小企业融入数字化应用场景和产业生态，有效推动中小企业加快数字化转型。

将数字经济监管纳入"放管服"改革框架，从事前准入便利化转向事后监管规范化。通过加强事后监管提高数字经济合规性，是深化商事制度改革的重要方向，也是数字经济领域反垄断的重要途径。同时，可借鉴线上市场的有效做法，优化线下营商环境，充分发挥数字经济降低交易成本的重要作用。

参考文献

［1］《国务院关于印发"十四五"数字经济发展规划的通知》，中华人民共和国中央人民政府网，2021年1月12日，https：//www.gov.cn/zhengce/zhengceku/2022-01/12/content_5667817.htm。

［2］《中华人民共和国国民经济和社会发展第十四个五年规划和2035年远景目标纲要》，《人民日报》2021年3月13日，第1版。

［3］《北京市关于加快建设全球数字经济标杆城市的实施方案》，北京市人民政府网，2021年8月3日，https：//www.beijing.gov.cn/zhengce/zhengcefagui/202108/

① 闫坤、刘诚：《优化数字营商环境重要性凸显》，中国贸易救济信息网，2023年7月6日，http：//cacs.mofcom.gov.cn/article/gnwjmdt/gn/202307/177132.html。

t20210803_ 2454581. html。

［4］张杰等：《中央商务区产业发展报告（2022）》，社会科学文献出版社，2022，第108~116页。

［5］张杰等：《中央商务区产业发展报告（2021）》，社会科学文献出版社，2021，第110~114页。

［6］蒋三庚、宋毅成：《我国特大城市中央商务区差异化发展研究》，《北京工商大学学报》（社会科学版）2014年第5期，第36~43页。

［7］杨洋、徐承红、薛蕾等：《高铁建设与城市数字产业发展——基于信息服务企业进入的证据》，《产业经济研究》2022年第5期，第42~55页。

［8］赖志凯：《数字经济推动北京产业重构》，《工人日报》2023年7月11日，第7版。

［9］《2022成绩单｜数字赋能产业升级，助力北京CBD高质量发展》，北京商务中心区管理委员会，2023年1月12日，https：//baijiahao. baidu. com/s？id = 1754806883650627341&wfr=spider&for=pc。

［10］黄景源：《上海数字经济核心产业规模已超5500亿元，建成25个生活数字化转型重点场景》，网易，2023年6月20日，https：//www. 163. com/dy/article/I7N4ONOL0534A4SC. html。

［11］《新政策 新动力 新方向 2023广州数字贸易发展论坛成功举办》，广州市商务局网站，2023年2月28日，http：//sw. gz. gov. cn/gkmlpt/content/8/8823/post_ 8823846. html#151。

［12］《福田"新经济"系列观察②｜数字经济乘风而起，数据要素赋能创新》，福田区发展和改革局，2023年6月26日，http：//www. szft. gov. cn/bmxx/qfzhggj/gzdt/content/post_ 10668011. html。

［13］唐骏垚：《头雁杭州如何领飞数字经济创新提质——硅谷天堂，寻找下一个爆发点》，浙江网，2023年5月24日，https：//news. hangzhou. com. cn/zjnews/content/2023-05/24/content_ 8540847. htm。

［14］林建安：《杭州十三区县市，最新实力比拼 谁稳居第一？谁成为"2000亿元梯队"新成员？》，杭州网，2023年2月9日，https：//hznews. hangzhou. com. cn/cheng shi/content/2023-02/09/content_ 8466512_ 0. htm。

［15］何玲玲、朱涵、马剑：《站上新风口 再创新优势 杭州余杭实现"两位数增长"的"数字密码"》，浙江在线，2023年8月8日，https：//zjnews. zjol. com. cn/ymkzj/202308/t20230808_ 26073230. shtml。

［16］闫坤、刘诚：《优化数字营商环境重要性凸显》，中国贸易救济信息网，2023年7月6日，http：//cacs. mofcom. gov. cn/article/gnwjmdt/gn/202307/177132. html。

［17］《北京CBD数字经济创新中心正式揭牌》，中国日报网百家号，2023年2月14日，https：//baijiahao. baidu. com/s？id=1757813076109406738&wfr=spider&for=pc。

［18］牛海龙、单菁菁主编《中国商务中心区发展报告 No. 8（2022）》，社会科学文献出版社，2022。

［19］鲍鹏程、黄林秀：《数字经济与公共服务质量——来自中国城市的经验证据》，《北京社会科学》2023 年第 5 期，第 66~79 页。

［20］刘诚、夏杰长：《数字经济发展与营商环境重构——基于公平竞争的一般分析框架》，《经济学动态》2023 年第 4 期，第 30~41 页。

指数评价篇
Evaluation Index Reports

B.2
中央商务区综合发展指数分析（2023）

范雨婷*

摘　要： 服务业是我国中央商务区发展的重要产业。随着数字化的发展，数字服务逐渐成为中央商务区提升城市能级的驱动力之一。本报告对2019~2021年13个CBD的综合发展情况进行了测度，主要结论如下。（1）所选13个城市的CBD在2019~2021年发展相对平稳，但是新一线城市CBD与一线城市CBD之间仍然存在一定差距，从综合得分情况来看，一线城市CBD要比新一线城市CBD高。（2）从三年的平均水平看，各CBD城区发展过程中的核心影响因素存在显著的异质性。总体而言，13个城市CBD的区域辐射作用都是非常明显的，而异质性主要表现在一线城市CBD和新一线城市CBD个体发展的驱动差异。（3）一线城市CBD和部分新一线城市CBD数字服务融入了城市管理、居民消费、服务业升级等多个方面，产生数字治理、数字消费、数字

* 范雨婷，首都经济贸易大学博士研究生，主要研究领域为CBD产业发展。

贸易等新业态。根据分析结果，本报告认为应加快 CBD 服务消费数字化升级，培育 CBD 数字服务消费新业态；利用数字科技赋能 CBD 高端服务，增强科技创新提升城市 CBD 能级的驱动力；优化 CBD 公共服务，促进中央商务区数字公共服务创新。

关键词： 中央商务区　数字服务　城市能级

一　引　言

《"十四五"数字经济发展规划》中提到，"数字经济是继农业经济、工业经济之后的主要经济形态"。数字经济具有发展速度快、辐射范围广、融合程度深的特点，正在成为中国经济新的驱动力，随之而来的是生产方式、生活方式以及社会治理等领域的变革。服务业是国民经济发展的第一引擎，也是中国建成全球最大规模消费市场的关键领域。2022 年，我国服务业增加值占国内生产总值的 52.8%，对经济增长贡献率高达 41.8%。[①] 但是，对比发达国家，我国服务业的数字化程度较低，有着巨大的发展空间。伴随着数字经济浪潮，我国数字技术正在带动服务业转型升级，数字服务正成为服务贸易领域新的增长点。由中国信通院等机构发布的《2020 中国生活服务业数字化发展报告》显示，我国服务业的数字化水平最高，转型的速度最快。目前，我国大部分城市将数字化转型作为城市经济发展和治理的重要方向。作为经济发达城市中承担高端服务产业功能的重要系统空间单元和产业布局，中央商务区的数字服务发展也备受瞩目。

本报告旨在对 2019~2021 年我国一线城市、新一线城市的中央商务区整体发展情况及经济驱动、经济发展、社会发展、科技创新以及区域辐射等

---

① 《李锁强：服务业延续恢复发展态势》，国家统计局网站，2023 年 1 月 18 日，http://www.stats.gov.cn/xxgk/jd/sjjd2020/202301/t20230118_1892282.html。

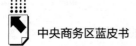

情况做好追踪评价，并分析和评估中央商务区发展的实际情况与态势，为中央商务区数字化转型和创新发展提供参考。

二　综合发展指数构建

（一）样本选取

虽然在指数测算的过程中把全国所有 CBD 都作为样本可使结果更具一般性，然而，第一，杭州、天津、深圳等城市的 CBD 众多，若将单个城市的多个 CBD 一起进行指数测算，可能会出现数据重复使用的情况，使结果缺乏可比性；第二，本撰写组已于 2018 年、2019 年、2020 年、2021 年、2022 年连续五年对 CBD 综合发展指数进行测算，本报告是对 CBD 的追踪评价，因此样本选取与 2021 年保持一致。为使综合发展指数更具有客观性，数据选取基于 2018~2020 年各城市统计年鉴、国民经济和社会发展统计公报等权威统计资料，不单纯依赖少数专家的主观评分法，使用尽可能可靠的数据。

（二）指标体系构建[①]

本报告根据全面性原则、规范性与可比性原则、动态性原则、可操作性原则、产业特性原则等进行综合发展指数指标体系构建。参考历年中央商务区蓝皮书的综合发展指标，本报告中的中央商务区综合发展指数涵盖了五个一级指标与 23 个二级指标（见表1）。五个一级指标分别反映 CBD 的经济发展、经济驱动、科技创新、社会发展、区域辐射情况。各一级指标又分别包含若干二级指标。指数合成方法为：首先，各二级指标按熵值法确定权重，计算合成一级指标；其次，五个一级指标按等权重原则合成综合发展指数。

[①]　指标体系构建延续上年做法，参见张杰等：《中央商务区产业发展报告（2022）》，社会科学文献出版社，2022，第61~63页。

本报告的研究对象是CBD，分析的基础是CBD所在城区，如无特殊说明，采用区级数据和城市级数据进行指标计算。使用城市级数据时，会在指标解释中做出说明，如每百人公共图书馆藏书、每万人拥有公交车辆。由于此类指标不存在严格的区级划分，而是相互流动、共享的，故使用城市级数据。

表1 中央商务区综合发展指数指标体系

一级指标	二级指标	指标解释
经济发展分指数	城区GDP	CBD所在城区生产总值
	人均GDP	CBD所在城区生产总值/城区常住人口
	地方一般预算收入	CBD所在城区纳入公共预算管理的财政收入，不含政府性基金收入
	人口密度	CBD的常住人口/行政面积
	城区GDP占城市GDP的比重	CBD所在城区的GDP/城市GDP
经济驱动分指数	全社会固定资产投资总额	CBD所在城区以货币表现的建造和购置固定资产的数量
	城镇人均可支配收入	反映居民家庭全部现金收入中能用于安排家庭日常生活的那部分收入的人均量
	社会消费品零售总额	批发和零售业、住宿和餐饮业以及其他行业直接售给城乡居民和社会集团的消费品金额
	外贸出口总额	出口总额
	实际利用外资金额	批准的合同外资金额实际执行数、外商投资企业实际缴付的出资额等
科技创新分指数	专利申请数	使用城市级数据
	专利授权数	使用城市级数据
	万人高校在校学生数	使用城市级数据
社会发展分指数	教育支出占公共财政支出的比重	用常住人口计算，使用城市级数据
	每百人公共图书馆藏书	用常住人口计算，使用城市级数据
	每千人拥有医疗机构床位数	用常住人口计算，使用城市级数据
	每千人拥有执业医师数	用常住人口计算，使用城市级数据
	每万人拥有公交车辆	用常住人口计算，使用城市级数据
	人均城市道路长度	路面长度在3.5米以上的道路长度/常住人口，使用城市级数据
	人均公园绿地面积	绿地面积/常住人口，使用城市级数据

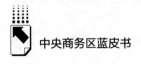
续表

一级指标	二级指标	指标解释
区域辐射分指数	辐射能力分指数	参见本蓝皮书《B3. 中央商务区区域辐射指数分析（2023）》。
	辐射行动分指数	
	辐射绩效分指数	

注：数据来源于 CBD 所在城区或城市统计年鉴、国民经济和社会发展统计公报等；指标解释中未注明的，均指城区数据。

三 测度结果与综合分析

（一）综合发展指数

本报告具体按照熵值法计算原理，分别对 2019～2021 年 13 个 CBD 的综合发展指数及 5 个分指数进行测算，详见表 2。

表 2 13 个 CBD 综合发展指数及分指数（2019～2021 年）

年份	所在城市分类	CBD	经济发展	经济驱动	科技创新	社会发展	区域辐射	综合发展指数	排名
2021	一线城市	北京 CBD	10.447	10.669	9.332	10.358	16.712	57.518	4
		上海陆家嘴 CBD	10.724	11.842	9.248	9.342	16.725	57.881	3
		广州天河 CBD	10.415	10.217	11.012	10.334	16.096	58.074	2
		深圳福田 CBD	10.594	10.187	11.295	10.501	16.492	59.069	1
	新一线城市	天津滨海新区 CBD	11.019	10.406	9.389	9.707	16.126	56.647	1
		西安长安路 CBD	9.807	9.285	10.588	9.781	15.608	55.069	5
		重庆解放碑 CBD	9.903	9.389	9.631	10.542	15.621	55.086	4
		杭州武林 CBD	9.533	9.690	9.268	10.453	15.753	54.697	7
		武汉王家墩 CBD	9.744	9.968	10.494	9.371	15.791	55.368	3
		成都锦江 CBD	9.294	9.630	9.896	10.004	15.897	54.721	6
		南京河西 CBD	9.541	9.804	10.594	10.028	15.442	55.409	2
		沈阳金融商贸 CBD	9.417	9.378	9.492	9.922	15.459	53.668	9
		长沙芙蓉 CBD	9.561	9.535	9.761	9.656	15.249	53.762	8

年份	所在城市分类	CBD	经济发展	经济驱动	科技创新	社会发展	区域辐射	综合发展指数	排名
2020	一线城市	北京 CBD	10.245	10.612	9.338	10.216	16.795	57.206	4
		上海陆家嘴 CBD	11.185	11.587	9.267	9.306	16.743	58.088	3
		广州天河 CBD	10.377	9.982	11.023	10.875	16.132	58.389	2
		深圳福田 CBD	10.561	10.360	11.259	10.548	16.502	59.230	1
	新一线城市	天津滨海新区 CBD	10.723	10.367	9.377	9.578	16.107	56.152	1
		西安长安路 CBD	9.779	9.321	10.424	9.825	15.562	54.911	5
		重庆解放碑 CBD	9.874	9.674	9.624	10.600	15.931	55.703	2
		杭州武林 CBD	9.740	9.495	9.278	10.318	15.740	54.571	7
		武汉王家墩 CBD	9.819	10.040	10.489	9.432	15.775	55.555	3
		成都锦江 CBD	9.299	9.756	9.954	9.965	15.896	54.870	6
		南京河西 CBD	9.474	9.648	10.673	9.931	15.431	55.157	4
		沈阳金融商贸 CBD	9.388	9.263	9.475	10.007	15.489	53.622	9
		长沙芙蓉 CBD	9.535	9.896	9.820	9.399	15.291	53.941	8
2019	一线城市	北京 CBD	10.280	10.704	9.355	10.074	16.843	57.256	4
		上海陆家嘴 CBD	11.204	11.502	9.279	9.258	16.857	58.100	3
		广州天河 CBD	10.449	9.954	11.079	11.158	16.358	58.998	1
		深圳福田 CBD	10.544	10.361	11.226	10.335	16.472	58.938	2
	新一线城市	天津滨海新区 CBD	10.698	10.399	9.360	9.431	16.066	55.954	1
		西安长安路 CBD	9.739	9.306	10.406	9.876	15.700	55.027	4
		重庆解放碑 CBD	9.898	9.629	9.711	10.553	15.793	55.584	3
		杭州武林 CBD	9.653	9.465	9.297	10.533	15.720	54.668	7
		武汉王家墩 CBD	9.892	10.218	10.423	9.393	15.812	55.738	2
		成都锦江 CBD	9.344	9.734	9.917	9.982	15.953	54.930	6
		南京河西 CBD	9.435	9.587	10.598	9.933	15.456	55.009	5
		沈阳金融商贸 CBD	9.316	9.332	9.439	9.956	15.590	53.633	9
		长沙芙蓉 CBD	9.548	9.810	9.913	9.517	15.264	54.052	8

注：区域辐射分指数采用本书《B3. 中央商务区区域辐射指数分析（2023）》的指数测算结果，其余分指数及综合发展指数为作者测算，下同。

根据综合发展指数结果，可以得到如下结论。

（1）从整体上来看，2019~2021 年，一线城市组和新一线城市组的综合发展指数之间的差异较为明显（见表 2）。和以往研究的结论类似，一线城市 CBD 的综合发展指数均高于新一线城市 CBD。三年间一线城市 CBD 综合发展指数的均值有所下降，从 2019 年的 58.323 下降到 2021 年的 58.136（其中，13 个 CBD 所在城市统计年鉴对 2019 年、2020 年公布的数据做出最新的调整，由于本研究主要涉及区域辐射指数的变动，故采用最新计算的区域辐射指数），降幅为 0.32%。新一线城市 CBD 综合发展指数的均值从 54.955 下降到 54.936，降幅较低。

（2）一线城市 CBD 的综合发展指数有所波动。2021 年，北京 CBD 的综合发展指数实现了较大的增长，从 2020 年的 57.206 上升到 57.518，涨幅为 0.55%。这是由于北京 CBD 在经济发展、经济驱动、社会发展和区域辐射 4 个分指标上实现了增长。除北京 CBD 外，上海陆家嘴 CBD、广州天河 CBD 在 2019~2021 年的综合发展指数均呈现逐年下降的趋势。上海陆家嘴 CBD 从 2019 年的 58.100 逐年下降到 2021 年的 57.881，这主要是由经济发展、科技创新和区域辐射分指数下降造成的。广州天河 CBD 从 2019 年的 58.998 下降到 2021 年的 58.074，深圳福田 CBD 则从 2019 年的 58.938 先上升到 2020 年的 59.230 又下降到 2021 年的 59.069。从排名来看，2021 年，深圳福田 CBD 排在第一位，广州天河 CBD 和上海陆家嘴 CBD 分别居第二位和第三位。究其原因，深圳福田 CBD 和广州天河 CBD 的科技创新分指数显著高于北京 CBD 和上海陆家嘴 CBD。

（3）在新一线城市 CBD 中，2019~2021 年天津滨海新区的综合发展指数增长最多，从 2019 年的 55.954 上升到 2021 年的 56.647。其在经济发展分指数、经济驱动分指数、科技创新分指数、社会发展分指数和区域辐射分指数方面均实现了正增长，增长率分别为 3.00%、0.07%、0.31%、2.93%、0.37%。南京河西 CBD 从 2019 年的 55.009 增长到 2021 年的 55.409，增长率为 0.73%。这主要得益于经济发展分指数、经济驱动分指数和社会发展分指数的上升，分别增长了 1.12%、2.26%、0.96%。按照 2021 年的排名来看，排在前三位的分别是天津滨海新区 CBD、南京河西 CBD、武汉王家墩 CBD。

（4）就 5 个分指数的贡献而言，三年间 5 个分指数对总指数的贡献度相对稳定，但是不同 CBD 的指标构成内部存在细微的异质性。就 2021 年来看，一致性特征表现在 13 个 CBD 的区域辐射分指数均在综合发展指数中占比最高，即贡献最大。除区域辐射分指数外，其他 4 个分指数在 13 个 CBD 中的异质性特征表现在以下两个方面。第一，在一线城市 CBD 中，上海陆家嘴 CBD 和北京 CBD 的经济驱动分指数是 4 个分指数中最高的，贡献度分别为 20.46% 和 18.55%，其次是经济发展分指数，贡献度分别为 18.53% 和 18.16%；广州天河 CBD 的经济发展分指数和科技创新分指数占比分别为 17.93% 和 18.96%，属于经济发展和科技创新双驱动型；深圳福田 CBD 的科技创新分指数占比最高，为 19.12%，为科技创新驱动型。第二，在新一线城市 CBD 中，经济发展驱动型的 CBD 为天津滨海新区 CBD；科技创新驱动型的为西安长安路 CBD、南京河西 CBD、武汉王家墩 CBD、长沙芙蓉 CBD；社会发展驱动型的为重庆解放碑 CBD、杭州武林 CBD、成都锦江 CBD、沈阳金融商贸 CBD（详见图 1）。可见，不同城市 CBD 发展的驱动力存在异质性。

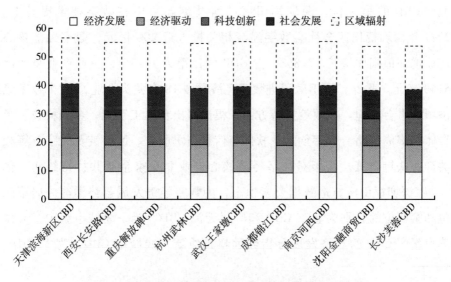

图 1　2021 年新一线城市 CBD 综合发展指数分项构成

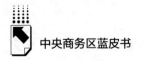

（二）经济发展分指数

经济发展分指数包含的细分指标有 5 项，分别为：人均 GDP、城区 GDP、地方一般预算收入、城区 GDP 占城市 GDP 的比重、人口密度。

第一，从经济发展分指数来看，在一线城市的组别中，2021 年上海陆家嘴 CBD 的指数最高，为 10.724（见图 2）。这与 2020 年的测度结果相同。这主要是因为上海陆家嘴 CBD 的城区 GDP、人均 GDP、人口密度等指标的增速都快于其他一线城市 CBD。这也表明，上海陆家嘴 CBD 的经济发展较往年仍然保持了良好的态势。一直以来，上海陆家嘴 CBD 注重金融商贸和高端服务业与数字经济的结合。2021 年上海《自贸试验区陆家嘴片区发展"十四五"规划》便指出"培育服务贸易、数字贸易新增长点"，并加快"数字陆家嘴"建设，利用 AI、5G、大数据、云计算等数字技术赋能陆家嘴 CBD 基础设施和公共服务，推动楼宇数字化转型。经济发展分指数居第二位的是深圳福田 CBD，这得益于科技创新和社会发展分指数的提升。2021 年，深圳福田 CBD 的科技创新分指数居 4 个一线城市 CBD 的第一位。深圳福田区的科技创新集中在数字技术提升上。2021 年深圳福田区全社会数字经济相关投入近 200 亿元，数字经济核心产业增加值同比增长 17.8%，占 GDP 的比重为 11.7%，核心产业总产出 5143 亿元。此外，福田区引进数字经济领域 18 家龙头企业，22 个数字经济项目平台落地。在政策扶持方面，福田区出台人工智能、金融科技、半导体与集成电路、数字创意、软件与信息技术服务、区块链及元宇宙等相关产业扶持政策，全年对数字经济核心产业 266 家企业共扶持约 4.3 亿元。[①] 深圳福田区打造数据要素生态，为数字经济发展蓄势添能。居第三位和第四位的分别为北京 CBD 和广州天河 CBD。新一线城市组中，天津滨海新区 CBD 的经济发展分指数远超其他新一线城市 CBD，为 11.019。

---

① 《福田区数字经济发展成果发布引进 18 家数字经济龙头企业》，深圳新闻网，2022 年 11 月 17 日，https://www.sznews.com/news/content/2022-11/17/content_ 25461280.htm。

天津滨海新区的城区 GDP、人均 GDP、地方一般预算收入、城区 GDP 占城市 GDP 的比重均是新一线城市 CBD 中最高的。经济发展分指数排在前五位的分别为天津滨海新区 CBD、重庆解放碑 CBD、西安长安路 CBD、武汉王家墩 CBD、长沙芙蓉 CBD（见图 2）。

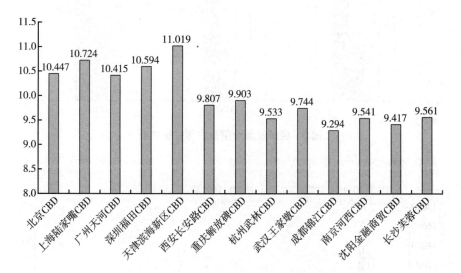

图 2　2021 年 13 个 CBD 经济发展分指数

第二，经济发展分指数的各项指标贡献存在不同方向的变动，见图 3。从 2019 年至 2021 年，变动较明显的是地方一般预算收入指标，2019 年为 0.194，到 2021 年则增长到 0.197。最稳定的指标为城区 GDP 占城市 GDP 的比重，三年间其权重均维持在 0.198。城区 GDP 指标的贡献率略有下降，从 2019 年的 0.197 下降为 2021 年的 0.196。人均 GDP 的贡献率则从 2019 年的 0.205 提高到 2020 年的 0.206，之后又降到 2021 年的 0.204。人口密度指标基本维持稳定，2021 年的贡献率与 2019 年持平。

从五个二级指标来看，可以得到如下结论。

第一，从 CBD 所在城区的 GDP 及增长率来看（见图 4），所有的样本 CBD 所在城区的 GDP 之和为 51783.09 亿元，一线城市 CBD 中，上海陆家嘴 CBD 所在城区的 GDP 远高于其他 CBD，2021 年上海陆家嘴 CBD 所在城

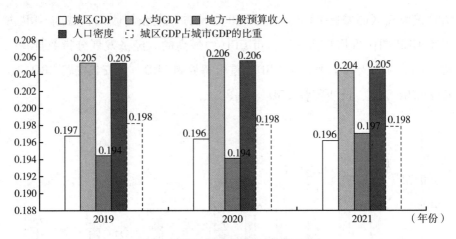

图 3　经济发展分指数二级指标权重

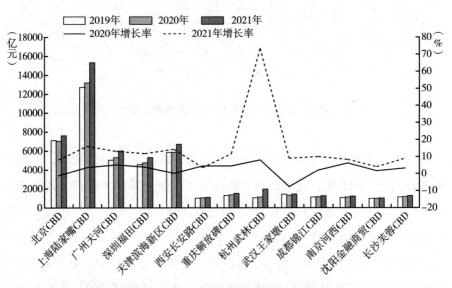

图 4　2019～2021 年各 CBD 所在城区的 GDP 及增长率

区的 GDP 为 15335 亿元，增长率为 16.11%，相较于 2020 年 3.71% 的增长率，2021 年上海浦东新区继续呈现加速发展的态势。排在第二位的是北京 CBD，2021 年的 GDP 为 7617.80 亿元，增长率为 8.24%，扭转了 2020 年的负增长局面，发展继续加快。排在第三位的是广州天河 CBD，2021 年的

GDP 为 6012.20 亿元，增长率为 13.16%。排在第四位的是深圳福田 CBD，2021 年的 GDP 为 5318.19 亿元，增长率为 11.86%。新一线城市 CBD 中，天津滨海新区 CBD 延续往年的发展态势，排第一位，所在城区 GDP 为 6715.49 亿元，增长率也实现了突破，相较于 2020 年的 0.026%，2021 年达到了 14.38%。排在第二位的是杭州武林 CBD，所在城区 GDP 为 1968.56 亿元，增长率为 73.54%，是新一线城市 CBD 中增长率最高的 CBD。排在杭州武林 CBD 之后的分别为重庆解放碑 CBD、武汉王家墩 CBD、长沙芙蓉 CBD、成都锦江 CBD、南京河西 CBD、西安长安路 CBD、沈阳金融商贸 CBD。总体而言，2021 年各 CBD 的发展速度加快，对经济增长的贡献突出。

第二，就人均 GDP 及增长率来说（见图 5），2021 年除杭州武林 CBD 出现了负增长外，其他 CBD 均实现了正增长。13 个 CBD 的均值为 220501.68 元，比 2020 年的 207722.81 元增长了 6.15%。在一线城市 CBD 中，2021 年人均 GDP 排在第一位的是深圳福田 CBD，为 341300 元，增长率为 10.78%；其次是广州天河 CBD，2021 年的人均 GDP 为 268569.50 元，增长率为 13.79%。在新一线城市 CBD 中，排在第一位的是天津滨海新区 CBD，人均 GDP 为 328300 元，相较于 2020 年 4.58% 的增长率，2021 年的增长率则高达 15.75%。此外，2021 年人均 GDP 及增长率均排在第二位的是重庆解放碑 CBD，人均 GDP 为 258222 元，增长率达到 12.47%。排在后三位的分别为杭州武林 CBD、成都锦江 CBD、沈阳金融商贸 CBD，人均 GDP 分别为 143586 元、138700 元、129890 元，增长率分别为 -38.17%、9.29%、4.42%。总体而言，各 CBD 的人均 GDP 呈现增长态势。

第三，从地方一般预算收入及增长率来看（见图 6），2021 年 13 个 CBD 的地方一般预算收入比 2020 年高，从 2020 年的 2959 亿元增长到 3354 亿元，增长率为 13.35%。具体来看，2021 年总规模最大的是上海陆家嘴 CBD，达到 1174 亿元；第二位是天津滨海新区 CBD，达到 572 亿元；北京 CBD 排在第三位，规模为 543 亿元。2021 年，除长沙芙蓉 CBD 外，其他 CBD 均实现正增长。其中，增长率最高的是杭州武林 CBD，达到 121.01%；武汉王家墩 CBD 增长率为 39.61%；上海陆家嘴 CBD 增长率为 8.98%；天津滨海新区 CBD 增

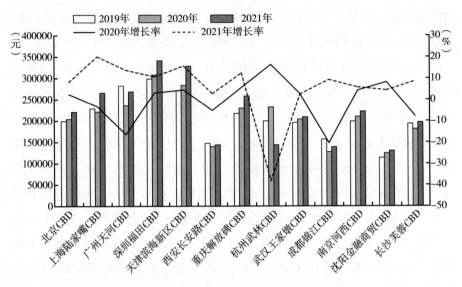

图5 2019~2021年各CBD人均GDP及增长率

长率达到11.04%；南京河西CBD增长率为17.13%。CBD一般预算收入的快速增长，显示了市场主体的强大活力。长沙芙蓉CBD的地方一般预算收入下降明显，下降了9.27%。

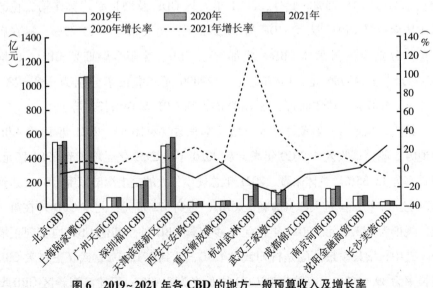

图6 2019~2021年各CBD的地方一般预算收入及增长率

第四，从以常住人口测算的人口密度看，2021年西安长安路CBD、重庆解放碑CBD、武汉王家墩CBD排名前三（见图7）。相比其他CBD，可能是由于这三个CBD所在的行政区域面积较小，所以人口密度较高。而较高的人口密度会给上述区域带来更多的劳动力、更大的市场、更高的市场活力，也意味着更大的"人口红利"。一线城市CBD中，广州天河CBD和深圳福田CBD的人口密度分别为每平方公里23239人和19872人，远超过北京CBD和上海陆家嘴CBD的人口密度。和上海陆家嘴CBD相比，受北京人口调控政策影响，北京CBD常住人口逐年小幅下降，人口密度也随之下降。2021年，北京CBD的人口密度降幅为3.39%。天津滨海新区CBD的人口密度最低，2021年人口密度为每平方公里911人，这主要是因为行政区域面积较大。人口密度下降最快的是杭州武林CBD，2021年的降幅为30.55%。

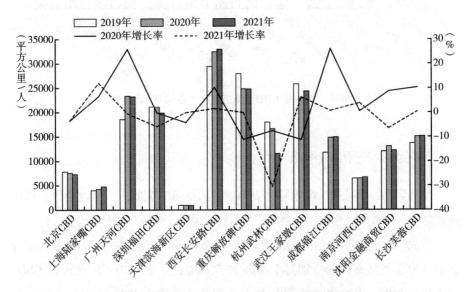

图7　2019~2021年各CBD的人口密度及增长率

第五，从城区GDP占城市GDP的比重来看，2019~2021年各CBD的情况整体上较稳定（见图8）。在13个CBD中，占比最高的是天津滨海新区CBD，2021年为42.79%。2021年上海陆家嘴CBD所在城区的GDP占整个上海GDP的比重为35.49%，是一线城市CBD中占比最高的；其次是广州天河

CBD、北京 CBD、深圳福田 CBD，分别为 21.30%、18.92%、17.34%。重庆解放碑 CBD、成都锦江 CBD 和南京河西 CBD 占比稍低，分别为 5.44%、6.33% 和 7.43%。2021 年占比提高最多的是杭州武林 CBD，提高了 3.83 个百分点。

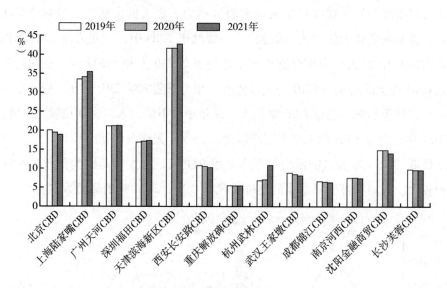

图 8 2019~2021 年 CBD 的城区 GDP 占城市 GDP 的比重

（三）经济驱动分指数

经济驱动分指数的二级指标主要有城镇人均可支配收入、全社会固定资产投资总额、外贸出口总额、社会消费品零售总额以及实际利用外资金额。

首先，就经济驱动分指数而言，2019~2021 年一线城市 CBD 的排名相对稳定，2021 年从高到低分别是上海陆家嘴 CBD、北京 CBD、广州天河 CBD、深圳福田 CBD。上海陆家嘴 CBD 的经济驱动分指数从 2020 年的 11.587 上升到 2021 年的 11.842，这得益于 5 个二级指标的全面提升。从 2021 年经济驱动分指数的增长率来看，一线城市 CBD 中上海陆家嘴 CBD、北京 CBD、广州天河 CBD 均实现了正增长，深圳福田 CBD 经济驱动分指数下降了 1.67%。2021年，新一线城市 CBD 经济驱动分指数排名前 5 的分别为天津滨海新区 CBD、武汉王家墩 CBD、南京河西 CBD、杭州武林 CBD、成都锦江 CBD（见图 9）。

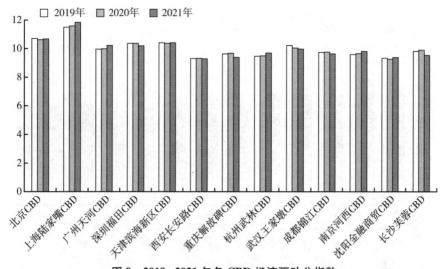

图9　2019~2021年各CBD经济驱动分指数

其次，就二级指标而言，13个CBD发挥核心作用的因素略有不同。2021年，从同一CBD不同指标占比的纵向比较来看，上海陆家嘴CBD的外贸出口总额占比保持最高，为24.99%，对经济发展起了重要的驱动作用；北京CBD的社会消费品零售总额占比最高，为22.23%，同时北京CBD城镇人均可支配收入占比居第二位，为21.19%，说明北京经济驱动分指数的上升主要由社会消费零售总额和城镇人均可支配收入推动；深圳福田CBD的城镇人均可支配收入占比最高，为21.15%，说明居民潜在的消费能力较高；广州天河CBD的城镇人均可支配收入占比最高，为21.81%。新一线城市CBD中，天津滨海新区CBD主要靠全社会固定资产投资驱动经济增长，相应指标占比达24.37%，其余各CBD二级指标占比较为均衡（见图10）。

从5个二级指标可得到如下结论。

第一，就全社会固定资产投资总额及其增长率而言，2019~2021年天津滨海新区CBD的投资规模远超过其他CBD，均值达到5204亿元（见图11）。2021年天津滨海新区CBD全社会固定资产投资总额比2020年增长7.2%。分产业看，第一产业投资下降9.0%；第二产业投资增长6.6%，其中工业投资增长6.6%；第三产业投资增长7.8%，其中交通运输、仓储和邮电业

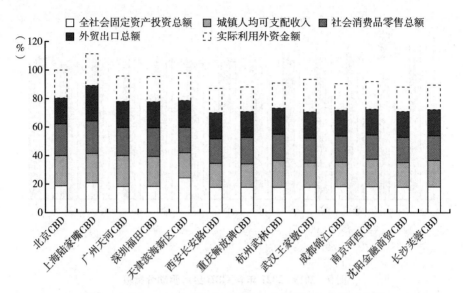

图10　2019~2021年各CBD经济驱动分指数二级指标占比

增长8.4%，信息传输、软件和信息技术服务业增长1.2倍，科学研究和技术服务业增长59.2%。基础设施投资比上年增长18.3%，民间投资比上年增长12.5%。

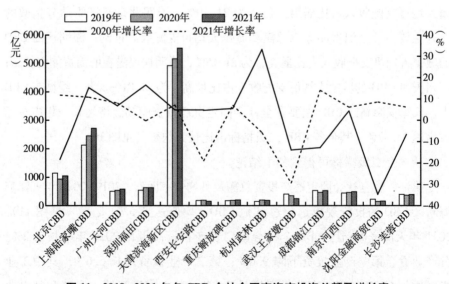

图11　2019~2021年各CBD全社会固定资产投资总额及增长率

一线城市 CBD 中，2021 年上海陆家嘴 CBD 的全社会固定资产投资总额最高，为 2716 亿元，增长率为 10.82%。其次是北京 CBD，2021 年全社会固定资产总额为 1047 亿元，增长率为 11.80%。深圳福田 CBD 全社会固定资产投资总额略有下降，降幅为 0.3%。新一线城市 CBD 中全社会固定资产投资总额居于天津滨海新区 CBD 之后的是成都锦江 CBD，为 528 亿元，增幅为 14.1%。成都锦江 CBD 第二产业投资同比增长 21.7%，其中工业投资比上年增长 21.9%；第三产业投资同比增长 13.4%。基础设施投资比上年增长 87.6%，公共服务投资比上年增长 101.9%，民间投资占固定资产投资的比重为 28.0%。全年房地产开发投资比上年增长 3.1%；实现商品房销售面积 104.9 万平方米，比上年增长 6.8%。2021 年武汉王家墩 CBD 固定资产投资总额下降明显，较 2020 年下降了 29.5%。

第二，就城镇人均可支配收入而言，和往年不一样的是，一线城市 CBD 和新一线城市 CBD 之间的差距仍显著。从整体上看，2019～2021 年，相比新一线城市 CBD，深圳福田 CBD、上海陆家嘴 CBD、北京 CBD 以及广州天河 CBD 人均可支配收入要高（见图 12）。2021 年一线城市 CBD 的平均城镇人均可支配收入达到 84799 元（由年鉴数据计算得出），新一线城市 CBD 的城镇人均可支配收入平均值为 59776 元（由年鉴数据计算得出），相比新一线城市 CBD，一线城市 CBD 大约高出 2.5 万元。一线城市 CBD 中，2021 年广州天河 CBD 城镇人均可支配收入最高，为 89206 元。新一线城市 CBD 中，2019～2021 年按均值排名前 3 的分别为杭州武林 CBD、南京河西 CBD、长沙芙蓉 CBD，平均城镇人均可支配收入分别为 67481 元、66765 元、62447 元。2021 年，除武汉王家墩 CBD 和杭州武林 CBD 外，其他 CBD 的城镇人均可支配收入均实现上涨，北京 CBD 为 84770 元，增幅为 7.68%；广州天河 CBD 为 89206 元，增幅为 12.30%；南京河西 CBD 为 71718 元，增长 8.90%，南京河西 CBD 是 2021 年新一线城市 CBD 中增长最快、城镇人均可支配收入最高的 CBD；重庆解放碑 CBD 为 51083 元，增幅为 8.70%。单从增长率来看，2021 年杭州武林 CBD 和武汉王家墩 CBD 的城镇人均可支配收入出现负增长，增长率分别为-1.39% 和-1.41%。

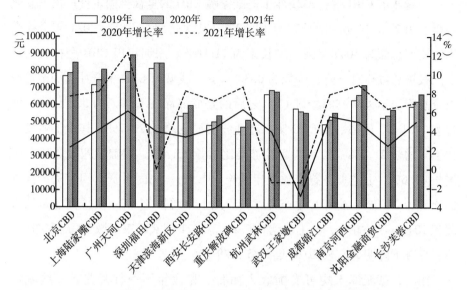

图 12　2019~2021 年各 CBD 城镇人均可支配收入及增长率

第三，就社会消费品零售总额及增长率而言，相较于 2020 年，13 个 CBD 增长率大多数由负转正，经济驱动能力逐渐恢复（见图 13）。一线城市 CBD 中上海陆家嘴 CBD 社会消费品零售总额为 3831.79 亿元，增长率为 20.37%。北京 CBD、广州天河 CBD、深圳福田 CBD 的社会消费品零售总额分别为 3554.2 亿元、2050.64 亿元、2242.04 亿元，增长率分别为 10.32%、15.11%、9.53%。可见，随着社会经济秩序的逐渐恢复，一线城市 CBD 的经济驱动能力显著提升。

2021 年，新一线城市 CBD 中社会消费品零售总额排前三位的分别为重庆解放碑 CBD、成都锦江 CBD、杭州武林 CBD，社会消费品零售总额分别为 1353.99 亿元、1324.33 亿元、1312.90 亿元，增幅分别为 6.18%、13.72%、144.01%。可见，这三个新一线城市 CBD 经济复苏的势头强劲，带动城市经济增长的动力较强。其中，重庆解放碑 CBD 将数字商务和数字零售融入消费，加快发展 IP 衍生、沉浸式体验、新零售、文娱创新、数字消费、新兴集合店"六新"业态，引导重百、新世纪开展数字化营销，支

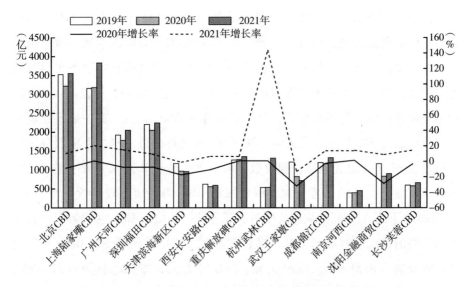

图 13　2019～2021 年各 CBD 社会消费品零售总额及增长率

持乡村基等传统门店发展智能机器人等无接触零售，2021 年区域 GDP 达648 亿元，同比增长 6.7%。杭州武林 CBD 也推进数字零售模式创新，鼓励商贸零售企业开展智能化、场景化改造，以数字零售服务模式赋能城市经济发展。数字化消费在新一线城市 CBD 得到较快发展。但是，2021 年天津滨海新区 CBD 社会消费品零售总额仍然下滑，2021 年的降幅为 1%。此外，武汉王家墩 CBD 的社会消费品零售总额也继续下降，降幅为13.01%。因此，相比一线城市 CBD，新一线城市 CBD 的零售业韧性不足。现阶段，如何复苏消费、激发经济增长潜力成为 CBD 持续发展必须解决的问题。

第四，从外贸出口总额看，13 个 CBD 之间的异质性明显（见图 14）。2019～2021 年，上海陆家嘴 CBD 外贸出口总规模远超其他 CBD，是 13 个CBD 中唯一突破千亿元的 CBD。2021 年，上海陆家嘴 CBD 外贸出口总额为8203 亿元，增长率为 14.92%，上海出口外贸继续成为带动当地经济增长的重要板块；北京 CBD 扭转了 2020 年的下降趋势，2021 年外贸出口总额为177.7 亿元，增长率为 16.91%；和北京 CBD 类似的是广州天河 CBD，2021

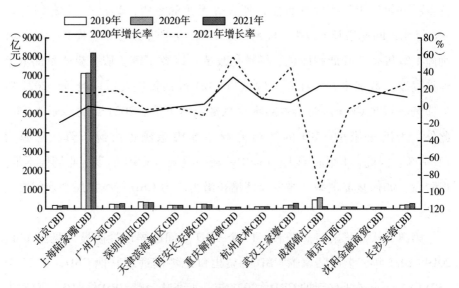

年也扭转了下降的局面,以283.82亿元的外贸出口总额实现18.31%的高增长率。比较亮眼的是,2021年广州天河CBD是唯一获批国家数字服务出口基地的中央商务区。2021年,广州天河CBD以建设国家数字服务出口基地为突破口,加快推动数字经济创新发展,在常态化疫情防控和经济社会发展中率先培育高质量发展增长点,全年实现GDP 3800亿元,其中数字经济核心产业增加值545亿元,占天河CBD GDP的比重接近15%,数字服务出口业务覆盖35个国家和地区,拥有数字服务类企业近2万家,数字经济已成为广州市能级提升的重要支撑。深圳福田CBD的外贸出口延续下滑趋势,比2020年下降3.78%。从增长率看,部分新一线城市CBD强势崛起,其中最为亮眼的是重庆解放碑CBD、武汉王家墩CBD、长沙芙蓉CBD,外贸出口总额分别为8.51亿元、299亿元、284.14亿元,增长率分别为57.36%、45.15%、26.57%,是新一线城市CBD中外贸出口总额增长最快的三个CBD。

图14 2019~2021年各CBD外贸出口总额及增长率

第五,从实际利用外资金额看,13个CBD也呈现较大差异(见图15)。2021年,上海陆家嘴CBD的外资利用规模最大,实际利用外资金额达到

107 亿美元，增长率为 14.12%，是第二名北京 CBD 实际利用外资金额 51.1 亿美元的 2 倍左右。实际利用外资金额排在第三位的是南京河西 CBD，实际利用外资金额 50.14 亿美元。深圳福田 CBD 和广州天河 CBD 在经历了 2020 年的逆势反弹后，在 2021 年继续增长，增长率分别 18.75% 和 88.18%。新一线城市 CBD 中，南京河西 CBD 实际利用外资规模增幅最大，为 1428.80%，究其原因，2021 年南京河西区新涉及增资外资项目 925 个。西安长安路 CBD、重庆解放碑 CBD、武汉王家墩 CBD 均保持了较为稳定的增长，增长率分别为 3.49%、4.55%、5.66%，总量分别达到 1.26 亿美元、4.60 亿美元、8.43 亿美元。天津滨海新区 CBD、成都锦江 CBD、沈阳金融商贸 CBD、长沙芙蓉 CBD 则出现了跌落的态势，实际利用外资金额分别比 2020 年下降了 8.69%、20.03%、3.10%、68.46%。总体而言，2020 年和 2021 年，13 个 CBD 实际利用外资总规模整体变动不大，具体有增有减。

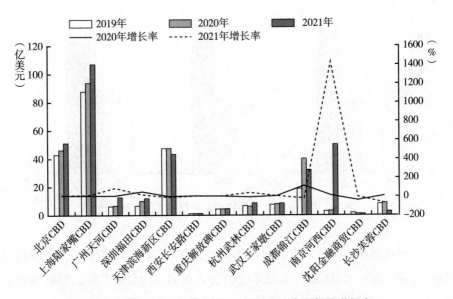

图 15 2019~2021 年各 CBD 实际利用外资金额及增长率

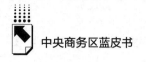

（四）科技创新分指数

科技创新分指数具体涉及专利授权数、专利申请数以及万人高校在校学生数 3 个二级指标。

从指标贡献来看，科技创新分指数的五个二级指标在权重方面变动不大（见图 16）。由于部分 CBD 的专利申请数据并未公布，本报告在数据获取上存在较大难度。为克服此问题，本报告结合 2013~2020 年的相关数据，采用线性插值法将 2021 年的专利申请数补齐，尽可能地拟合真实情况。从数据来看，在 2019 年至 2021 年，专利申请数在科技创新分指数中的权重从 0.329 上升至 0.330，专利授权数的权重从 0.329 上升至 0.331，万人高校在校学生数的权重则从 2019 年的 0.343 下降至 2021 年的 0.340。从总体上看，万人高校在校学生数的权重较高。

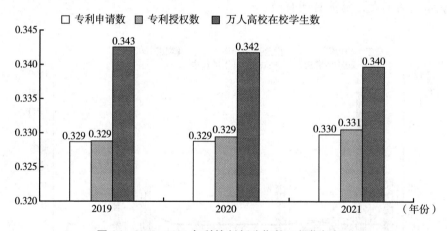

图 16 2019~2021 年科技创新分指数二级指标权重

从科技创新分指数来看，13 个 CBD 之间略有差异。2021 年，一线城市 CBD 中深圳福田 CBD 和广州天河 CBD 分别居第一位和第二位，指数分别为 11.295 和 11.012，北京 CBD 和上海陆家嘴 CBD 则分别为 9.332 和 9.248。相比一线城市 CBD，2021 年部分新一线城市 CBD 的科技创新分指数超过北京 CBD 和上海陆家嘴 CBD。其中，南京河西 CBD、西安长安路 CBD、武汉王家墩 CBD 的科技创新分指数均超过 10，说明这些 CBD 具有较好的科技创新能力。从二级指标看，专利申请数以及专利授权数对深圳福田 CBD 影响较大，两个二级指标分别为 4.188 和 4.174，万人高校在校学生数仅为 2.933。虽然北京地区高校学生的数量是排在第一位的，然而，因为常住人口的比重较大，所以高校在科技创新分指数中的影响力被弱化了，进而影响了万人高校在校学生数排名。上海陆家嘴 CBD 在专利申请数、专利授权数、万人高校在校学生数三个方面较为均衡，3 个二级指标均为一线城市 CBD 中最低。新一线城市 CBD 中，西安长安路 CBD、南京河西 CBD、武汉王家墩 CBD、沈阳金融商贸 CBD、长沙芙蓉 CBD 受万人高校在校学生数影响较大，该二级指标也较其他指标偏高。重庆解放碑 CBD 和成都锦江 CBD 受三个因素的影响较为均衡（见表3）。

表3　2021年13个CBD科技创新分指数及二级指标

所在城市分类	CBD	专利申请数	专利授权数	万人高校在校学生数	科技创新	排名
一线城市	北京 CBD	3.125	3.096	3.111	9.332	3
	上海陆家嘴 CBD	3.105	3.079	3.063	9.248	4
	广州天河 CBD	3.723	3.780	3.510	11.012	2
	深圳福田 CBD	4.188	4.174	2.933	11.295	1
新一线城市	天津滨海新区 CBD	3.055	3.073	3.262	9.389	8
	西安长安路 CBD	3.243	3.233	4.112	10.588	2
	重庆解放碑 CBD	3.174	3.286	3.171	9.631	6
	杭州武林 CBD	3.000	2.995	3.273	9.268	9
	武汉王家墩 CBD	3.358	3.330	3.805	10.494	3
	成都锦江 CBD	3.276	3.339	3.281	9.896	4
	南京河西 CBD	3.424	3.355	3.815	10.594	1
	沈阳金融商贸 CBD	3.075	3.080	3.337	9.492	7
	长沙芙蓉 CBD	3.126	3.147	3.487	9.761	5

参考 2022 年蓝皮书，本报告对于上海陆家嘴 CBD 以及北京 CBD 的科技创新能力继续进行单独比较（见表4）。在技术合同成交数量和成交总额

方面，北京 CBD 要高于上海陆家嘴 CBD。2019 年北京 CBD 技术合同成交总额突破 1000 亿元，2021 年持续增长至 1402 亿元，其中，2021 年增长率为12.16%。从专利授权数来看，北京 CBD 的科技创新能力高于上海陆家嘴CBD，但由于数据不充分，本结论有待进一步验证。

表 4　北京 CBD 和上海陆家嘴 CBD 的科技创新能力

年份	CBD	技术合同成交数量（项）	技术合同成交总额（亿元）	专利申请数（件）		专利授权数（件）	
				总数	发明专利	总数	发明专利
2019	北京 CBD	6618	1160	40219	23949	23665	10070
	上海陆家嘴 CBD	2618	444	36476	17161	23219	6726
2020	北京 CBD	6031	1250	41606	23994	27551	11473
	上海陆家嘴 CBD	3897	766	/	/	27589	7160
2021	北京 CBD	8660	1402	/	/	32915	14490
	上海陆家嘴 CBD	/	/	/	/	29082	/

数据来源：历年北京统计年鉴与上海统计年鉴；"/"表示数据未公布。

值得一提的是，北京 CBD 在数字技术创新促进城市能级提升方面卓有成效。2021 年，北京 CBD 所在的朝阳区初步形成了 CBD 数字金融、朝阳园数字产业、金盏数字贸易三大数字经济增长极，现有 5G 基站数量已经达到4310 个。此外，北京 CBD 已建成国内第一个 L4 级别高精度城市级数字孪生平台，为智慧城市管理提供了坚实的城市底座，为互联网 3.0 时代发展打造了公共数字城市平台，形成了北京 CBD 版的"数字新基建"，打造了全国智慧城市平台建设的新标杆。北京 CBD 还建设了跨国企业数据流通服务中心，为国际商贸和高端服务业企业提供前沿数字化服务。此外，随着数字经济的发展，北京 CBD 着眼于未来，创建了北京 CBD 数字经济创新中心。北京数字技术赋能 CBD 高质量发展的成效显著。

（五）社会发展分指数

社会发展分指数具体涉及 7 个二级指标，这些指标分别为教育支出占公共财政支出的比重、每千人拥有医疗机构床位数、每百人公共图书馆藏书、每万人拥有公交车辆、每千人拥有执业医师数、人均城市道路长度以及人均公园绿地面积。

在社会发展分指数层面，新一线城市 CBD 以及一线城市 CBD 的差距不大。在一线城市 CBD 中，2021 年深圳福田 CBD 和北京 CBD 排名靠前，社会发展分指数分别为 10.501 和 10.358。深圳福田区得益于数字技术赋能公共领域，社会发展更加便利智能。福田区经济运行一网统管信息系统覆盖全区各单位和 3 个市级部门、5100 多家规模以上企业、14.5 万家规模以下企业、1800 多名人才，实现经济产业数据全汇聚、经济运行分析全掌控，同时构建起重大项目"监测—预警—调度"机制。此外，福田区也深化政务服务"一网通办"，推进政府治理"一网统管"，加强政府运行"一网协同"，提升治理体系和治理能力现代化水平，以"数"赋能政府治理现代化。新一线城市 CBD 中重庆解放碑 CBD 的社会发展分指数最高，为 10.542。重庆解放碑 CBD 在商圈建设中充分利用数字化服务，建设近 170 个新建 5G 基站、85 个公共 Wi-Fi 亭，实现步行街免费 Wi-Fi 全覆盖，安装近 70 个多功能智慧灯杆，设置超 330 处智能垃圾回收站、9 座智慧公厕及无障碍地图、多功能智能座椅等。新一线城市 CBD 中排名第二的是杭州武林 CBD，社会发展分指数为 10.453。

从二级指标层面来看，在教育支出占公共财政支出的比重方面，样本 CBD 相对稳定，其中北京 CBD 的教育支出占比是最高的，得分为 1.72，其次是西安长安路 CBD 和深圳福田 CBD，得分分别为 1.63 和 1.57。每百人公共图书馆藏书方面，排在前 3 位的分别是深圳福田 CBD、重庆解放碑 CBD、天津滨海新区 CBD。每万人拥有公交车辆方面，长沙芙蓉 CBD 排在首位，得分为 1.72，其次是天津滨海新区 CBD 和南京河西 CBD，得分分别为 1.65 和 1.61（见图 17）。

（六）区域辐射分指数

关于区域辐射分指数的分析见本书《B3. 中央商务区区域辐射指数分析（2023）》。

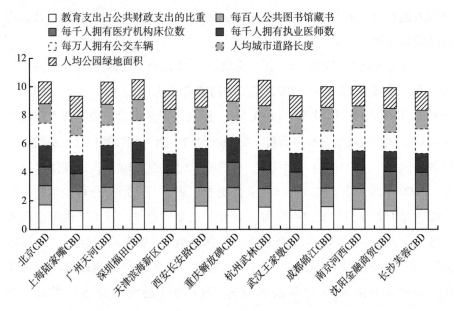

图例：
□ 教育支出占公共财政支出的比重　　■ 每百人公共图书馆藏书
■ 每千人拥有医疗机构床位数　　■ 每千人拥有执业医师数
□ 每万人拥有公交车辆　　▨ 人均城市道路长度
▨ 人均公园绿地面积

图 17　2021 年各 CBD 社会发展分指数分项构成

四　结论与政策建议

本报告通过熵值法来进行权重的确定，实际测度 2019～2021 年 13 个 CBD 的综合发展状况。所选择的样本 CBD，分为一线城市组和新一线城市组，其中一线城市组中包含 4 个 CBD，新一线城市组中包含 9 个 CBD。统计分析所使用到的数据主要来自各城市统计年鉴、国民经济和社会发展统计公报等，通过对综合发展指数指标体系的建立，客观测算所选择的样本 CBD，为后续的跟踪研究提供便利。

通过以上分析，本报告的研究结论如下。（1）所选 13 个 CBD 在 2019～2021 年发展相对平稳，但是新一线城市 CBD 与一线城市 CBD 之间仍然存在一定差距，从综合发展指数来看，一线城市 CBD 要比新一线城市 CBD 高。（2）从三年的平均水平来看，各 CBD 发展过程中的核心影响因素存在显著的异质性。这种异质性表现在一线城市 CBD 和新一线城市

CBD 发展的驱动差异。一线城市 CBD 中，北京 CBD 和上海陆家嘴 CBD 为经济驱动型；广州天河 CBD 的经济发展分指数、科技创新分指数贡献较大，属于经济发展和科技创新双驱动型；深圳福田 CBD 的科技创新分指数贡献最高，为科技创新驱动型。新一线城市 CBD 中，经济发展驱动型的 CBD 为天津滨海新区 CBD；科技创新驱动型的为西安长安路 CBD、南京河西 CBD、武汉王家墩 CBD、长沙芙蓉 CBD；社会发展驱动型的为重庆解放碑 CBD、杭州武林 CBD、成都锦江 CBD、沈阳金融商贸 CBD。（3）一线城市 CBD 和部分新一线城市 CBD 将数字化技术融入城市管理、居民消费、服务业升级等各个方面，产生数字治理、数字消费、数字服务等新业态。

基于以上分析结果，本报告提出 CBD 以数字服务提升城市能级的具体建议。

（一）加快 CBD 服务消费数字化升级，培育 CBD 数字服务消费新业态

服务消费是中央商务区发展的重要方面。在我国经济发展动力之一的消费增长乏力的情况下，中央商务区应探索服务消费新模式。在数字经济蓬勃发展的现实背景下，服务消费升级应与数字化转型相结合，充分释放数字技术和数据资源对商务领域的赋能效应，全面提升商务领域数字化、网络化、智能化水平，切实推动商务高质量发展。一方面，利用互联网电商平台，拓宽品牌消费和品质消费的渠道，在电商平台和实体店铺做大做强"高品质消费节"，提供优质商品和服务，放大中央商务区的数字服务特色，实现线上线下同步促销。完善数字消费的配套措施，通过发放消费券等方式，释放消费潜力。另一方面，培育新的消费业态和消费模式。通过完善制度和法规，健全行业标准和自律规范，促进电商企业合理公平竞争。积极引导和鼓励电商创建小众、新奇、特别的网络品牌，推动个性化定制服务与数字化服务相结合，满足中央商务区多元化服务消费的新需求。

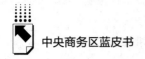

（二）数字科技赋能 CBD 高端服务，增强科技创新提升城市 CBD 能级的驱动力

数字化成为当今经济社会转型的新动力，中央商务区应利用好数字科技为自身发展注入新鲜血液。一方面，中央商务区的发展离不开对数字科技的扶持和应用。鼓励中央商务区的企业采用 5G、大数据、人工智能、物联网、区块链等先进信息技术支撑企业的数字化转型。鼓励企业采用无接触服务、云上消费、云上展会等新模式和数字消费新应用。此外，打破原有传统发票、合同等的应用方式，扩大电子发票、电子合同、电子档案等在中央商务区的应用范围。打造中央商务区内具有典型创新性和发展潜力的数字新企业，颁布数字科技扶持政策、筛选科技创新项目，以此增强中央商务区数字技术应用能力。另一方面，推动中央商务区服务消费的数据资源互联互通、有序共享，加强中央商务区数字消费统计分析和监测能力，推动中央商务区高端服务消费电商大数据共建共享。

（三）优化 CBD 公共服务，促进中央商务区数字公共服务创新

为了配合中央商务区的数字化转型，公共服务平台也应进行数字化升级。一方面，加快中央商务区管理机构政务服务的标准化和智能化。提高政务服务的便利性和政务服务数字化智能化水平。推动中央商务区内的公共服务"一网可办""掌上可办"，提升中央商务区管理机构为居民、企业和商户服务的效率。另一方面，深入推进和发展智慧教育、数字健康服务、智慧文旅、智慧社区、社会保障服务数字化等，优化会展旅游、体育建设等服务资源数字化供给和网络化服务，促进优质资源深化应用、共享复用。发展智慧社区，打通信息惠民"最后一公里"，加快既有住宅和社区设施数字化改造，探索优化智慧社区建设运营模式，推动智慧社区发展由以建为主转向长效运营。

参考文献

[1]《国务院关于印发"十四五"数字经济发展规划的通知》，中华人民共和国中央人民政府网，2021年1月12日，https：//www.gov.cn/zhengce/zhengceku/2022-01/12/content_ 5667817. htm。

[2]《中华人民共和国国民经济和社会发展第十四个五年规划和2035年远景目标纲要》，中华人民共和国中央人民政府网，2021年3月13日，http：//www.gov.cn/xinwen/2021-03/13/content_ 5592681. htm。

[3] 张杰等：《中央商务区产业发展报告（2022）》，社会科学文献出版社，2022，第108~116页。

[4] 张杰等：《中央商务区产业发展报告（2021）》，社会科学文献出版社，2021，第110~114页。

[5] 鲍鹏程、黄林秀：《数字经济与公共服务质量——来自中国城市的经验证据》，《北京社会科学》2023年第5期，第66~79页。

[6] 杨洋、薛蕾等：《高铁建设与城市数字产业发展——基于信息服务企业进入的证据》，《产业经济研究》2022年第5期，第42~55页。

[7] 蒋三庚、宋毅成：《我国特大城市中央商务区差异化发展研究》，《北京工商大学学报》（社会科学版）2014年第5期，第36~43页。

B.3
中央商务区区域辐射指数分析（2023）

李晓艳*

摘　要： 中央商务区是城市发展的新引擎。本报告以4个一线城市（北京、上海、广州、深圳）和9个新一线城市（天津、成都、武汉、杭州、重庆、南京、西安、长沙、沈阳）的13个CBD为研究对象，对其区域辐射指数进行计算、分析与评价。研究发现，2019~2021年，在新冠疫情和宏观经济下行的双重影响下，13个CBD的区域辐射指数总体呈现不均衡的特点，一线城市CBD的区域辐射指数依然领跑，明显高于新一线城市CBD，但也表现出一定的增长乏力现象，同时也可以看到新一线城市CBD在逐步崛起。基于此，本报告提出以下建议：促进数字经济与相关产业融合，推动CBD高质量发展；以"数字"赋能CBD，打造数字经济国内外标杆；优化CBD创新机制，完善创新生态；以人为本，推进智慧CBD建设。

关键词： 中央商务区　区域辐射　数字经济

数字经济正在重塑我国经济结构。为贯彻党中央、国务院关于发展数字经济的决策部署，准确把握新发展阶段特征，贯彻新发展理念，构建新发展格局，中央商务区（CBD）应该在新时代发展中勇于担当，发挥CBD要素资源集聚优势，引领培育数字经济新业态，构建数字经济新生态，共同推进

---

* 李晓艳，经济学博士，国家卫生健康委科学技术研究所、CBD发展研究基地特聘研究员，主要研究领域为经济理论与政策。

数字经济的创新发展，释放经济发展的新动能。目前，中国各 CBD 主要集中在一线城市和新一线城市，但 CBD 发展不平衡。为充分发挥 CBD 在国际开放枢纽和城市发展中的"标杆"作用，以 CBD 数字经济赋能城市发展，本报告以 4 个一线城市（北京、上海、广州、深圳）和 9 个新一线城市（天津、成都、武汉、杭州、重庆、南京、西安、长沙、沈阳）的 13 个 CBD 为研究对象，通过构建科学合理的指标体系，对区域辐射指数进行计算与评价。

一　指标体系构建

本报告基于数据的可得性和可操作性，根据熵值法指数计算的基本原则，选取辐射能力、辐射行动和辐射绩效三个维度若干个指标，建立衡量 CBD 区域辐射水平的综合评价指标体系[①]，对 13 个 CBD 的区域辐射指数进行测度和分析，具体指标见表 1。本报告的数据主要来自 2019~2021 年各 CBD 所在城区或城市的统计年鉴、城市年鉴、国民经济和社会发展统计公报等权威的公开统计资料，以及量子数聚（北京）科技有限公司提供的相关数据。指标解释中如未注明的数据，均为城区数据。

表 1　CBD 区域辐射指数指标体系

一级指标	二级指标	指标解释及数据来源
辐射能力 分指数	总体经济能力	CBD 所在城区 GDP（亿元）
	政府行为能力	地方一般预算收入（亿元）
	区域创新能力	每万人发明专利授权量（件）
	区域联通能力	CBD 所在城区城市道路总长度（公里），使用城市级数据
辐射行动 分指数	政府辐射行动	政府实际利用外资金额/GDP
	企业辐射行动	企业跨地区股权投资总额（亿元）、吸收资金（亿元），数据来源于量子数聚（北京）科技有限公司；资金净值（亿元）

[①] 从皮书编写的延续性角度出发，该指标体系与《中央商务区产业发展报告（2021）》和《中央商务区产业发展报告（2022）》中 B.3 的指标体系一致。

一级指标	二级指标	指标解释及数据来源
辐射行动分指数	金融机构辐射行动	金融机构本外币存款余额(亿元),使用城市级数据
		金融机构本外币贷款余额(亿元),使用城市级数据
	居民辐射行动	城镇单位在岗职工平均工资(元)
辐射绩效分指数	经济绩效	人均GDP(元)
	社会绩效	每千人医疗卫生机构床位数(张),用常住人口计算
	环境绩效	建成区绿化覆盖率(%)

二 测度结果与综合分析

(一)区域辐射指数

根据熵值法指数计算的原理,测算出的2019~2021年13个CBD的区域辐射指数详见表2和图1。

表2 2019~2021年13个CBD区域辐射指数

所在城市分类	CBD	2019年	2020年	2021年
一线城市	北京CBD	16.8426	16.7953	16.7121
	上海陆家嘴CBD	16.8567	16.7426	16.7245
	广州天河CBD	16.3576	16.1317	16.0959
	深圳福田CBD	16.4721	16.5018	16.4916
新一线城市	天津滨海新区CBD	16.0661	16.1074	16.1259
	成都锦江CBD	15.6995	15.5616	15.6075
	杭州武林CBD	15.7930	15.9305	15.6214
	武汉王家墩CBD	15.7197	15.7400	15.7529
	重庆解放碑CBD	15.8117	15.7751	15.7913
	南京河西CBD	15.9527	15.8963	15.8970
	西安长安路CBD	15.4563	15.4309	15.4417
	长沙芙蓉CBD	15.5902	15.4888	15.4588
	沈阳金融商贸CBD	15.2636	15.2910	15.2489

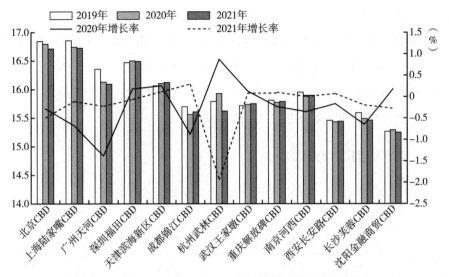

图1　2019~2021年13个CBD区域辐射指数及增长率

首先，2019~2021年一线城市CBD的区域辐射指数总体高于新一线城市CBD，四个一线城市CBD的区域辐射指数都在16以上，而新一线城市CBD中除天津滨海新区CBD外，其余CBD的区域辐射指数均在16以下，可知13个CBD呈现发展不平衡的状态，区域辐射效应具有较大的地域差别。

从区域辐射指数的变化来看，一线城市CBD中，北京CBD、上海陆家嘴CBD和广州天河CBD的区域辐射指数整体平稳，但呈现逐年小幅下降的趋势。其中2020年，广州天河CBD的指数较上年明显下降，降幅约为1.38%。新一线城市CBD中，天津滨海新区CBD、武汉王家墩CBD的区域辐射指数逐年平稳增长。其中，天津滨海新区CBD的区域辐射指数连续三年最高，长沙芙蓉CBD区域辐射指数呈现逐年下降的趋势，其他CBD区域辐射指数变化不规律。

其次，2021年4个一线城市CBD和新一线城市CBD中的天津滨海新区CBD的区域辐射指数总体较高，区域辐射能力依然领跑。其中，上海陆家嘴CBD为16.7245、北京CBD为16.7121、深圳福田CBD为16.4916、广州天河 CBD 为 16.0959，天津滨海新区 CBD 为 16.1259。新一线城市 CBD 中，南京河西 CBD 和重庆解放碑 CBD 的区域辐射指数分别是 15.8970 和 15.7913，综合辐射优势相对比较突出。除沈阳金融商贸 CBD、西安长安路 CBD 和长沙芙蓉 CBD 对周边地区的辐射带动作用有待进一步提升外，其他新一线城市 CBD 的区域辐射能力比较均衡。

（二）辐射能力分指数

2019~2021 年 13 个 CBD 的辐射能力分指数见表 3 和图 2。

表 3　2019~2021 年 13 个 CBD 辐射能力分指数

所在城市分类	CBD	2019 年	2020 年	2021 年
一线城市	北京 CBD	5.4719	5.4425	5.4076
	上海陆家嘴 CBD	5.6496	5.6311	5.6038
	广州天河 CBD	5.3767	5.3590	5.3489
	深圳福田 CBD	5.4313	5.4308	5.4208
新一线城市	天津滨海新区 CBD	5.4819	5.4753	5.5028
	成都锦江 CBD	5.2468	5.2397	5.2544
	杭州武林 CBD	5.2982	5.3067	5.2817
	武汉王家墩 CBD	5.1263	5.1321	5.1416
	重庆解放碑 CBD	5.0784	5.0794	5.0911
	南京河西 CBD	5.2402	5.2472	5.2336
	西安长安路 CBD	5.1318	5.1269	5.1337
	长沙芙蓉 CBD	5.0471	5.0458	5.0452
	沈阳金融商贸 CBD	5.1016	5.1043	5.1042

首先，从 13 个 CBD 的辐射能力分指数来看，2019~2021 年，一线城市 CBD 辐射能力分指数总体较高，其中，上海陆家嘴 CBD 的辐射能力分指数连续三年居 13 个 CBD 之首，新一线城市 CBD 中，天津滨海新区 CBD 辐射能力分指数连续三年最高。从指数变动情况来看，武汉王家墩 CBD 和重庆解放碑 CBD 的辐射能力分指数逐年上升，而四个一线城市 CBD、长沙芙蓉 CBD 的辐射能力分指数呈现逐年降低的特点。天津滨海新区 CBD、成都锦

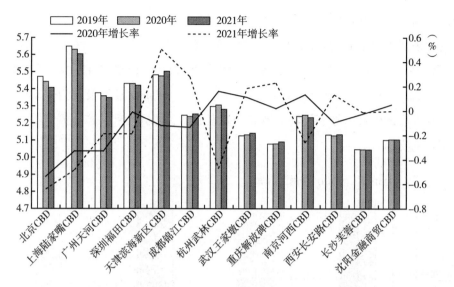

图2　2019~2021年13个CBD辐射能力分指数及增长率

江CBD、西安长安路CBD的辐射能力分指数呈现2020年下降而2021年上升的特点，其中，天津滨海新区CBD辐射能力分指数2020年的降幅为0.12%，2021年的增幅为0.50%。杭州武林CBD、南京河西CBD、沈阳金融商贸CBD的辐射能力分指数呈现2020年上升而2021年下降的特点，其中杭州武林CBD辐射能力分指数2020年的增幅为0.16%，2021年的降幅为0.47%。

2021年一线城市CBD中，上海陆家嘴CBD的辐射能力分指数为5.6038，高居榜首；深圳福田CBD排名第二，辐射能力分指数为5.4208；排名第三的是北京CBD，辐射能力分指数为5.4076。新一线城市CBD中，天津滨海新区CBD的辐射能力分指数最高，达到5.5028；杭州武林CBD的辐射能力分指数为5.2817，位居第二；成都锦江CBD的辐射能力分指数为5.2544，位居第三；南京河西CBD的辐射能力分指数为5.2336，位居第四。其他CBD的辐射能力分指数低于5.2，与上述CBD有一定差距。

其次，从辐射能力分指数的二级指标权重来看（详见图3），2019~

2021 年 13 个 CBD 的总体经济能力、政府行为能力和区域创新能力三个指标对辐射能力分指数的贡献较大，贡献率都在 25% 以上，其中区域创新能力对辐射能力分指数的贡献率略高于总体经济能力和政府行为能力的贡献率。可以看出，13 个 CBD 区域创新能力显著增强，创新要素集聚成为带动区域经济发展的引擎，数字经济的崛起为要素流动、协同发展、产业升级等提供了新的支撑。

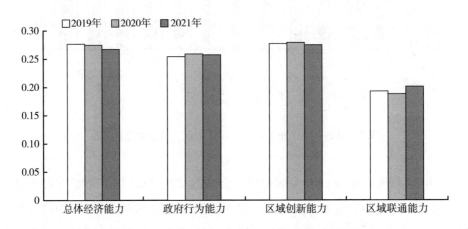

图 3　2019~2021 年 13 个 CBD 辐射能力分指数二级指标权重

最后，13 个 CBD 辐射能力分指数二级指标的具体情况如下。

1. 总体经济能力

2019~2021 年，13 个 CBD 经济总量总体增长平稳，但局部存在不均衡现象（详见 B.2 图 4），一线城市 CBD 和天津滨海新区 CBD 的经济总量远超其他新一线城市 CBD，其中，上海陆家嘴 CBD 的经济总量连续三年位居第一，超过 10000 亿元。除天津滨海新区 CBD 外，新一线城市 CBD 之间的GDP 差距不大。

从 GDP 的增长率来看，2020 年北京 CBD 和武汉王家墩 CBD 的 GDP 增长率为负，分别为-1.10% 和-7.66%。2021 年，13 个 CBD 的 GDP 增长率均为正，GDP 较上年均有明显增加趋势，其中，杭州武林 CBD 的 GDP 增长率尤为突出，为 73.54%。

2. 政府行为能力

从地方一般预算收入来看，2019～2021年，北京CBD、上海陆家嘴CBD和天津滨海新区CBD的地方一般预算收入较高，总量都超过500亿元，表明这三个地区财政在"稳增长"上持续发力，在经济发展中面临的外部不确定因素增多的情况下，能保持政策定力，充分发挥财政推动实体经济稳健发展的作用。

观察地方一般预算收入的增长率可以发现（见B.2图6），2020年大多数CBD的一般预算收入相比2019年都有不同程度的下降而2021年则实现正增长，这主要是因为2020年受新冠疫情影响，基数较低。2021年，杭州武林CBD的地方一般预算收入增幅高达121.01%，武汉王家墩CBD（39.61%）、西安长安路CBD（23.43%）、深圳福田CBD（17.16%）、南京河西CBD（17.13%）、天津滨海新区CBD（11.04%）的地方一般预算收入增长率也达到两位数。

3. 区域创新能力

2019～2021年13个CBD的区域创新能力详见图4。13个CBD由于资源禀赋、功能定位等因素的不同，在创新能力上也存在差异，总体上我国区域创新能力显著增强，在加快新旧动能转换、推进产业转型升级和实现经济高质量发展等方面发挥了关键作用，但不平衡、不协调问题依然存在。

除杭州武林CBD外，各CBD每万人发明专利授权量逐年增加，深圳福田CBD每万人发明专利授权量的总量占绝对优势，连续三年居13个CBD榜首。一线城市CBD中北京CBD、广州天河CBD，新一线城市CBD中天津滨海新区CBD、杭州武林CBD和南京河西CBD的每万人发明专利授权量总量也非常突出。从区域创新能力的增速来看，2020年各CBD均保持了平稳增长，2021年除了杭州武林CBD每万人发明专利授权量下降了6.77%，其他CBD仍然保持了较高的增长势头。

4. 区域联通能力

本报告选取CBD所在城区的城市道路总长度作为指标，衡量CBD的区域联通能力。2019～2021年13个CBD的区域联通能力见图5。一线城市

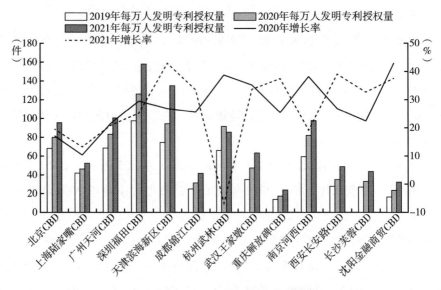

图4 2019~2021年13个CBD区域创新能力

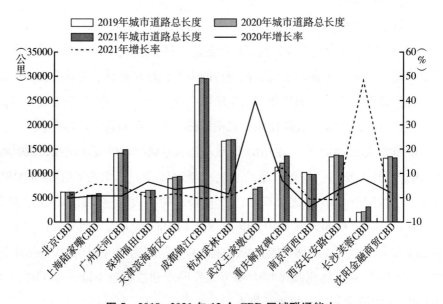

图5 2019~2021年13个CBD区域联通能力

CBD中，广州天河CBD的城市道路总长度位居榜首。新一线城市CBD中成都锦江CBD的城市道路总长度居首位。杭州武林CBD、西安长安路CBD、重庆解放碑 CBD 和沈阳金融商贸 CBD 的城市道路总长度也排名靠前。从城市道路总长度增加的幅度来看，2020 年，武汉王家墩 CBD 的增幅达到 39.84%，2021 年，长沙芙蓉 CBD 增幅达到 48.17%。近年来，新一线城市经济快速发展，交通基础设施也发展迅猛，成都、杭州、重庆、西安和沈阳等城市实现了多条国家级综合运输通道交会，在超大空间范围内运用通道的经济要素组织和流转功能，充分发挥"枢纽+通道"的综合效应，建设以内陆中心城市为核心的经济增长极和经济增长带，推动东、中、西部地区协调发展，助力构建双循环新发展格局。

（三）辐射行动分指数

2019~2021 年 13 个 CBD 的辐射行动分指数见表 4 及图 6。

首先，从辐射行动分指数来看，2019~2021 年，四个一线城市 CBD 的辐射行动分指数明显高于新一线城市 CBD。其中，北京 CBD 和上海陆家嘴 CBD 的辐射行动分指数一直位居前列。新一线城市 CBD 中，天津滨海新区 CBD、武汉王家墩 CBD 和南京河西 CBD 的辐射行动分指数连续三年位居前列。从图 6 可见，2021 年北京 CBD 的辐射行动分指数明显领先，为 5.7973，上海陆家嘴 CBD 位居第二（5.7727），深圳福田 CBD 排名第三（5.4947）。在新一线城市 CBD 中，武汉王家墩 CBD 和南京河西 CBD 的辐射行动分指数高于其他 CBD，分别为 5.2919 和 5.2701；天津滨海新区 CBD 的辐射行动分指数为 5.2210，排名第三；其他 CBD 的辐射行动分指数与上述 CBD 有一定差距。

表 4 2019~2021 年 13 个 CBD 辐射行动分指数

所在城市分类	CBD	2019 年	2020 年	2021 年
一线城市	北京 CBD	5.7975	5.8423	5.7973
	上海陆家嘴 CBD	5.7438	5.8193	5.7727
	广州天河 CBD	5.3452	5.3030	5.3113
	深圳福田 CBD	5.5348	5.4889	5.4947

所在城市分类	CBD	2019 年	2020 年	2021 年
新一线城市	天津滨海新区 CBD	5.2619	5.2873	5.2210
	成都锦江 CBD	5.1283	5.1106	5.1447
	杭州武林 CBD	5.1517	5.1922	5.1783
	武汉王家墩 CBD	5.2704	5.2723	5.2919
	重庆解放碑 CBD	5.1178	5.1198	5.1238
	南京河西 CBD	5.2607	5.2410	5.2701
	西安长安路 CBD	5.0523	5.0593	5.0649
	长沙芙蓉 CBD	5.0695	5.0696	5.0621
	沈阳金融商贸 CBD	5.0249	5.0201	5.0132

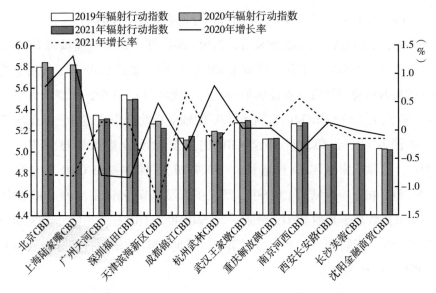

图 6　2019~2021 年 13 个 CBD 辐射行动分指数及增长率

其次，从辐射行动分指数的变动情况来看（见图6），2019~2021年，一线城市CBD中北京CBD、上海陆家嘴CBD的辐射行动分指数总体高于广州天河CBD和深圳福田CBD；新一线城市CBD中天津滨海新区CBD、武汉王家墩CBD和南京河西CBD的辐射行动分指数高于其他CBD，其中武汉王家墩CBD辐射行动分指数逐年提高。从辐射行动分指数的增长率来看，

2020 年，上海陆家嘴 CBD 的辐射行动分指数增幅最大，达 1.32%；其次是杭州武林 CBD，增幅为 0.79%；北京 CBD 增幅为 0.77%，位列第三。受疫情影响，2021 年深圳福田 CBD 和广州天河 CBD 辐射行动分指数降幅较大，分别为 0.83% 和 0.79%。2021 年，天津滨海新区 CBD 辐射行动分指数降幅较大，达 1.25%。

最后，13 个 CBD 辐射行动分指数二级指标的具体情况如下。

1. 政府辐射行动分析

本报告采用各 CBD 所在城区政府实际利用外资金额与 GDP 的比值代表政府开放程度来衡量政府辐射行动。由图 7 可以看出，2019~2021 年各 CBD 的政府开放程度不均衡，其中一线城市 CBD 中上海陆家嘴 CBD 的政府开放程度较高，连续三年居一线城市第一名，充分显示了上海陆家嘴 CBD 具有较强的吸引力，能够吸引更多的外资项目落地，进一步推动总部企业集聚和城市能级提升。新一线城市 CBD 中武汉王家墩 CBD 和南京河西 CBD 的政府开放程度总体高，实际利用外资金额在 2019~2021 年居新一线城市 CBD 前列，充分显示了两个 CBD 大项目带动作用增强，所在城区政府在外商投资

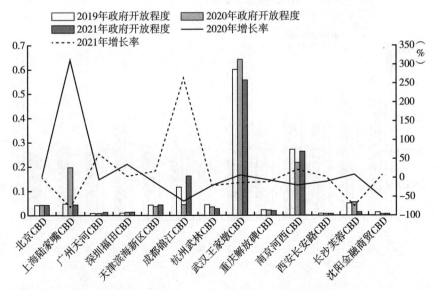

图 7　2019~2021 年 13 个 CBD 政府开放程度及增长率

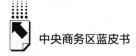

项目核准和备案管理方法上提供了灵活的政策指导和管理，有效地促进了外商投资稳步增长。

从政府开放程度提高的速度来看，2020年，上海陆家嘴CBD的政府开放程度提高了311.42%，其次是深圳福田CBD，较2019年提高了35.7%。受疫情影响，成都锦江CBD和沈阳金融商贸CBD政府开放程度降幅较大，分别下降61.73%和53.35%。2021年，成都锦江CBD政府开放程度增幅高达263.92%，由于2020年基数较低，2021年政府开放程度提高明显。广州天河CBD政府开放程度增幅达62.49%，排名第二。南京河西CBD和天津滨海新区CBD的政府开放程度也明显提高，分别排第三名和第四名。长沙芙蓉CBD、上海陆家嘴CBD因2020年政府开放程度基数较大，2021年下降明显。

2.居民辐射行动分析

从居民辐射行动来看，2019~2021年除广州天河CBD、深圳福田CBD外，其他CBD城镇单位在岗职工平均工资呈现逐年增加态势（见图8）。

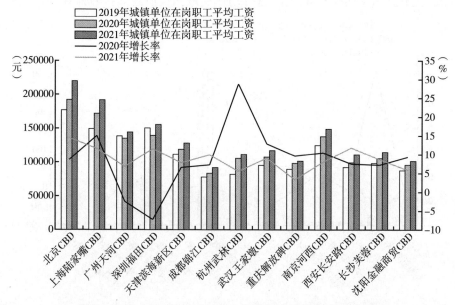

图8　2019~2021年13个CBD城镇单位在岗职工平均工资

2020 年杭州武林 CBD 城镇单位在岗职工平均工资增长率高达 28.81%，远远高于其他 CBD，受复杂严峻的外部环境和超预期因素的影响，广州天河 CBD 和深圳福田 CBD 城镇单位在岗职工平均工资小幅下降，增速相比 2019 年明显回落，2021 年两个 CBD 城镇单位在岗职工平均工资增长较快。

3. 企业辐射行动分析

本报告用 CBD 企业跨地区股权投资、吸收资金及资金净值的状况来衡量企业辐射行动，企业对外投资的行业、资金的流向和数量反映了 CBD 企业对外部城市的辐射及要素资本的市场化配置情况，具体分析如下。

（1）企业跨地区股权投资分析。首先，2019~2021 年，13 个 CBD 的企业跨地区股权投资呈现总量不均衡、变动幅度较大的特点。

从资金总量来看，一线城市 CBD 企业跨地区股权投资总额较高，北京 CBD、上海陆家嘴 CBD、广州天河 CBD、深圳福田 CBD 的企业跨地区股权投资总额均超过 1100 亿元（见图 9）。除天津滨海新区 CBD 企业跨地区股权投资总额与部分一线城市 CBD 持平外，其他新一线城市 CBD 的企业跨地区股权投资总额与一线城市 CBD 差距较大，远低于一线城市 CBD（见图 10）。

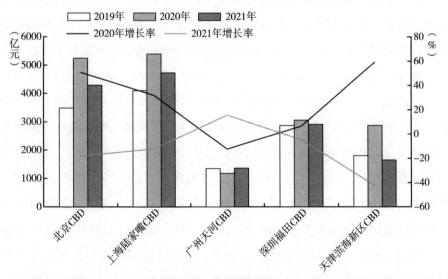

图 9　2019~2021 年各 CBD 企业跨地区股权投资总额（超千亿元）及增长率

数据来源：量子数聚（北京）科技有限公司。

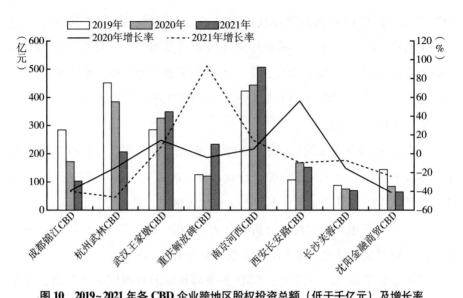

图 10 2019~2021 年各 CBD 企业跨地区股权投资总额（低于千亿元）及增长率

数据来源：量子数聚（北京）科技有限公司。

从资金总量变化率来看（见图 9 和图 10），2019~2021 年，13 个 CBD 中只有武汉王家墩 CBD 和南京河西 CBD 企业跨地区股权投资总额呈现逐年平稳提高的特点，其中 2020 年、2021 年武汉王家墩 CBD 企业跨地区股权投资总额的增长率分别为 14.36% 和 7.20%，南京河西 CBD 企业跨地区股权投资总额的增长率分别为 5.01% 和 14.18%，充分反映两个 CBD 的企业跨地区股权投资活动比较活跃，在优化地区间资源配置、促进区域协调发展方面发挥了重要载体作用。另外，从 2020 年企业跨地区股权投资总额的增长率来看，一线城市 CBD 中北京 CBD 企业跨地区股权投资总额的增幅最大，为 50.59%；第二名是上海陆家嘴 CBD，增幅为 31.68%；第三名是深圳福田 CBD，增幅为 6.58%；广州天河 CBD 降幅较大，为 12.48%。新一线城市 CBD 中西安长安路 CBD 企业跨地区股权投资总额的增幅最大，为 56.23%；沈阳金融商贸 CBD 降幅最大，为 41.29%。从 2021 年的增长率来看，一线城市 CBD 中，广州天河 CBD 的增幅为 15.59%，其他三个 CBD 均出现不同程度下降。新一线城市 CBD 中，重庆解放碑 CBD 增幅最大，达 93.26%，而杭州武林 CBD 的降幅最大，为

46.25%。由此可见，企业跨地区股权投资作为推动国内经济大循环、促进经济协调发展的重要载体，各 CBD 仍然要不断探索企业跨地区股权投资业务的新模式，发挥 CBD 对其他地区经济发展的引领作用。

其次，对 2020~2021 年 13 个 CBD 跨地区股权投资的龙头行业进行具体分析。由表 5 可知，2021 年，除了天津滨海新区 CBD、成都锦江区 CBD 跨地区股权投资的龙头行业是金融业，西安长安路 CBD 跨地区股权投资的龙头行业是居民服务、修理和其他服务业外，其他 10 个 CBD 跨地区股权投资的龙头行业都是租赁和商务服务业。

表5　2021 年 13 个 CBD 吸收资金和跨地区股权投资龙头行业

单位：亿元

CBD	吸收资金龙头行业	金额	跨地区股权投资龙头行业	金额
北京 CBD	租赁和商务服务业	1049.56	租赁和商务服务业	949.76
上海陆家嘴 CBD	租赁和商务服务业	1443.33	租赁和商务服务业	2632.05
广州天河 CBD	租赁和商务服务业	421.49	租赁和商务服务业	866.56
深圳福田 CBD	文化、体育和娱乐业	1033.16	租赁和商务服务业	842.74
天津滨海新区 CBD	租赁和商务服务业	893.47	金融业	508.98
成都锦江 CBD	建筑业	56.30	金融业	36.78
杭州武林 CBD	租赁和商务服务业	80.08	租赁和商务服务业	110.26
武汉王家墩 CBD	科学研究和技术服务业	130.60	租赁和商务服务业	166.58
重庆解放碑 CBD	金融业	210.11	租赁和商务服务业	84.38
南京河西 CBD	租赁和商务服务业	191.92	租赁和商务服务业	238.81
西安长安路 CBD	电力、热力、燃气及水生产和供应业	253.27	居民服务、修理和其他服务业	41.68
长沙芙蓉 CBD	租赁和商务服务业	26.35	租赁和商务服务业	22.3
沈阳金融商贸 CBD	金融业	216.06	租赁和商务服务业	22.95

数据来源：量子数聚（北京）科技有限公司。

（2）吸收资金分析。首先，从 13 个 CBD 吸收资金的总量来看（详见图 11 和图 12），2021 年四个一线城市 CBD 和天津滨海新区 CBD 吸收资金突出，在吸引外来投资方面竞争优势显著，但北京 CBD、上海陆家嘴 CBD

和天津滨海新区 CBD 吸收资金的总量呈现逐年减少的特点。其余八个新一线城市 CBD 吸收资金的总量与上述五个 CBD 之间有较大差距,并且新一线城市 CBD 之间也表现出不均衡的特点。其中,武汉王家墩 CBD 吸收资金总量逐年提高。从吸收资金的增长率来看,2020 年除了武汉王家墩 CBD 和南京河西 CBD 吸收资金的总量是正增长外,其他 11 个 CBD 都有不同程度的下降。2021 年,受上年基数较小的影响,沈阳金融商贸 CBD、西安长安路 CBD 和深圳福田 CBD 吸收资金的增幅较大,分别为 434.59%、265.57% 和 89.71%。

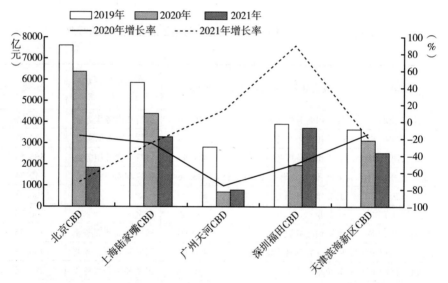

图 11　2019~2021 年一线城市 CBD 和天津滨海新区 CBD 吸收资金情况

数据来源:量子数聚(北京)科技有限公司。

其次,从 2021 年 13 个 CBD 吸收资金龙头行业的分布情况来看,2021 年,大多数 CBD 吸收资金的龙头行业为租赁和商务服务业,包括北京 CBD、上海陆家嘴 CBD、广州天河 CBD、天津滨海新区 CBD、杭州武林 CBD、南京河西 CBD 和长沙芙蓉 CBD。深圳福田 CBD 吸收资金的龙头行业为文化、体育和娱乐业,成都锦江 CBD 为建筑业,武汉王家墩 CBD 吸收资金的龙头行业为科学研究和技术服务业,重庆解放碑 CBD 和沈阳金融商贸 CBD 吸收

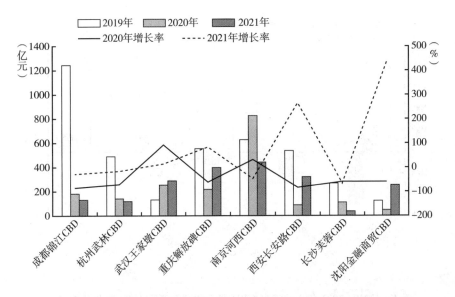

图12　2019~2021年八个新一线城市CBD吸收资金情况

数据来源：量子数聚（北京）科技有限公司。

资金的龙头行业为金融业，西安长安路CBD吸收资金的龙头行业为电力、热力、燃气及水生产和供应业，详见表5。

（3）资金净值①分析。首先，2019~2021年一线城市CBD和天津滨海新区CBD的资金净值情况。由图13可知，2019年五个CBD的资金净值为正值；2020年除北京CBD和天津滨海新区CBD外，其他三个CBD的资金净值为负；2021年除深圳福田CBD和天津滨海新区CBD外，其他三个CBD的资金净值为负。由此可见，2019~2021年地区之间的资金流动较大。

其次，2019~2021年八个新一线城市CBD的资金净值状况。由图14可知，八个新一线城市CBD的资金净值与天津滨海新区CBD存在较大差距，武汉王家墩CBD的资金净值连续三年为负。从2020年资金净值的增长率来看，除南京河西CBD和沈阳金融商贸CBD外，多数CBD资金净值增长率为负，其中杭州武林CBD的资金净流出幅度较大，资金净值降幅高达

---

①　本报告将资金净值定义为跨地区股权投资与吸收资金的差额。

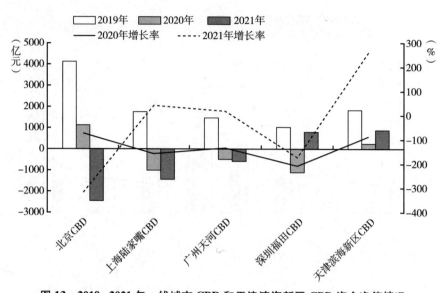

图13 2019~2021年一线城市CBD和天津滨海新区CBD资金净值情况

735.05%。从2021年资金净值的增长率来看，沈阳金融商贸CBD和成都锦江CBD资金净值增幅较大，分别为612%和180.74%，西安长安路CBD和长沙芙蓉CBD资金净值降幅较大，分别为310.39%和193.9%。

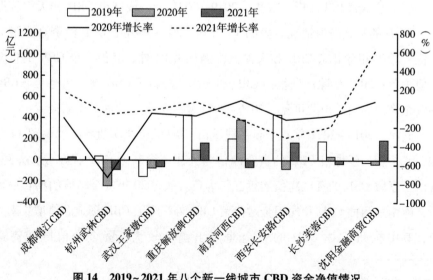

图14 2019~2021年八个新一线城市CBD资金净值情况

4. 金融机构辐射行动

本报告采用CBD所在城市金融机构本外币存款余额和金融机构本外币贷款余额两个指标来衡量金融机构辐射行动。

从金融机构本外币存款余额来看（详见图15），2019~2021年，除沈阳金融商贸CBD外，其他12个CBD金融机构本外币存款余额总体呈现稳步增长的态势，其中北京CBD和上海陆家嘴CBD的金融机构本外币存款余额遥遥领先，深圳福田区CBD的金融机构本外币存款余额位列第三。从金融机构本外币存款余额增速来看，除武汉王家墩CBD、长沙芙蓉CBD外，其他11个CBD在2020年的增长率明显高于2021年。武汉王家墩CBD金融机构本外币存款余额2020年和2021年的增幅分别为8.19%和8.93%，长沙芙蓉CBD金融机构本外币存款余额2020年和2021年的增幅分别为10.78%和16.8%。

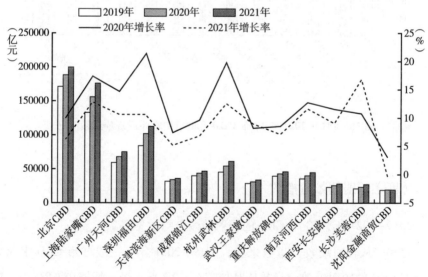

图15　2019~2021年13个CBD金融机构本外币存款余额情况

从金融机构本外币贷款余额来看（详见图16），2019~2021年，四个一线城市CBD的金融机构本外币贷款余额远超新一线城市CBD，其中北京CBD、上海陆家嘴CBD在2021年的表现尤为突出。从金融机构本外币贷款余额增长率来看，2020~2021年，13个CBD的金融机构本外币贷款余额的增长率均为正，除上海陆家嘴CBD和西安长安路CBD外，其他11个CBD金融机构本外币贷款余额2020年的增长率高于2021年的增长率。可以看出，受国内经济下行和国际环境不确定性增加的影响，金融机构的对外辐射作用受到的影响较大。

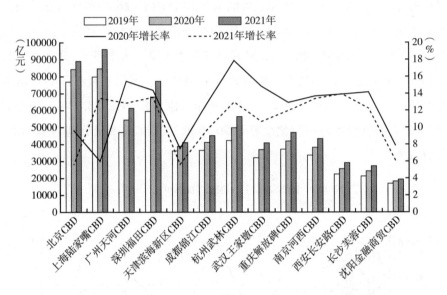

图16　2019~2021年13个CBD金融机构本外币贷款余额情况

（四）辐射绩效分指数

2019~2021年，13个CBD的辐射绩效分指数见表7。

首先，从辐射绩效分指数来看，2019~2021年，一线城市CBD中上海陆家嘴CBD的辐射绩效分指数比其他三个CBD低，新一线城市CBD中重庆解放碑CBD的辐射绩效分指数明显高于其他CBD（见表6）。从2021年13个CBD的辐射绩效分指数来看，新一线城市CBD中重庆解放碑CBD、一线城市CBD中深圳福田CBD的辐射绩效分指数遥遥领先，其中重庆解放碑CBD的辐射绩效分指数为5.5764，居13个CBD之首，深圳福田CBD的辐射绩效分指数高达 5.5760，位列第二。沈阳金融商贸 CBD、杭州武林 CBD 和成都锦江 CBD 的辐射绩效分指数与其他 CBD 有一定差距。

表6　2019~2021 年 13 个 CBD 辐射绩效分指数

所在城市分类	CBD	2019 年	2020 年	2021 年
一线城市	北京 CBD	5.5732	5.5105	5.5072
	上海陆家嘴 CBD	5.4632	5.2922	5.3480
	广州天河 CBD	5.6356	5.4696	5.4357
	深圳福田 CBD	5.5060	5.5821	5.5760
新一线城市	天津滨海新区 CBD	5.3223	5.3448	5.4021
	成都锦江 CBD	5.3245	5.2113	5.2085
	杭州武林 CBD	5.3431	5.4315	5.1614
	武汉王家墩 CBD	5.3230	5.3356	5.3193
	重庆解放碑 CBD	5.6155	5.5758	5.5764
	南京河西 CBD	5.4517	5.4080	5.3933
	西安长安路 CBD	5.2722	5.2448	5.2431
	长沙芙蓉 CBD	5.4736	5.3734	5.3515
	沈阳金融商贸 CBD	5.1370	5.1666	5.1315

其次，从辐射绩效分指数的变动来看，2019~2021 年，天津滨海新区 CBD 的辐射绩效分指数逐年提高，北京 CBD、广州天河 CBD、成都锦江 CBD、南京河西 CBD、西安长安路 CBD 和长沙芙蓉 CBD 的辐射绩效分指数逐年下降。从辐射绩效分指数的增长率来看，2020 年，杭州武林 CBD 辐射绩效分指数的增幅最大，达 1.66%，上海陆家嘴 CBD 辐射绩效分指数降幅最大，达 3.13%。2021 年，天津滨海新区 CBD 辐射绩效分指数的增幅最大，达 1.07%，而杭州武林 CBD 辐射绩效分指数的降幅高达 4.97%（见图 17）。

再次，从辐射绩效分指数的二级指标权重来看，在三个分项指标中，经济绩效对辐射绩效分指数的贡献率最高，环境绩效和社会绩效对辐射绩效分指数的贡献率基本相当，同时环境绩效的贡献度呈逐年下降的趋势（见图 18）。

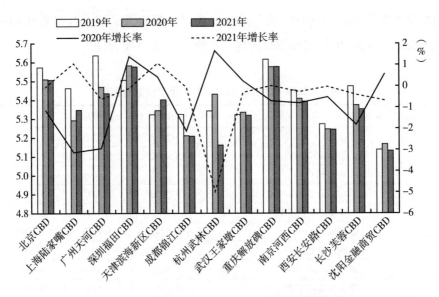

图17 2019~2021 年 13 个 CBD 辐射绩效分指数及增长率

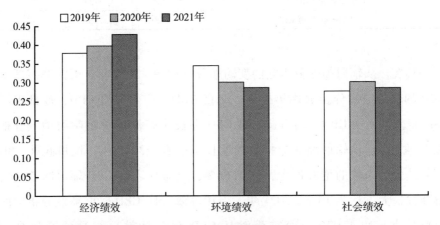

图18 2019~2021 年 13 个 CBD 辐射绩效分指数二级指标权重

最后，辐射绩效分指数二级指标的具体情况如下。

1. 经济绩效

各 CBD 的人均 GDP 水平不均衡。总的来说，一线城市 CBD 人均 GDP 比新一线城市 CBD 高。受疫情和经济下行的影响，2020 年 13 个 CBD 的人均 GDP 普遍下降，由于 2020 年基数较小，2021 年各 CBD 人均 GDP 普遍提高，其中增幅最大的是上海陆家嘴 CBD，增幅为 20.12%。

2. 环境绩效

本报告用建成区绿化覆盖率来衡量公共环境绿化情况，该数值越高，表明绿化水平越高。从图 19 可知，13 个 CBD 的建成区绿化覆盖率都较高，2019~2021 年北京 CBD、上海陆家嘴 CBD、天津滨海新区 CBD、成都锦江 CBD、武汉王家墩 CBD 和西安长安路 CBD 的建成区绿化覆盖率逐年提高，其中北京 CBD 的建成区绿化覆盖率居首位。从建成区绿化覆盖率的增长率来看，2020 年杭州武林 CBD 的增幅最大，达 6.85%；其次是西安长安路 CBD，增幅为 5.65%。2021 年部分 CBD 建成区绿化率降幅较大，其中杭州武林 CBD 降幅高达 8.35%，重庆解放碑 CBD 降幅高达 7.93%，广州天河区 CBD 的降幅约为 4.22%。

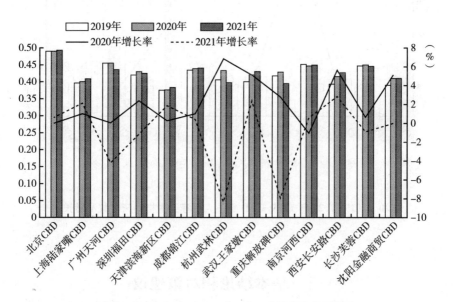

图 19 2019~2021 年 13 个 CBD 建成区绿化覆盖率

3. 社会绩效

从图 20 可以看出，2019~2021 年，近半数 CBD 每千人医疗卫生机构床位数呈现逐年增加的特点。北京 CBD、深圳福田 CBD、天津滨海新区 CBD、成都锦江 CBD 和南京河西 CBD 每千人医疗卫生机构床位数逐年提高，表明这些城市的基础服务设施不断完善，而杭州武林 CBD 和武汉王家墩 CBD 每千人医疗卫生机构床位数呈现逐年下降的特点。由于中国人口分布不均，一线城市 CBD 常住人口较多，医疗卫生服务设施配置存在较大压力，其每千人医疗卫生机构床位数明显比新一线城市 CBD 少。重庆解放碑 CBD 每千人医疗卫生机构床位数在 13 个 CBD 中位居榜首，西安长安路 CBD 位列第二，表明这些地区卫生服务设施比较完善，卫生医疗服务可及性高。

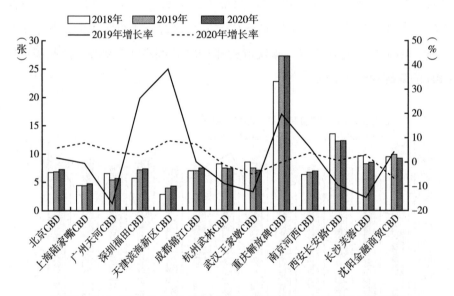

图 20　2019～2021 年 13 个 CBD 每千人医疗卫生机构床位数及增长率

三　基本结论和对策建议

本报告根据熵值法指数计算原理，测算了 2019～2021 年 13 个 CBD 的区域辐射指数，结论如下。

从区域辐射指数来看，2019～2021 年，13 个 CBD 的区域辐射指数总体呈现不均衡的特点，一线城市 CBD 的区域辐射指数始终领跑，明显高于新一线城市 CBD，同时也表现出一定的增长乏力的现象，不过也可以看到新一线城市 CBD 在逐步崛起。一线城市 CBD 中，北京 CBD、上海陆家嘴 CBD 和广州天河 CBD 的区域辐射指数整体平稳，但呈现出逐年小幅下降的趋势；新一线城市 CBD 中，天津滨海新区 CBD、武汉王家墩 CBD 的区域辐射指数逐年平稳增长。

从 2021 年的分指数来看，一线城市 CBD 中上海陆家嘴 CBD、新一线城市 CBD 中天津滨海新区 CBD 的辐射能力分指数最高；一线城市 CBD 中北京 CBD、新一线城市 CBD 中武汉王家墩 CBD 的辐射行动分指数最高；一线城市 CBD 中深圳福田 CBD、新一线城市 CBD 中重庆解放碑 CBD 的辐射绩效分指数最高。综上所述，本报告认为面对复杂的外部环境，CBD 要把握数字经济发展机遇，充分发挥创新引擎作用，以数字经济引领城市发展，通过数字产业集群提高对外辐射的能力、辐射行动和辐射绩效，缩小城市之间的差距，将各 CBD 打造成为国家 CBD 数字经济发展的标杆乃至全球数字 CBD 的样板，据此提出以下建议。

（一）促进数字经济与相关产业融合，推动 CBD 高质量发展

数字经济事关国家发展大局，正在成为新时代经济转型升级的重要引擎和关键力量，发展数字经济是把握新一轮科技革命和产业变革新机遇的战略选择。为深入贯彻党中央、国务院关于发展数字经济的决策部署，CBD 要把握发展新阶段、贯彻新发展理念，着力构建新发展格局，加快建设数字经济标杆。CBD 要结合自身实际发展，积极探索具有 CBD 特色的数字产业化发展路径，支持产业互联网平台整合产业资源，营造推动数字经济繁荣发展的数字化生态环境，推动数字经济和实体经济融合发展，培育 CBD 内数字经济的新业态、新模式，提升数字产业核心竞争力。

（二）以"数字"赋能 CBD，打造数字经济国内外标杆

为适应和促进 CBD 数字产业转型升级，CBD 在完善配套设施建设的基

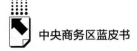

础上，应加快新技术基础设施建设。统筹推进人工智能、区块链、大数据等新技术基础设施建设，支持建设通用算法、底层技术、软硬件开源等基础平台。加强 CBD 区域内高质量数字资源供给，加快数据要素开发利用和数据市场化流通，着力夯实数字经济发展的物质基础和技术基础，提高数字技术应用水平，提高 CBD 数字资源利用的效率，依托数字化赋能传统行业，加快建设具有全球影响力的 CBD 标杆区，打造未来经济发展新动能。

（三）优化 CBD 创新机制，完善创新生态

面对国内外风险明显上升的复杂局面，各地 CBD 要充分发挥区位优势，进一步发挥要素资源集聚优势，吸引数字经济领域技术、人才、项目和科创资本等高端核心要素，着力培育数字经济，坚持科技与商务双轮驱动，继续完善创新生态，创新数字科技应用场景，不断优化产业结构，提高创新活力，纵深推进对外开放，刺激和释放经济新动能，推进中国 CBD 实现经济持续平稳增长。

（四）以人为本，推进智慧 CBD 建设

探索和发展具有 CBD 特色的数字产业经济，要确保经济发展成果惠及民生、造福人民。要推进智慧 CBD 建设，推进数字政务、城市管理与各级管理的智慧化，促进政府智慧履职，以数据赋能基层治理，引导市场主体参与智慧 CBD 建设，推进信息无障碍建设，提升民众数字修养，弥合数字鸿沟。

参考文献

[1]《打造高质量综合运输大通道　助力构建新发展格局》，中华人民共和国国家发展和改革委员会网站，2021 年 4 月 2 日，https：//www.ndrc.gov.cn/xxgk/jd/wsdwhfz/202104/t20210402_ 1271688. html。

[2] 杜鹃：《北京 CBD 数字经济创新中心正式揭牌》，中国日报网，2023 年 2 月 14 日，

https：//bj. chinadaily. com. cn/a/202302/14/WS63eb7d87a3102ada8b22f02b. html。

［3］《北京市关于加快建设全球数字经济标杆城市的实施方案》，北京市人民政府网，2021 年 8 月 3 日，https：//www. beijing. gov. cn/zhengce/zhengcefagui/202108/t20210803_ 2454581. html。

［4］《北京 CBD 数字经济创新发展论坛暨北京 CBD 数字经济发展规划成果发布会成功召开》，清华大学互联网产业研究院网站，2022 年 12 月 26 日，http：//www. iii. tsinghua. edu. cn/info/1131/3298. htm。

［5］谭洪波：《双循环下中央商务区服务业对内开放的意义与路径》，《江西社会科学》2021 年第 9 期。

［6］张杰：《中央商务区（CBD）高质量协调发展研究》，《北京财贸职业学院学报》2019 年第 2 期。

［7］张杰、蒋三庚等：《中央商务区产业发展报告（2021）》，社会科学文献出版社，2021。

［8］包晓雯、唐琦：《面向长三角经济一体化的陆家嘴 CBD 发展研究》，《上海经济研究》2016 年第 12 期。

［9］丁苑春：《基于引力模型的长三角城市金融辐射力研究》，《河南商业高等专科学校学报》2012 年第 5 期。

［10］郭亮、单菁菁主编《中国商务中心区发展报告 No. 5（2019）》，社会科学文献出版社，2019。

［11］贾生华、聂冲、温海珍：《城市 CBD 功能成熟度评价指标体系的构建——以杭州钱江新城 CBD 为例》，《地理研究》2008 年第 3 期。

［12］蒋三庚、王晓红等：《中央商务区产业发展报告（2020）》，社会科学文献出版社，2020。

［13］蒋三庚、张杰等：《中央商务区产业发展报告（2019）》，社会科学文献出版社，2019。

［14］蒋三庚、张杰等：《中央商务区产业发展报告（2018）》，社会科学文献出版社，2018。

［15］蒋三庚等：《中国特大城市中央商务区（CBD）经济社会发展研究》，首都经济贸易大学出版社，2017。

［16］王征、吴苓：《当前我国中央商务区构建方式探讨——基于中外发展经验的分析》，《中共山西省直机关党校学报》2017 年第 2 期。

［17］刘丽琴：《三大地标再造精致 CBD》，《广州日报》2022 年 5 月 12 日。

［18］郑雨楠：《八年奋进铸就辉煌：天河 CBD 沿着高质量发展道路奋勇前行》，《南方都市报》2019 年 4 月 1 日。

［19］匡贤明：《前瞻"十四五"：以消费提质升级助推高质量发展》，中国报道，2020 年 11 月 28 日，https：//baijiahao. baidu. com/s？id＝1684532845965011301&

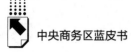中央商务区蓝皮书

［20］王秋野：《扩大升级信息消费　促进经济高质量发展》，《经济参考报》2021
年 8 月 6 日。

［21］徐慧喜：《全球 CBD 形成跨界融合经济模式　引领产业转型升级》，中国日报
网，2018 年 10 月 12 日，https：//baijiahao. baidu. com/s？ id＝16140891641
16548891&wfr＝spider&for＝pc。

［22］祝合良、叶堂林等：《京津冀发展报告（2019）：打造创新驱动经济增长新引
擎》，社会科学文献出版社，2019。

［23］《关于 2017 年中央和地方预算执行情况与 2018 年中央和地方预算草案的报告》，
中华人民共和国中央人民政府网，2018 年 3 月 23 日，http：//www. gov. cn/
xinwen/2018-03/23/content_ 5276945. htm。

［24］Boudevile，J. R.，*Problems of Regional Economic Planning*（Edinburgh University
Press，1966）.

［25］Friedmann，J. R. P.，*A General Theory of Polarized Development*（The Free Press，
1972）.

［26］Lasuén，J. R.，"Urbanization and Development—The Temporal Interaction between
Geographical and Sectoral Clusters," *Urban Studies*，1973.

B.4
中央商务区楼宇经济指数分析（2023）

成思思[*]

摘　要： 随着一线城市中央商务区楼宇经济的发展逐步迈入"3.0时代"，绿色、智慧、共享、融合的发展理念被更广泛地应用于楼宇环境的打造，同时打造集楼宇、企业、物业、员工于一体的共享社区也是新时代楼宇经济发展的新模式。然而多数新一线城市CBD现阶段仍处于向"3.0时代"的转型期，楼宇发展同质化以及智慧楼宇发展不均衡的问题依然存在。为提升楼宇品质，各地应坚持科学规划，明确楼宇定位；优化管理方案，打造特色楼宇；提升环境能级，打造高端便捷智慧楼宇。

关键词： 中央商务区　楼宇经济　智慧楼宇

近年来，随着科创经济、服务经济和创意经济的蓬勃发展，楼宇经济呈现出多样化的发展形态，并展示了新的产业集聚和集群发展模式。在当前城市群和都市圈一体化演进中，楼宇经济呈网络化扩散发展并形成一些新的功能聚合节点，新型楼宇经济已经成为城市产业转型升级的重要抓手。本报告将对中国楼宇经济的发展演进过程进行大致梳理，并对一线城市及新一线城市的13个CBD在2018~2021年的发展情况进行观测，对其产业业态和发展模式做大致的总结，以期为楼宇经济发展提供参考。

---

[*] 成思思，首都经济贸易大学博士研究生，主要研究领域为金融理论与政策。

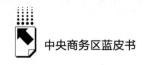

一　楼宇经济的发展演进

楼宇经济是城市经济发展中涌现的一种新型经济形态，其以商务楼宇、功能性板块和区域性设施为主要载体，以引进各种企业、带动区域经济发展为目的。楼宇经济主要承载"发展都市型产业"的城市功能，它具有综合体、高密度、高复合、高效益四大特点。

从20世纪90年代至今，楼宇经济的发展经历了三个阶段，即从单纯提供"空间"的1.0阶段，到"空间+配套+服务"的2.0阶段，再到"空间+产业+运营"的3.0阶段。1.0阶段：以单一业态为主的楼宇开发。改革开放初期，我国房地产开发尚处于起步阶段，住房商品化开始萌芽。在此阶段，楼宇经济主要涉及城市核心的办公区，以单纯提供商务空间为主，楼宇与经济的关系相对独立，融合度较低。2.0阶段：追求业态功能整合的楼宇开发。随着我国经济的高速增长，"城市核心+新区"开发带来的复合业态、综合体及片区开发成为市场焦点，楼宇经济的业态功能不断丰富和融合，楼宇与经济的融合度逐渐提高，楼宇经济形成"空间+配套+服务"的竞争格局。3.0阶段：实现楼宇与产业融合的楼宇开发。由于疫情的影响，我国经济发展加快进入到调整阶段，CBD楼宇成为产业集聚的重要载体，"楼宇经济+"的发展模式逐渐成熟，上下游产业链高度融合。在此阶段，楼宇经济呈现"城市多核心+多新区+近郊+社区生态"的多元开发运营模式，形成了"空间+产业+运营"的全方位竞争格局。

现阶段，楼宇开发建设更加注重绿色、智慧、共享、融合，楼宇运营更加致力于打造环境友好、绿色健康的楼宇空间，提供具有前瞻性的科技化服务，打造集楼宇、企业、物业、员工于一体的共享社区。

二　国内CBD楼宇经济指标构建与评价方法

本报告将通过对全国13个CBD近年来楼宇发展状况的分析测度，建立

CBD 楼宇经济指标①，科学地评价楼宇经济发展水平，以把握近年来楼宇经济的发展情况、所处阶段、影响楼宇经济发展因素、各地楼宇经济发展的优势及短板，从而对楼宇经济的发展进行探讨和研究。

（一）构建意义

受疫情影响，2018~2021 年各地楼市调控政策密集出台，合理优化中央商务区楼宇产业生态，推动楼宇经济高质量发展，已成为各 CBD 现代化建设的重要方向。因此，制定科学有效的楼宇经济发展评价方法，可以更好地指导楼宇经济发展。构建楼宇经济指数的优点表现在以下几个方面。

（1）有利于更进一步了解楼宇经济发展水平。楼宇经济指数可以对楼宇经济的发展状况进行宏观测度。

（2）有利于科学规划，制定扶持政策。通过楼宇经济指数，能够科学测度楼宇经济的发展程度、动态跟踪楼宇经济的发展情况，从而找出楼宇经济发展过程中的薄弱环节及存在的问题，并提出对策和措施，为编制楼宇经济规划及有关政策提供科学依据。

（3）有利于进一步推动楼宇经济的发展。楼宇经济指数与普通的单项工作目标考核不同，其具有总体性、概括性、趋势性特点，是对区域内楼宇经济发展成果的全面综合反映，而单项工作目标考核是对楼宇经济发展目标的分解，两者相辅相成，更有利于推动楼宇经济的发展。

（二）数据来源

本报告对我国 13 个主要 CBD 的楼宇经济指数进行测算，根据中国城市商业魅力排行榜数据，将选取的 CBD 分为一线城市 CBD 和新一线城市 CBD 进行区分研究。报告选取的一线城市有北京、上海、广州、深圳 4 个城市；

---

① 指标评价体系延续往年做法，具体参见张杰等：《中央商务区产业发展报告（2022）》，社会科学文献出版社，2022，第 122~124 页。

新一线城市有天津、重庆、西安、武汉、杭州、南京、成都、长沙、沈阳 9
个城市；所选取的 13 个 CBD 见表 1。通过对 2018~2021 年 13 个最具代表
性的 CBD 进行分析，反映楼宇经济在 CBD 发展中所发挥的作用。

表 1　样本 CBD 名录

所在城市分类	序号	名称	所在城区	序号	名称	所在城区
一线城市	1	北京CBD	北京朝阳区	3	广州天河CBD	广州天河区
	2	上海陆家嘴CBD	上海浦东新区	4	深圳福田CBD	深圳福田区
新一线城市	5	天津滨海新区CBD	天津滨海新区	10	南京河西CBD	南京建邺区
	6	成都锦江CBD	成都锦江区	11	西安长安路CBD	西安碑林区
	7	杭州武林CBD	杭州下城区	12	长沙芙蓉CBD	长沙芙蓉区
	8	武汉王家墩CBD	武汉江汉区	13	沈阳金融商贸CBD	沈阳沈河区
	9	重庆解放碑CBD	重庆渝中区			

数据来源：公开统计资料、CBD 发展研究基地历年对城市 CBD 数据的搜集与整理、所研究城市
统计年鉴、各地政府工作报告等。

（三）构建原则

本报告将楼宇所在城市 CBD 按一线城市 CBD 和新一线城市 CBD 进行区
分，指数构建遵循了以下原则。

其一，客观性。所选指标能客观反映该区域楼宇经济的发展现状、变化
趋势，对该区域楼宇经济发展的测度客观、公正、准确。

其二，完整性、可比性。充分考虑指标的可得性、可测性，以保持指数
的可比性和连续性。同时考虑指标的动态对比以保证楼宇经济指数的完
整性。

其三，代表性。所选指标必须和楼宇经济相关联，能反映楼宇经济在CBD 发展中所起到的关键作用。

（四）指标体系

基于楼宇经济承载的高经济效益与高集聚效应，选取了地区生产总值、税收贡献额、总部企业数、世界 500 强企业数、商务楼宇数、税收亿元楼数、楼宇空置率、楼宇租金、租赁成交面积比例作为评价指标，详见表 2。

表 2　中央商务区楼宇经济指数指标体系

指标	单位	指标	单位
地区生产总值	亿元	总部企业数	家
税收贡献额	亿元	世界 500 强企业数	家
商务楼宇数	座	楼宇租金	元/平方米/月
税收亿元楼数	座	租赁成交面积比例	%
楼宇空置率	%		

三　楼宇经济状况分析

（一）中央商务区 GDP

受疫情冲击、政策环境等因素影响，2019～2021 年 CBD 楼宇经济压力依旧，但是整体呈现复苏态势，同时中国 CBD 经历多年发展，已经形成了多元的产业体系，使其在一定程度上抵御了外部风险。同时政策方面，中央经济工作会议确定了积极的财政政策和稳健的货币政策基调，也使得该时期的 CBD 整体发展态势并未产生太大波动。2019～2021 年，中国 CBD 的地区生产总值未出现大幅波动，整体趋势上行，一线城市 CBD 中，北京 CBD 核心区域的 GDP 超过 1900 亿元，同比增长 8.6%，较 2018 年增长 17%；税收总额全区超过 1300 亿元，中心区超过 640 亿元，分别较 2018 上涨 49.3%和 1.56%。中央商务区吸金能力显著。2021 年上海陆家嘴 CBD 地区生产总

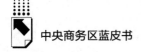

值超过 5000 亿元。2021 年广州天河 CBD 地区生产总值为 3471.42 亿元，同比增长 4.3%，较 2018 年增长 9.07%。2021 年深圳福田 CBD 地区生产总值约 2400 亿元，CBD 全区 2021 年纳税 1833 亿元，较 2018 年增长 1.83%。

新一线城市 CBD 中，天津滨海新区 CBD 在 2021 年的纳税总额为 505.7 亿元，较 2018 年的 200 亿元实现了税收翻倍。2021 年西安长安路 CBD 的税收为 38 亿元，较 2018 年的 6.1 亿元同样实现了可观的涨幅。南京河西 CBD 在 2021 年税收收入高达 133 亿元，相较于 3 年前的 18.54 亿元，南京河西 CBD 的发展势头迅猛。

（二）总部经济

总部经济与楼宇经济既有相通之处，更能相互促进发展，一方面，各类写字楼、科研楼宇、城市综合体等楼宇载体为企业上层经济体的设置提供空间载体；另一方面，公司总部、结算中心、研发中心等上层经济体入驻楼宇又能推动楼宇经济的高质量发展。加快发展总部经济，是推进产业结构升级、城市功能转型的重要抓手，是建设产业强市的重要路径，也是推动经济高质量发展的重要举措。

如图 1 所示，2021 年，北京 CBD 总部企业入驻 459 家、世界 500 强企业数 214 家，有近半的世界 500 强企业选择将总部落户北京，相较 2018 年分别增加了 31 家和 54 家。上海陆家嘴 CBD 有 600 家总部企业落户，相较 2018 年的 281 家，总部企业数量增加了 1.1 倍，同时有 340 家世界 500 强企业选择落户上海陆家嘴 CBD，三年间新增了 250 家世界 500 强企业。2021年，广州天河 CBD 有 120 家总部企业选择落户，世界 500 强企业依然对天河区青睐有加，共有 204 家世界 500 强企业选择入驻，较 2018 年增加了61 家。

截至 2021 年，新一线城市 CBD 中西安长安路 CBD 有总部企业 33 家、世界 500 强企业 31 家，相较 2018 年变化不大，但是三年间 SKP、王府井百货、合生新天地等知名企业纷纷落户。2021 年南京河西 CBD 入驻总部企业26 家、世界 500 强企业 29 家。

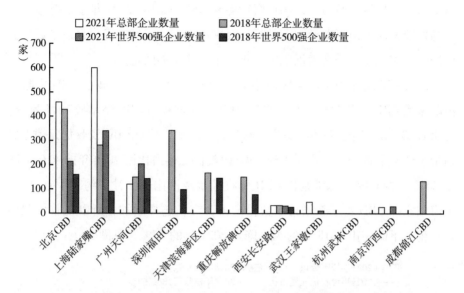

图1　2018 年和 2021 年 CBD 总部企业数量及世界 500 强企业数量

资料来源：牛海龙、单菁菁主编《中国商务中心区发展报告 No.8（2022）》，社会科学文献出版社，2022；郭亮、单菁菁主编《中国商务中心区发展报告 No.5（2019）》，社会科学文献出版社，2019。

在面临外部复杂环境和疫情散发等多重考验下，CBD 整体发展水平趋于平稳，受益于前期的大力发展，CBD 产业、市场空间及劳动生产的供应链核心优势明显。同时受益于近年来成熟的市场环境、营商环境和各项开放的政策，无论是一线城市还是新一线城市都一直在吸引各类跨国公司的地区总部、民营企业总部、贸易型总部等入驻。

（三）楼宇数量

从 1998 年上海率先提出"楼宇工业园"的概念，到 2000 年初上海静安区提出发展楼宇经济，再到 2004 年重庆建起全市第一个楼宇产业园，商务楼宇不断被人们赋予新的内涵。随着以现代服务业为主的第三产业逐渐成为城市经济中的关键力量，各级政府开始意识到发展楼宇经济带来的城市红利，纷纷将楼宇经济列入发展规划。所以近年来我国楼宇经济呈梯队式发

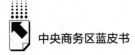
展。由于受疫情、政策、外部投资环境等影响，2018~2021年多地对楼宇经济的发展方向做出了调整，尤其是一线城市和新一线城市不再只追求数量上的增长，多元化的楼宇发展成为近年楼宇经济发展的重点。

2018~2021年中央商务区楼宇数量新增不明显，一线城市CBD中除上海陆家嘴CBD三年间新增楼宇多达79座、深圳福田CBD新增楼宇11座外，北京CBD和广州天河CBD变动并不明显。但是，北京CBD税收亿元楼占比增加了约4个百分点，广州天河CBD税收亿元楼占比由2018年的41%上涨至2021年的69%。深圳福田CBD税收亿元楼占比也上升了约4个百分点，上海陆家嘴CBD由于新增楼宇数量庞大，市场选择增加，所以税收亿元楼占比稍有下降，由2018年的48%降至2021年的37%（见图2）。

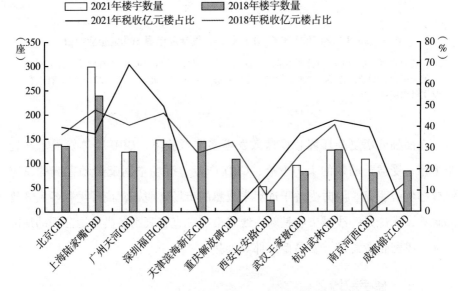

图2 2018年和2021年中国部分CBD商务楼宇变化情况
（商务楼宇数量、税收亿元楼占比）

注：上海陆家嘴CBD、杭州武林CBD、深圳福田CBD为2020年数据，其余为2021年数据。

资料来源：牛海龙、单菁菁主编《中国商务中心区发展报告No.8（2022）》，社会科学文献出版社，2022；郭亮、单菁菁主编《中国商务中心区发展报告No.5（2019）》，社会科学文献出版社，2019。

新一线城市 CBD 中，各地新增楼宇数量变化不大，除南京河西 CBD 三年内新增楼宇交付数达 29 座、武汉王家墩 CBD 新增楼宇 12 座外，其他 CBD 新交付楼宇数量变化不大。但是，值得注意的是西安长安路 CBD、武汉王家墩 CBD 税收亿元楼占比较 2018 年均上升了 10 个百分点左右。由此可见，虽然外部环境影响因素凸显、各种冲击不断，但是楼宇经济的集约性、高效性及稳定性依然发挥着作用。

（四）楼宇租金及空置率

2021 年，疫情给市场带来的不确定性相对减弱，这对 CBD 写字楼市场的供给和需求复苏都有一定的积极影响。截至 2021 年底，一线城市 CBD 及新一线城市 CBD 楼宇空置率变化特征不同。2021 年一线城市 CBD 中北京 CBD 由于有新交付楼宇入市，空置率上涨明显，2021 年空置率达 11.05%，相较于 2018 年的 2.63% 上升了 8.42 个百分点，同时市场的放量使得租金也由 2018 年的每月 475.38 元/平方米，下降至 2021 年的每月 360.75 元/平方米，下降明显（见图 3）。2021 年，中国第三个证券交易所落户北京，随着北京证券交易所的正式运营，生物医药相关行业以及北京创新型中小企业迎来更好的平台和更广阔的发展空间，写字楼市场租赁需求也因此得到进一步提升。2021 年上海陆家嘴 CBD 和广州天河 CBD 空置率变化不大，分别为 11.6% 和 6.5%，较 2018 年分别上涨了 0.1 个百分点和 1.1 个百分点。但是上海陆家嘴 CBD 租金跌幅较大，每月每平方米租金下降 76.33 元。但广州天河 CBD 租金逆势上涨，虽然涨幅较小，但是每月每平方米的租金达到 195.45 元。深圳福田 CBD 空置率上升较为明显，2021 年该区域空置率达 19.4%，较 2018 年高 10.5 个百分点，同时租金却由 2018 年的 307.38 元/平方米/月降至 2021 年的 229.14 元/平方米/月。总体来说，一线城市在 2018~2021 年楼宇新增面积稍有增加，但受宏观经济波动等外部因素的冲击，一线城市的整体租金下浮明显，同时楼宇空置率也有明显波动。

由图 3 可见，2021 年新一线城市 CBD 中天津滨海新区 CBD、重庆解放

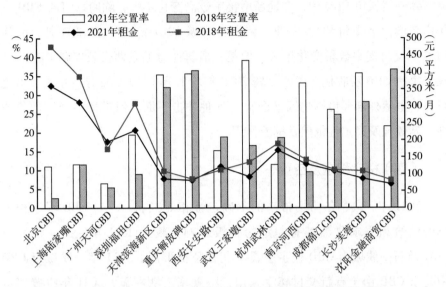

图3 2018年和2021年部分CBD商务楼宇空置率及租金变化情况

资料来源：《2021年大中华区写字楼供应/需求前沿趋势》，戴德梁行，https：//www.3gcj.com/baogao/348008.html。

碑CBD、武汉王家墩CBD、南京河西CBD和长沙芙蓉CBD的空置率都超过了30%，其中武汉王家墩CBD的空置率达到了39.10%，相较2018年上升了22.57个百分点。成都锦江CBD和沈阳金融商贸CBD的空置率分别为26.02%和21.60%，其中，沈阳金融商贸CBD空置率较2018年下降了15.07个百分点。西安长安路CBD、杭州武林CBD的空置率分别控制在了15.20%和11.50%的水平，在市场放量有所增加的同时比2018年同期均略有下降。租金方面，新一线城市CBD租金普遍下跌。

2021年，国家先后出台了一系列的保供稳价和助企纾困等稳定经济发展的政策，企业成本压力有所缓解。但是受互联网领域监管力度加大的影响，互联网行业大面积扩张的步伐将放缓，这使得楼宇租赁市场依然面临很大压力。同时，"十四五"规划将2022年的发展重点放在了科技自主自强上，高科技领域继续成为北京市未来的重点发展方向。上海陆家嘴CBD同样将发展重点放在了高科技领域，作为中国最重要的门户城市之一，上海将鼓励更多的外资进入高端产业领域，以促进中国的高质量发展。"十四五"期间，上海以强化"四大功能"、深化"五个中心"建设、发展"五型经济"为主攻方向，加快提升城市能级和核心竞争力。随着更多行业的融合，不同行业之间的界限将更加模糊，因此，这些聚焦线上和线下平台以及企业数字化转型的创新型企业将出现在更多的热门领域，包括金融科技、TMT、医疗健康、资产管理、新零售和现代物流等。随着未来人才素质的不断提升，企业对办公空间的需求将更加全面和细致，这就要求办公楼内外提供更加舒适和多样化的设施。在未来几年，上海陆家嘴 CBD 将有更多新办公楼入市，这将增加空置率，并带来一定的租金压力。深圳甲级写字楼近几年通过实施积极的租赁策略，取得较好的去化效果，市场逐渐分化，部分核心商务区标杆项目去化指标逐渐完成或进入收尾阶段，但是因为深圳楼宇经济发展较早，楼龄较长的项目的改造将在未来列入计划。而在深圳福田 CBD，新项目已无法维持较高的租金水平，进而全市平均租金在未来可能依然会处于下降的趋势。不过，相较于其他一线城市 CBD，深圳的租金水平或可租赁空间都具有一定优势。作为先行示范区，在湾区建设深入推进的带动下，深圳的发展依然是被看好的，无论是本地高成长性企业及创业创新企业还是外地企业的积极进驻，都为写字楼需求带来支撑，从而提升整个深圳楼宇市场活跃度，供应压力与市场活力将在短期内并存。

广州甲级写字楼市场类似深圳福田 CBD，在积极的财政政策和稳健的货币政策作用下，金融机构加大对实体经济的支持力度，中小微企业与科技创新、绿色发展等相关企业的业务得到扩张，从而刺激办公需求的产生；同时新一代信息技术、人工智能、生物医药和新能源、新材料等新兴产业将在未来得到培育和成长，而为这些产业提供资金支持及专业服务的企业也有望迎来扩张机会。因此在未来，企业对于广州甲级写字楼的需求还将不断释放。未来广州甲级写字楼市场依然会迎来大量新增供应，伴随着新兴商务区陆续步入快速建设阶段，短期内 CBD 空置率会有一定攀升，这使得租金面临一定的下行压力。但是广州写字楼市场租金与空置率在疫情之下均保持在较为稳定的水平，表现出较强韧性，这将为市场后续的需求增长带来信心，未来巨量的新增供应也将持续激发市场的活跃度。在竞争之下，随着写字楼租户从过去对硬件标准、办公氛围的要求到如今对物业运营能力、服务品质及可持续发展的关注，办公需求迭代升级的新趋势令写字楼行业也面临新的挑战，定位明确的高品质楼宇将更具优势。

（五）主要城市写字楼需求趋势分析

1. 一线城市

北京 新冠疫情使业主在 2020 年普遍采取降低租金的方式来吸引租户，2021 年上半年，新增写字楼的入市为企业选址提供了更多选择，市场租赁需求表现旺盛，全市上半年净吸纳量共计 34.5 万平方米。北京作为全国的科技创新中心，在服务业扩大开放、打造全国数字经济发展的先导区和示范区以及北京自贸区和北交所的设立等诸多利好因素的驱动下，北京写字楼租赁市场衍生出了更多的租赁需求。2021 年全年，多家知名互联网企业的大面积扩张拉动了 TMT 类公司租赁成交面积占比。全年 TMT 类公司租赁成交面积占所有行业租赁成交面积的 55.5%（见图 4），创历史新高。除 TMT 行业之外，疫情促进保险和基金等行业快速发展，带动金融业租赁成交面积占比位居第二，达 17.6%；同时律师事务所、咨询和在线娱乐等行业迅速扩张，专业服务业租赁成交面积占比位居第三，达 14.9%。

上海 上海写字楼租赁市场在 2021 年相当活跃，并且创新型经济、服务型经济、开放型经济、总部型经济、流量型经济成为上海楼宇经济发展的重点。作为创新型企业的重要载体和平台，上海写字楼在 2021 年吸引了众多国内外知名企业入驻，助力上海发展高端服务业、打造全球总部集群并拓展线上线下平台上的全球业务。2021 年写字楼市场中的租赁成交行业主要集中在金融业、TMT 行业和专业服务业。金融业占 2021 年总租赁成交面积的 24.0%。在 2021 年，上海加快了更多国际交易平台的建设。一些金融公司，包括投资公司、保险公司，在 2021 年一直活跃在甲级写字楼市场。第二个占比较高的行业是 TMT 行业，2021 年租赁成交面积约占 21.8%。上海

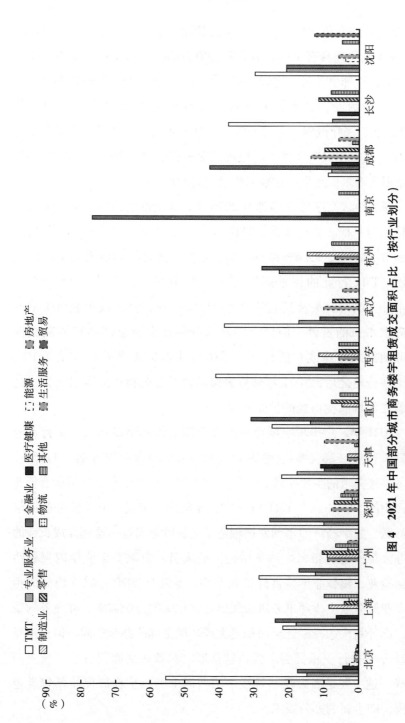

图4 2021年中国部分城市商务楼宇租赁成交面积占比（按行业划分）

资料来源：《2020年大中华区写字楼供应/需求核心趋势》，戴德梁行，https：//www．cushmanwakefield．com．cn/images/upload/3/
D13CEE3561B54C8AB6B8137D9380AB63．pdf。

的 TMT 行业面临许多新商机。按照《上海市电子信息产业发展"十四五"规划》，上海正在打造具有全球影响力和竞争力的电子信息产业集群。在专业服务公司中，律师事务所、咨询公司、会计师事务所和一些联合办公空间运营商相对更为活跃，其租赁成交面积总计约占市场租赁成交面积的18.0%。制造业、医疗健康、贸易、零售、物流和其他一些行业的租赁成交面积在 2021 年上海甲级写字楼市场租赁成交面积中约占 36.8%。2021 年强劲的金融业租赁需求依然集中在陆家嘴及附近地区。

深圳 深圳甲级写字楼市场延续 2020 年以来活跃的市场需求，同时支撑租金保持相对平稳。分行业看，TMT 行业、金融业和专业服务业租赁成交面积分别占 38.0%、25.6% 和 10.1%，这些行业是深圳甲级写字楼的主要需求来源。TMT 行业的比重逐年增加，较 2019 年已上升约 15 个百分点，这离不开互联网巨头及其上下游企业以及高成长性科技企业所带来的办公空间需求增长的贡献，但预计随着部分科技企业总部楼宇的陆续落成，该行业的需求增速或有所放缓。零售行业租赁成交面积占比 7.1%，排在三大支柱行业之后，2021 年外资奢侈品牌对办公物业的需求增大，这与奢侈品牌在深圳商业市场的扩张有关。

广州 2021 年，广州写字楼市场的办公需求得到明显释放。从行业分布来看，TMT 行业（28.6%）、金融业（17.2%）和专业服务业（12.5%）作为甲级写字楼需求的主要来源，租赁成交面积之和占据全市全年所有行业租赁成交面积的 58.3%。在 TMT 行业中，互联网、游戏、电子商务的需求表现较为活跃，数字经济的蓬勃发展创造了大量就业岗位，这些高成长性的企业通过办公场所的扩张来容纳新增的办公人员。金融类企业年内寻租活跃，其中保险业、银行业维持良好扩张态势，延续自 2020 年以来稳健的租赁需求。专业服务业中律师事务所表现出比较积极的升级需求，在业务的稳定扩张下，部分租户选择搬迁至面积更大或环境更优的办公空间。值得注意的是，2021 年零售行业租赁需求较以往活跃，租赁成交面积占全市成交面积的 10.6%。这主要是因为线上及线下消费需求的双重释放促使零售类企业扩大规模，产生新的办公需求。

2.新一线城市

天津 2021 年天津写字楼市场租赁需求整体疲软，TMT 行业（22.2%）及专业服务业（17.8%）为需求主力。此外，医疗健康行业表现出较明显的扩张趋势，租赁成交面积（11.1%）较上年增加了 7.9 个百分点。2022年 12 月，天津市发改委组织政企对接，举办集中签约活动，面向社会资本推介 50 个重点项目，总投资 5470.52 亿元；其中，子牙城河融合创新发展带项目重点布局创新研发办公、人工智能、云计算等，将为天津写字楼租赁市场带来利好。[1]

重庆 2021 年，重庆写字楼市场活跃度较低，租赁市场需求量较大的行业依然是金融业（31%）、TMT 行业（25%）及专业服务业（14%）。重庆政府高度重视地方碳达峰碳中和工作，低碳减排亦成为甲级写字楼提升楼宇品质的重要课题，从初期的绿色建筑设计到后期的低碳环保装修，绿色办公将愈发受到市场重视，这也是未来重庆楼宇发展的主旋律。

西安 2021 年西安甲级写字楼市场租赁需求主要来自 TMT 行业和金融业，分别占所有行业总租赁成交面积的 41.2% 和 17.6%。

武汉 2021 年武汉甲级写字楼市场租赁需求主要来自 TMT 行业、专业服务业和金融业，分别约占 2021 年租赁成交面积的 38.7%、17.4%和 11.4%。

杭州 从产业端来看，杭州甲级写字楼市场租赁需求主要来自金融业（28%）、专业服务业（23%）、医疗健康（10%）和 TMT 行业（9%）。杭州市正在加快建设智能物联、生物医药、高端装备、新材料和绿色低碳五大产业生态圈，着力打造视觉智能、集成电路、药品、智能装备等重点产业链。另外，国务院批复同意在杭州开展服务业扩大开放综合试点。产业结构的优化升级将为杭州甲级写字楼市场开辟新的发展空间，也将为杭州的甲级写字楼市场带来更多的机遇。

---

[1] 《总投资超 5470 亿！天津月底将面向社会资本推介重点项目 50 个》，网信滨海百家号，2022 年12 月 20 日，https://baijiahao.baidu.com/s? id=1752699568181825477&wfr=spider&for=pc。

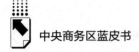

南京 2021年，南京地区大部分租赁需求来自金融业，其租赁成交面积占全年租赁成交面积的77%。写字楼大量的新增供应在短期内将提高南京写字楼市场空置率。但是受当地政策的积极影响，跨国公司与内资企业有望继续扩大在南京本地的业务。同时南京将从长三角一体化发展中持续受益，吸引国内外各类公司在南京设立区域总部。这将使得南京金融业、TMT行业、医疗健康行业、专业服务业等产业迅猛崛起，并推高写字楼租赁需求。

成都 2021年成都甲级写字楼市场需求放缓，各类优质企业资金压力较大，短期内，成都甲级写字楼租金或将继续缓步下行。不过，金融业、房地产、零售业相较其他行业更为活跃，金融业租赁成交面积占成都2021年写字楼行业的43%，房地产占14%，零售业占10%。未来在成德一体化发展和成都公园城市示范区打造的双轮驱动下，成都的甲级写字楼将按绿色楼宇修建，而老旧写字楼也将依据绿色楼宇的要求进行局部改造升级，绿色楼宇的升级改造和完善将为成都甲级写字楼市场带来新的利好。

长沙 2021年长沙甲级写字楼市场租赁需求主要来自TMT行业和零售业，分别占所有行业总租赁成交面积的38%和11.8%，整体市场需求逐渐回暖。《优化营商环境促进市场主体高质量发展三年行动计划（2022—2024年）》《长沙市政府促进中小微企业高质量发展的若干意见》等政策的落地执行，将促进市场主体高质量发展。未来随着经济健康有序运行，长沙甲级写字楼市场也将迎来更多的发展机遇。

沈阳 2021年沈阳写字楼市场活跃度不高，市场租赁需求主要来自TMT行业（30%）、金融业（21%）和专业服务业（21%）。沈阳市政府出台了一系列经济刺激措施，如减免税费、鼓励消费、加强金融支持等，刺激经济恢复及写字楼市场的回暖。此外，沈阳地处东北的核心区域，随着经济的稳步复苏，楼宇市场将逐步回温。

综上，无论一线城市还是新一线城市，TMT行业、专业服务业、金融业已成为甲级写字楼的主要租赁方，再加上各地对智慧楼宇、科技楼宇加快建设改造以及政府的政策指向，这些亮点行业将出现更多的商业机会和扩张契机。接下来对金融业、TMT 行业和医疗健康行业进行简要分析。

金融业 中国实施的一系列金融改革政策，将给中国甲级写字楼市场带来新的商机，支持中国商业写字楼市场进一步发展。中国企业在金融科技这一领域十分活跃。根据 Penser 公司的数据，中国大陆目前拥有 8 家世界领先的金融科技独角兽企业。[①] 同时随着线上购物的发展以及网上银行和财富管理服务的活动激增，投资者和金融机构继续在中国大陆发展业务，金融业的参与者范围将扩大。这不仅支持了中国大陆甲级写字楼市场的进一步发展，还推动了整个大中华区优质写字楼市场的发展。

TMT 行业（电信、媒体和科技行业） 2021 年，中国颁布了几项新的关于 TMT 行业的政策及规范，TMT 行业正持续成为大中华区许多城市优质写字楼需求的主要驱动力。未来，中国将加大对新型基础设施的投资，并推进数字中国建设，以建立数字社会、数字政府和健康的数字生态系统。为了推进创新，"十四五"规划提出了在未来五年内全社会研发经费投入年均增长 7% 以上的目标。电子商务、5G、人工智能、自动驾驶等，都是中国大陆地区将进一步发展的科技领域。随着中国大陆及其他地区的 TMT 公司意识到其中的机遇，在可预见的未来，这些公司将增加对商务中心区甲级写字楼的需求。

医疗健康行业 近年来，中国的药品和医疗器械市场大规模扩张。诸多积极因素将促进中国医药市场发展：更多医药健康领域的专业人士参与国内医疗健康市场的发展；技术加速整合，使得制药和医疗设备市场将在未来进一步增长；此外，我国的人口老龄化程度不断加深，个人卫生支出不断增长。因此，医疗健康行业的市场规模将扩大，并将在未来一年催生更多办公空间需求。

---

① 资料来源：《戴德梁行：中国金融业——改革和科技推动租赁需求》，搜狐网，2021 年 10 月 14 日，https://www.sohu.com/a/495075347_483389。

为了满足新兴行业的需求，各地将商务楼宇改造成"楼宇生态圈"，如发展以"商圈+园区"为依托的楼宇经济，其特点为依托新枢纽打造楼宇经济集聚区；依托高铁和空港打造楼宇经济集群，也成为楼宇经济发展的重要模式。另外，部分地区以特色产业楼宇引领产业融合发展。受外部环境变化的影响，为了推动楼宇经济提档升级，很多地方都在大力发展特色产业楼宇。

四 数字服务打造城市智慧楼宇

无论是一线城市还是新一线城市，近年来现代楼宇的需求主体大多集中于TMT行业、金融业、专业服务业及医疗健康行业。这些行业对办公楼宇的需求更加多元化，对工作环境舒适度、便捷性、安全性、智慧化的要求更高。与此同时，国家出台多项政策鼓励利用5G、物联网等新技术推动楼宇智能化改造，比如"双碳"政策的推行，进一步促进了楼宇自控领域建筑能效的提升，对提高建筑智能化水平、发展节能低碳建筑提出了更进一步的要求；"十四五"规划也明确提出推进建筑的物联网应用和智能化改造；《物联网新型基础设施建设三年行动计划（2021—2023年）》也提到加快物联网技术在智慧建筑方面的应用。近年来，5G、物联网、云计算、大数据、人工智能、人脸识别等新技术的不断发展为楼宇创新提供了成熟的技术基础，这些技术可应用到楼宇安防、运营、消防等多个场景，同时辅助楼内企业的办公、生产及经营，帮助企业提高经营效率。

我国楼宇智能化市场需求主要由两部分组成：一是新建建筑的智能化技术直接应用；二是既有建筑的智能化改造。现有数据显示，经过多年探索，全国智慧楼宇在智能化理念、建设法规、设计施工、物业管理等方面都得到了较大发展，同时市场规模不断扩大，从2016年的8000亿元到2018年的超10000亿元再到2020年的14000亿元，产值也从2016年的超过4000亿元增长到2020年的超6000亿元（见图5）。未来中国智慧楼宇市场依然潜力巨大。

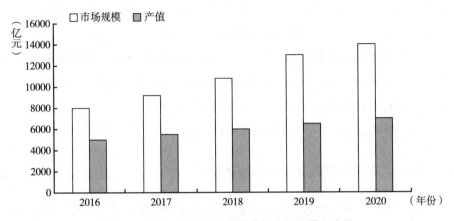

图5　2016～2020年中国智慧楼宇市场规模及产值

数据来源：中国联通研究院：《数字化转型背景下智慧楼宇商业模式研究》，2022年5月；中商产业研究院：《2019智慧楼宇行业市场前景研究报告》，2019年。

智能办公楼宇自动化水平近些年来不断提高，预计未来越来越多的办公场所将采用更多的智能无触控技术和设备，如由面部识别激活的自动门、声控电梯、智能手机控制的照明和空调等。

在过去的几年中，智慧楼宇的话题在中国引起了广泛的关注。现如今，大量的智能软件、智能传感器、智能设备以及其他建筑系统已经能连接到集中的智能平台上，并已在全国各地的许多写字楼中投入使用。健康和安全会是推动楼宇智能化发展的巨大激励因素，未来智慧楼宇将成为楼宇发展的必然趋势。

五　基本结论与政策建议

近几年各地区新增楼宇数量不断增加，楼宇存量压力变大，由此带来的楼宇问题逐渐凸显，其中之一便是楼宇发展同质化。楼宇存量的猛增使得很多本身没有特色产业布局以及功能定位不明晰的楼宇在产业生态发展中出现严重的同质化问题。同质化楼宇对企业的吸引力下降，尤其是大型企业的入驻率偏低，这将增加后续招商引资的难度。同时，楼宇生态的恶化还会影响

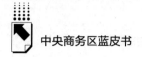

楼宇经济的长远发展。造成这一问题的原因之一是政府部门在规划楼宇经济时并未形成完整的方案,部门之间缺乏协调与规划。

近年来各地大力发展数字服务,而打造智慧楼宇无疑是数字服务在房地产市场最直观的应用。但是,智慧楼宇在我国发展并不均衡,东部沿海及南方发达地区优于西部内陆地区,地区差异明显。

对于提升楼宇品质,本报告给出以下建议。

(一)坚持科学规划,明确楼宇定位

需要充分了解本地区楼宇经济现状,从楼宇状况入手,在楼宇产业生态中掌握楼宇的功能结构、内部经营管理情况、入驻企业的产业结构等现状,并根据调查结果制定地区楼宇经济的发展对策。同时管理人员可借助各种媒介,如微博、微信等,加大对楼宇产业形象的宣传。

(二)优化管理方案,打造特色楼宇

在数字楼宇经济建设的基础上,严格落实相关管理规范,对已经建成、设施老旧的楼宇进行改造,从本地区特色入手,凸显楼宇自身的特性,提升楼宇对不同客户的吸引力。同时,根据打造产业示范区的工作要求,对楼宇工作人员进行更全面的培训,对区域产业做出新的规划与引导,促进楼宇项目之间形成合作机制,在强强联合的基础上,强化楼宇的辐射力,最终形成规模效应。

(三)提升环境能级,打造高端便捷智慧楼宇

为了提升楼宇生态质量,应主动改善周边交通条件,解决交通堵塞等问题,营造良好的交通环境。同时在经济条件满足的情况下,积极推动公共停车场、立体车库的建设,充分利用现有的基础设施,完善步行系统的功能,优化楼宇周边的交通环境。同时根据楼宇的实际情况提出发展意见与发展计划,并根据本地区政府出台的楼宇经济促进策略、扶持政策等做好制度的建设与完善。

打造高端智慧型楼宇是楼宇未来发展的必然选择，5G、云计算、大数据等对提升楼宇品质必不可少，通过合理应用智能化技术打造智慧型商务楼宇，将使楼宇具有良好的信息接收和反应能力，使楼宇更加舒适、健康、安全、便利，使楼宇有效实现节能减排，满足客户对不同环境功能的需求，最终可以借助数字化系统打造具有自身特色的智慧楼宇及产业集群。

参考文献

［1］《2021 年大中华区写字楼供应/需求前沿趋势》，戴德梁行，https：//www.3gcj.com/baogao/348008.html。

［2］牛海龙、单菁菁主编《中国商务中心区发展报告 No.8（2022）》，社会科学文献出版社，2022。

［3］夏校鸿：《楼宇经济十年》，浙江大学出版社，2020。

［4］蒋三庚主编《中央商务区产业发展报告（2020）》，社会科学文献出版社，2021。

［5］尹福臣：《新型楼宇经济的产业演进和发展模式》，《房地产世界》2022 年第 24 期，第 10~14 页。

［6］郭亮、单菁菁主编《中国商务中心区发展报告 No.5（2019）》，社会科学文献出版社，2019。

［7］申纲：《关于优化楼宇产业生态促进楼宇经济高质量发展的思路分析》，《产业经济》2023 年第 9 期，第 65~67 页。

B.5
中央商务区营商环境指数分析（2023）

孙　涛[*]

摘　要： 本报告以我国一线城市、新一线城市的 13 个 CBD 为研究对象，通过构建中央商务区营商环境指数，对国内 CBD 进行评价。报告认为，在数字经济蓬勃发展的背景下，诸多 CBD 的营商环境提升效果显著，特色突出。同时，数字经济可以通过优化营商环境来实现城市能级的提升。对此，京沪 CBD 应全面对标国际标准，营造超一流营商环境；广深 CBD 应进一步突出优势，引领全国营商环境建设；新一线城市 CBD 应深化营商环境改革，破难点补短板；各地应通过发展数字经济优化营商环境，进而提升城市能级。

关键词： 中央商务区　营商环境　数字经济　城市能级

当今世界正经历百年未有之大变局，为适应我国经济发展阶段的变化和应对日趋复杂的国际环境，党中央、国务院审时度势做出"要加快构建以国内大循环为主体、国内国际双循环相互促进的新发展格局"的战略部署。营商环境是影响城市经济高质量发展的重要因素之一。随着信息化时代的到来，基于数字技术、大数据和互联网的线上经济已与线下经济并驾齐驱。根据中国信息通信研究院发布的《中国数字经济发展报告（2022 年）》，2021 年中国数字经济规模达到 45.5 万亿元，占 GDP 比重为 39.8%。[①] 随着

---

* 孙涛，首都经济贸易大学管理学博士研究生，主要研究领域为世界城市发展比较、CBD 发展研究。

① 《中国数字经济发展报告（2022 年）》，http：//www. quannan. gov. cn/qnxxxgk/szgztj/2022 12/b76e4703a91d4b218337adab077111a3/files/1a62c9679850468e9275a8036b4eac9e. pdf。

数字经济的迅速发展，智能化数字营商环境成为关注的焦点。2021年9月，北京、上海、重庆、杭州、广州、深圳6个城市成为营商环境创新试点城市。2022年1月，《"十四五"数字经济发展规划》中特别提出要"加速弥合数字鸿沟"，优化数字营商环境。在双循环新发展格局、数字经济蓬勃的发展背景下，为更好地促进CBD健康持续发展，优化营商环境已成为现阶段研究的重点。

评价营商环境成为一个地区改善营商环境的前提，目前营商环境评价体系多以国家、省份和城市为单位，而CBD是城市的商业核心，是城市商业活动和企业经营的重要区域，也是数字经济发展的重要载体，因此对中央商务区营商环境指数进行计算与评价，能更准确地、有针对性地提出改善营商环境的对策建议。

一 营商环境指数指标体系的构建

本报告认为可以从经济发展与产业结构、人口与生活、商业运作三个维度，对营商环境指数进行构建。为保证研究的连续性和可比性，本报告构建的营商环境指数与《中央商务区产业发展报告（2022）》中的营商环境指数相同，共涵盖3个一级指标和12个二级指标（见表1）。若无特别说明，研究中所使用的数据均为CBD所在城区的数据。

表1 营商环境指数指标体系

一级指标	二级指标	指标解释
经济与产业结构环境指数	城区GDP	CBD所在城区的生产总值
	人均GDP	CBD所在城区生产总值/常住人口
	第三产业增加值占GDP比重	第三产业增加值/GDP
	每万人发明专利授权量	在一定程度上反映技术要素市场的发育程度，发明专利授权量/常住人口
人口与生活环境指数	常住人口	全年经常在家或在家居住5个月以上的人口，包括在城市居住的流动人口
	城镇居民人均可支配收入	在一定程度上反映该地区的消费潜力

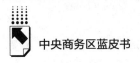

一级指标	二级指标	指标解释
人口与生活环境指数	建成区绿化覆盖率	在一定程度上反映该地区的生态环境状况以及政府改善生态环境的力度
	每千人医疗卫生机构床位数	该地区医疗卫生机构床位数/常住人口,在一定程度上反映地区医疗条件
商业运作环境指数	实际利用外资金额	在一定程度上反映该地区对外开放程度
	金融机构本外币贷款余额	在一定程度上反映企业融资难度,是反映资本要素市场的正向指标,使用城市级数据
	财政收入支持能力	地方一般预算收入/GDP,反映地区对提升营商环境的资金支持能力
	货物运输量	在一定程度上反映地区的交通便利度和物流运输情况,使用城市级数据

本报告共选取13个CBD作为营商环境指数分析的对象,包括4个一线城市CBD和9个新一线城市CBD。同时,本报告使用的数据主要来自2019~2021年13个城市与部分CBD所在城区的年度统计年鉴和中国城市统计年鉴,部分缺失数据则由这13个城市与部分CBD所在城区的国民经济和社会发展统计公报进行填补,个别数据来源于CBD所在城区的政府工作报告。

二 营商环境指数测度结果及分析

(一)营商环境指数总体测度结果与分析

本报告使用熵值法计算指标权重与指数。表2为按熵值法计算的2019~2021年的13个CBD营商环境指数及分指数。

表 2　2019～2021 年 13 个 CBD 营商环境指数及分指数

年份	所在城市分类	CBD	经济与产业结构环境	人口与生活环境	商业运作环境	营商环境指数	排名
2021	一线城市	北京 CBD	5.4799	5.7369	5.4344	16.6512	1
		上海陆家嘴 CBD	4.7267	4.6474	6.6504	16.0246	3
		广州天河 CBD	5.5812	5.4201	4.9253	15.9265	4
		深圳福田 CBD	6.1097	5.4078	4.8565	16.3739	2
	新一线城市	天津滨海新区 CBD	5.5763	4.7402	5.0156	15.3321	2
		西安长安路 CBD	4.4368	4.7089	4.2112	13.3568	9
		重庆解放碑 CBD	4.8538	5.2617	4.4450	14.5605	5
		杭州武林 CBD	4.8207	4.9187	4.9813	14.7207	4
		武汉王家墩 CBD	4.9482	4.6988	5.5987	15.2457	3
		成都锦江 CBD	4.5001	4.7638	4.8346	14.0986	6
		南京河西 CBD	4.8829	4.9788	5.4827	15.3444	1
		沈阳金融商贸 CBD	4.3881	4.7664	4.4438	13.5983	8
		长沙芙蓉 CBD	4.6957	4.9505	4.1205	13.7667	7
2020	一线城市	北京 CBD	5.6167	5.7384	5.5212	16.8764	2
		上海陆家嘴 CBD	5.1683	5.1923	6.6566	17.0172	1
		广州天河 CBD	5.6238	5.4614	4.8959	15.9812	4
		深圳福田 CBD	6.1090	5.5000	4.8277	16.4367	3
	新一线城市	天津滨海新区 CBD	4.4154	4.7594	4.8540	14.0288	5
		西安长安路 CBD	4.2143	4.8903	4.1676	13.2721	9
		重庆解放碑 CBD	4.8747	5.3528	4.4358	14.6633	3
		杭州武林 CBD	5.4380	5.0444	4.8508	15.3332	2
		武汉王家墩 CBD	4.3912	4.7954	5.4453	14.6319	4
		成都锦江 CBD	4.6514	4.1039	4.7370	13.4923	8
		南京河西 CBD	5.1160	4.9803	5.4699	15.5663	1
		沈阳金融商贸 CBD	4.5708	4.8587	4.5147	13.9442	6
		长沙芙蓉 CBD	4.8104	4.3227	4.6234	13.7565	7
2019	一线城市	北京 CBD	5.6353	5.7804	5.4701	16.8858	2
		上海陆家嘴 CBD	5.7195	5.6269	6.5968	17.9432	1
		广州天河 CBD	5.7572	5.3946	4.9214	16.0732	4
		深圳福田 CBD	6.0313	5.3740	4.7977	16.2030	3

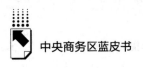

续表

年份	所在城市分类	CBD	经济与产业结构环境	人口与生活环境	商业运作环境	营商环境指数	排名
2019	新一线城市	天津滨海新区 CBD	4.2914	4.6904	4.7963	13.7780	6
		西安长安路 CBD	4.1954	4.8525	4.1980	13.2460	8
		重庆解放碑 CBD	4.8260	5.2485	4.4301	14.5046	4
		杭州武林 CBD	5.2792	4.9867	4.9212	15.1871	2
		武汉王家墩 CBD	4.2123	4.8480	5.6017	14.6620	3
		成都锦江 CBD	4.7221	3.5686	4.8152	13.1059	9
		南京河西 CBD	4.9822	4.9524	5.4394	15.3741	1
		沈阳金融商贸 CBD	4.5142	4.6530	4.4894	13.6566	7
		长沙芙蓉 CBD	4.8339	5.0238	4.5227	14.3804	5

1. 京沪 CBD 营商环境建设成绩突出，广深 CBD 各有优势

由表 2 可知，在数字经济蓬勃发展的背景下，2019~2021 年，北上广深四个城市的 CBD 营商环境明显优于新一线城市。2019~2020 年，一线城市内部总体表现出上海陆家嘴 CBD、北京 CBD 领先的趋势；2021 年北京 CBD 营商环境指数居首位，深圳福田 CBD 营商环境指数超越上海陆家嘴 CBD 位居第二。

2021 年，北京 CBD 位居第一，深圳福田 CBD 紧随其后，且与上海陆家嘴 CBD、广州天河 CBD 表现出一定差距。2019~2021 年，北京 CBD 的人口与生活环境指数较高；上海陆家嘴 CBD 商业运作环境指数排名第一；深圳福田 CBD 经济与产业结构环境指数表现优秀，这主要得益于良好的产业结构和科技创新环境。

2. 新一线城市 CBD 营商环境亮点与短板并存

新一线城市 CBD 的营商环境之间存在一定差距，但各有优势与不足。南京河西 CBD、天津滨海新区 CBD、武汉王家墩 CBD 属于新一线城市 CBD 中的第一梯队，指数较高。2019 年，南京河西 CBD 超越杭州武林 CBD 成为第一名，且2021年持续居新一线城市CBD首位。武汉王家墩CBD商业运作环境较优，主要得益于良好的交通与运输条件。2021年天津滨海新区CBD经济与产业结构环境和商业运作环境较好，但人口与生活环境有提升空间。2019~2021年武汉王家墩CBD排名相对稳定，商业运作环境较好，但经济与产业结构环境仍需优化。西安长安路CBD、沈阳金融商贸CBD、长沙芙蓉CBD在商业运作环境上存在一定短板。

（二）经济与产业结构环境指数

经济与产业结构环境指数由城区GDP、人均GDP、第三产业增加值占GDP比重和每万人发明专利授权量构成。从经济与产业结构环境指数排名看（见表3），2019~2021年一线城市CBD排名变化不大。2021年在一线城市CBD中，深圳福田CBD的人均GDP、每万人发明专利授权量两个指标表现突出，可以反映出深圳福田CBD经济环境优良、创新氛围浓厚。此外，上海陆家嘴CBD城区GDP得分最高，北京CBD在第三产业增加值占GDP比重方面优势明显。

新一线城市CBD中，2019~2021年，天津滨海新区CBD城区GDP和每万人发明专利授权量表现较为突出。2021年武汉王家墩CBD第三产业增加值占GDP比重指标表现突出，说明拥有较合理的产业结构。西安长安路CBD、沈阳金融商贸CBD在产业结构优化及加快创新方面有待进一步提高。

表3　2019~2021年13个CBD经济与产业结构环境指数

年份	所在城市分类	CBD	城区GDP	人均GDP	第三产业增加值占GDP比重	每万人发明专利授权量	经济与产业结构环境指数	排名
2021	一线城市	北京CBD	1.3150	1.2140	1.6471	1.3037	5.4799	3
		上海陆家嘴CBD	1.7270	1.3692	0.6017	1.0288	4.7267	4
		广州天河CBD	1.2293	1.3785	1.6406	1.3328	5.5812	2
		深圳福田CBD	1.1922	1.6292	1.6246	1.6636	6.1097	1

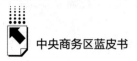
续表

年份	所在城市分类	CBD	城区GDP	人均GDP	第三产业增加值占GDP重	每万人发明专利授权量	经济与产业结构环境指数	排名
2021	新一线城市	天津滨海新区CBD	1.2668	1.5844	1.1935	1.5316	5.5763	1
		西安长安路CBD	0.9670	0.9486	1.4867	1.0345	4.4368	8
		重庆解放碑CBD	0.9893	1.3428	1.6312	0.8905	4.8538	4
		杭州武林CBD	1.0134	0.9476	1.6141	1.2456	4.8207	5
		武汉王家墩CBD	0.9851	1.1724	1.6723	1.1185	4.9482	2
		成都锦江CBD	0.9756	0.9308	1.5995	0.9942	4.5001	7
		南京河西CBD	0.9732	1.2176	1.3760	1.3162	4.8829	3
		沈阳金融商贸CBD	0.9626	0.9004	1.5865	0.9386	4.3881	9
		长沙芙蓉CBD	0.9760	1.1306	1.5845	1.0046	4.6957	6
2020	一线城市	北京CBD	1.3483	1.4076	1.5167	1.3442	5.6167	3
		上海陆家嘴CBD	1.7287	1.4583	0.8775	1.1037	5.1683	4
		广州天河CBD	1.2419	1.5011	1.5129	1.3680	5.6238	2
		深圳福田CBD	1.2074	1.7113	1.5147	1.6756	6.1090	1
	新一线城市	天津滨海新区CBD	1.2763	0.8128	0.8775	1.4488	4.4154	7
		西安长安路CBD	0.9796	0.8128	1.3983	1.0235	4.2143	9
		重庆解放碑CBD	0.9980	1.4824	1.4981	0.8962	4.8747	3
		杭州武林CBD	0.9842	1.4900	1.5358	1.4280	5.4380	1
		武汉王家墩CBD	0.9956	1.4065	0.8775	1.1116	4.3912	8
		成都锦江CBD	0.9849	1.1829	1.4872	0.9964	4.6514	5
		南京河西CBD	0.9834	1.4246	1.3491	1.3589	5.1160	2
		沈阳金融商贸CBD	0.9745	1.1756	1.4811	0.9396	4.5708	6
		长沙芙蓉CBD	0.9860	1.3406	1.4762	1.0076	4.8104	4
2019	一线城市	北京CBD	1.3494	1.3715	1.5473	1.3671	5.6353	4
		上海陆家嘴CBD	1.7017	1.4566	1.4174	1.1437	5.7195	3
		广州天河CBD	1.2197	1.6099	1.5395	1.3880	5.7572	2
		深圳福田CBD	1.1900	1.6575	1.5299	1.6540	6.0313	1
	新一线城市	天津滨海新区CBD	1.2705	0.8008	0.7771	1.4430	4.2914	7
		西安长安路CBD	0.9668	0.8008	1.4153	1.0125	4.1954	9
		重庆解放碑CBD	0.9842	1.4234	1.5333	0.8851	4.8260	4
		杭州武林CBD	0.9691	1.3729	1.5723	1.3650	5.2792	1
		武汉王家墩CBD	0.9928	1.3620	0.7771	1.0804	4.2123	8
		成都锦江CBD	0.9736	1.2500	1.5112	0.9873	4.7221	5

年份	所在城市分类	CBD	城区GDP	人均GDP	第三产业增加值占GDP重	每万人发明专利授权量	经济与产业结构环境指数	排名
2019	新一线城市	南京河西CBD	0.9694	1.3698	1.3397	1.3033	4.9822	2
		沈阳金融商贸CBD	0.9635	1.1262	1.5160	0.9084	4.5142	6
		长沙芙蓉CBD	0.9739	1.3548	1.5003	1.0050	4.8339	3

1. 城区GDP

2019~2021年，13个城区的GDP基本保持逐年增长趋势，上海陆家嘴CBD优势明显。除天津滨海新区CBD外，西安长安路CBD、成都锦江CBD等新一线城市CBD与四个一线城市CBD存在较大差距。天津滨海新区CBD的城区GDP在2019年为5857.81亿元，2020年、2021年保持平稳趋势。2019年，上海陆家嘴CBD的城区GDP突破1.2万亿元，且处于上升趋势。2019年，北京CBD的城区GDP突破7000亿元，广州天河CBD、深圳福田CBD与天津滨海新区CBD突破4000亿元。新一线城市CBD中除天津滨海新区CBD外，其他CBD的城区GDP规模均在1000亿元左右（见图1）。

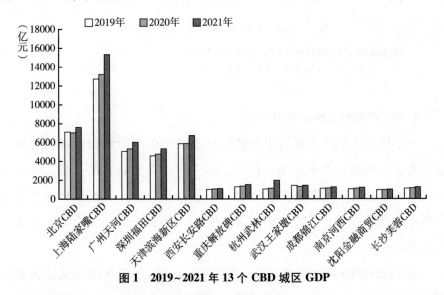

图1 2019~2021年13个CBD城区GDP

数据来源：相应城区统计年鉴、城市统计年鉴。

2. 人均GDP

从人均GDP情况来看，一线城市CBD优势比较明显。广州天河CBD、深圳福田CBD处于前列，2021年均达25万元以上（见图2）。2021年，深圳福田CBD人均GDP高达34万元，居首位。北京CBD由于人口基数大，人均GDP未在前列。

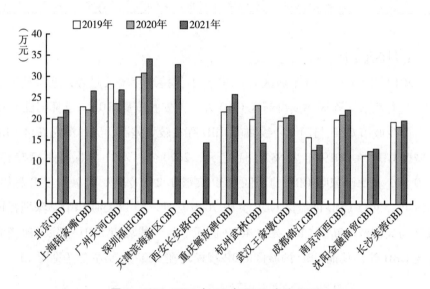

图2　2019~2021年13个CBD人均GDP

数据来源：相应城区统计年鉴、城市统计年鉴。
注：因部分城区数据缺失，本图未予展示。

3. 第三产业增加值占GDP比重

一个国家或地区产业结构优化的过程往往体现为该国或该地区的产业发展重心由第一产业向第二产业、第三产业逐步转移的过程。中央商务区一般承载着现代服务业的职能，以金融服务、计算机软件服务等第三产业为主导应为其主要产业特征，故第三产业增加值占GDP的比重应高于其他区域。

就13个CBD所在城区的统计数据来看，第三产业增加值总体规模存在较大差异，一线城市CBD领跑，广州天河CBD、北京CBD总规模突出，2019～2021 年总体基本呈上升趋势。从总体占比情况来看，2019～2021 年第三产业增加值占 GDP 比重基本保持平稳，其中，北京 CBD、广州天河 CBD、深圳福田 CBD、杭州武林 CBD、武汉王家墩 CBD、重庆解放碑 CBD 均达到 90% 以上，2019 年上海陆家嘴 CBD 仅为 77% 左右。2021 年西安长安路 CBD、南京河西 CBD、天津滨海新区 CBD 第三产业增加值占 GDP 比重分别为 78.81%、68.95%、52.70%，低于全国平均水平（85.17%）。

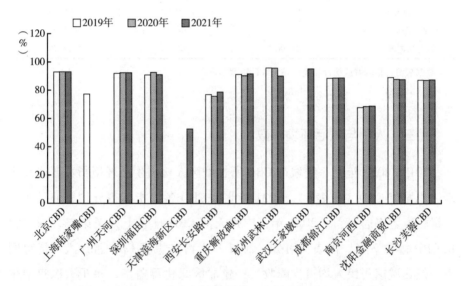

图 3　2019～2021 年 13 个 CBD 第三产业增加值占 GDP 比重

数据来源：相应城区统计年鉴、城市统计年鉴。

注：因部分城区数据缺失，本图未予展示。

4. 每万人发明专利授权量

每万人发明专利授权量指的是每万人拥有的发明专利数，此发明专利是经国内外知识产权行政部门授权且在有效期内的，该指标可以综合衡量一个国家或地区科研产出质量和市场应用水平。从 13 个 CBD 所在城区综合情况看，各 CBD 差异较为明显，深圳福田 CBD 明显优于其他 CBD。2021 年，深圳福田 CBD 每万人发明专利授权量增长明显，达到 157.89 件（见表 4）。

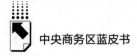

2021 年北京 CBD、杭州武林 CBD、天津滨海新区 CBD 每万人发明专利授权量均达到 80 件以上。

表4　部分CBD每万人发明专利授权量（2021年）

单位：件

CBD	2019 年	2020 年	2021 年
深圳福田 CBD	97.41	126.13	157.89
杭州武林 CBD	65.97	91.54	85.34
北京 CBD	66.20	79.83	95.43
天津滨海新区 CBD	74.46	94.44	134.97
上海陆家嘴 CBD	41.90	46.24	47.73

数据来源：相应城区统计年鉴、城市统计年鉴。

（三）人口与生活环境指数

2019~2021 年，一线城市 CBD 所在城区人口与生活环境指数普遍高于新一线城市 CBD（见表5）。2021 年北京 CBD 各项指标得分均靠前且建成区绿化覆盖率居榜首。2021 年，广州天河 CBD 排名上升至第二，深圳福田 CBD 排名下降。由表5可知，2021 年上海陆家嘴 CBD 常住人口优势明显，但在城镇居民人均可支配收入、建成区绿化覆盖率、每千人医疗卫生机构床位数上与其他一线城市 CBD 存在一定的差距，表明其在居民生活环境方面仍存在一定的改进空间。深圳福田 CBD 城镇居民人均可支配收入排第一名。

2019~2021 年，新一线城市 CBD 人口与生活环境指数排名变化较大。2021 年新一线城市 CBD 中重庆解放碑 CBD、南京河西 CBD、长沙芙蓉 CBD 排名靠前，说明人口与生活环境较优。尤其是重庆解放碑 CBD，其在每千人医疗卫生机构床位数方面表现突出，但城镇居民人均可支配收入是明显短板。杭州武林 CBD、沈阳金融商贸 CBD 位于第二梯队。天津滨海新区 CBD 常住人口较多，但每千人医疗卫生机构床位数有待进一步提高。

表5　2019～2021年13个CBD人口与生活环境指数

年份	所在城市分类	CBD	常住人口	城镇居民人均可支配收入	建成区绿化覆盖率	每千人医疗卫生机构床位数	人口与生活环境指数	排名
2021	一线城市	北京CBD	1.3884	1.4954	1.8387	1.0145	5.7369	1
		上海陆家嘴CBD	1.7337	1.4323	0.5584	0.9230	4.6474	4
		广州天河CBD	1.2082	1.5649	1.6906	0.9563	5.4201	2
		深圳福田CBD	1.1075	1.6182	1.6621	1.0200	5.4078	3
	新一线城市	天津滨海新区CBD	1.1795	1.1005	1.5530	0.9073	4.7402	7
		西安长安路CBD	0.9895	0.8506	1.6678	1.2010	4.7089	8
		重庆解放碑CBD	0.9624	0.9672	1.5842	1.7479	5.2617	1
		杭州武林CBD	1.0790	1.2279	1.5904	1.0214	4.9187	4
		武汉王家墩CBD	0.9774	1.0333	1.6769	1.0112	4.6988	9
		成都锦江CBD	1.0102	1.0251	1.7031	1.0255	4.7638	6
		南京河西CBD	0.9564	1.2907	1.7260	1.0057	4.9788	2
		沈阳金融商贸CBD	0.9914	1.0642	1.6231	1.0876	4.7664	5
		长沙芙蓉CBD	0.9709	1.2025	1.7166	1.0606	4.9505	3
2020	一线城市	北京CBD	1.4442	1.5802	1.6475	1.0666	5.7384	1
		上海陆家嘴CBD	1.8149	1.4974	0.9215	0.9584	5.1923	4
		广州天河CBD	1.2673	1.5946	1.5960	1.0035	5.4614	3
		深圳福田CBD	1.1646	1.6965	1.5586	1.0802	5.5000	2
	新一线城市	天津滨海新区CBD	1.2406	1.1009	1.4786	0.9393	4.7594	7
		西安长安路CBD	1.0473	1.0000	1.5370	1.3060	4.8903	4
		重庆解放碑CBD	1.0223	0.9384	1.5572	1.8349	5.3528	1
		杭州武林CBD	1.0072	1.3768	1.5640	1.0965	5.0444	2
		武汉王家墩CBD	1.0310	1.1224	1.5449	1.0971	4.7954	6
		成都锦江CBD	1.0686	1.0256	0.9215	1.0881	4.1039	9
		南京河西CBD	1.0143	1.3200	1.5837	1.0623	4.9803	3
		沈阳金融商贸CBD	1.0509	1.0765	1.5290	1.2023	4.8587	5
		长沙芙蓉CBD	1.0303	1.2416	0.9215	1.1292	4.3227	8
2019	一线城市	北京CBD	1.4230	1.5287	1.8131	1.0156	5.7804	1
		上海陆家嘴CBD	1.7104	1.4224	1.5828	0.9113	5.6269	2
		广州天河CBD	1.1652	1.4870	1.7355	1.0069	5.3946	3
		深圳福田CBD	1.1471	1.6155	1.6449	0.9665	5.3740	4

年份	所在城市分类	CBD	常住人口	城镇居民人均可支配收入	建成区绿化覆盖率	每千人医疗卫生机构床位数	人口与生活环境指数	排名
2019	新一线城市	天津滨海新区 CBD	1.2188	1.0518	1.5285	0.8913	4.6904	7
		西安长安路 CBD	1.0064	0.9464	1.5756	1.3242	4.8525	5
		重庆解放碑 CBD	1.0028	0.8706	1.6382	1.7369	5.2485	1
		杭州武林 CBD	0.9831	1.3102	1.6082	1.0853	4.9867	3
		武汉王家墩 CBD	1.0125	1.1423	1.5937	1.0996	4.8480	6
		成都锦江 CBD	1.0105	0.9588	0.5581	1.0411	3.5686	9
		南京河西 CBD	0.9839	1.2429	1.7267	0.9989	4.9524	4
		沈阳金融商贸 CBD	0.9072	1.0376	1.5673	1.1410	4.6530	8
		长沙芙蓉 CBD	0.9913	1.1687	1.7150	1.1487	5.0238	2

1. 常住人口

从常住人口数量看（见图4），13个CBD常住人口规模差距较大。2021年，上海陆家嘴CBD常住人口为576.77万人，北京CBD为344.90万人，而除北上

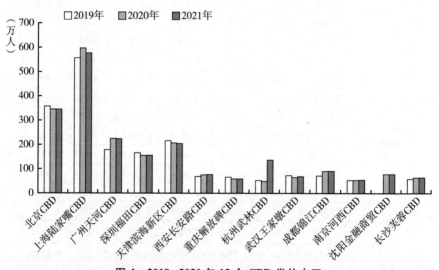

图4 2019~2021年13个CBD常住人口

数据来源：相应城区统计年鉴、城市统计年鉴。

注：因沈阳金融商贸CBD 2019年指标数据缺失，本图不予展示。

广深津五城外，杭州武林 CBD 常住人口突破 100 万人，其余 CBD 常住人口均未超过 100 万人。上海陆家嘴 CBD 在该指标上优势明显，且常住人口变动较小，基本处于稳定状态。北京 CBD、深圳福田 CBD、天津滨海新区 CBD、重庆解放碑 CBD、武汉王家墩 CBD 在 2019~2021 年常住人口处于略微下降的趋势。

2. 城镇居民人均可支配收入

城镇居民人均可支配收入是指居民家庭总收入扣除缴纳的所得税、个人缴纳的社会保障费及调查户的记账补贴后的收入后，可以用来消费或储蓄的收入，主要包括城镇居民的工资性收入、经营性收入、财产性收入、转移性收入等。从 13 个 CBD 城镇居民人均可支配收入来看（见图 5），2019~2021 年各 CBD 的城镇居民人均可支配收入基本呈现逐年增加的趋势，一线城市 CBD 优势明显。2019 年，深圳福田 CBD 城镇居民人均可支配收入突破 80000 元，且 2021 年继续保持稳定增长趋势。2019 年北京 CBD、上海陆家嘴 CBD 和广州天河 CBD 城镇居民人均可支配收入突破 70000 元。2021 年新一线城市 CBD 中，南京河西 CBD 城镇居民人均可支配收入较高，为 71718 元，杭州武林 CBD 为 67709 元（见图 5）。

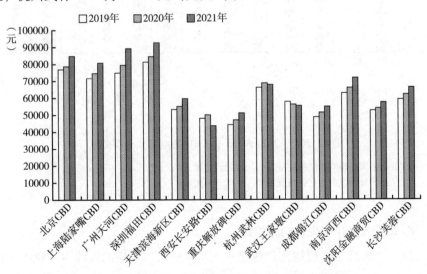

图 5　2019~2021 年 13 个 CBD 城镇居民人均可支配收入

数据来源：相应城区统计年鉴、城市统计年鉴。

3.建成区绿化覆盖率

建成区绿化覆盖率一般为建成区绿化覆盖面积占建成区总面积的比重，该指标可以衡量一个城市某建成区的林木绿化覆盖状况。CBD集中分布在较大的城市，该指标可以有效地反映该地区政府对环境保护的重视程度和力度及居民的居住环境。如图6所示，2019~2021年各CBD建成区绿化覆盖率基本稳定，总体来看，北京CBD领先，在49%左右。一线城市CBD与新一线城市CBD无明显差距。2021年除天津滨海新区CBD、重庆解放碑CBD、杭州武林CBD外，其余CBD建成区绿化覆盖率均突破40%。

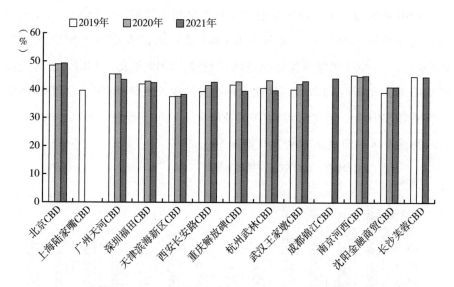

图6 2019~2021年13个CBD建成区绿化覆盖率

数据来源：相应城区统计年鉴、城市统计年鉴。

注：部分城区由于指标数据缺失，本图不予展示。

4.每千人医疗卫生机构床位数

每千人医疗卫生机构床位数是指人均常住人口对应的医疗卫生机构床位数，等于该地区医疗卫生机构床位总数除以常住人口，该指标数值的高低主要受该地区常住人口数、医疗卫生机构床位数的影响。该指标是判断一个地区医疗资源是否充裕的重要指标之一，直接影响当地居民的生活与健康水平。如图7所示，北上广深津五城受常住人口影响较大，CBD数据表现较为落后。2021年，重庆解放碑CBD每千人医疗卫生机构床位数为27.3张，位列第一，西安长安路CBD位列第二，为12.35张，其余CBD每千人医疗卫生机构床位数均在10张以下。

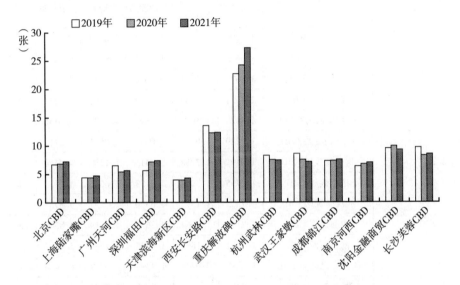

图7　2019~2021年13个CBD每千人医疗卫生机构床位数

数据来源：相应城区统计年鉴、城市统计年鉴。

（四）商业运作环境指数

商业运作环境指数能够反映CBD所在城区的对外开放程度、金融环境、财政收入支持力度和物流环境等，是营商环境指数的核心指标。

由表6可知，一线城市CBD的商业运作环境较新一线城市CBD无明显优势。一线城市CBD中，上海陆家嘴CBD商业运作环境指数强势领跑。2021年，上海陆家嘴CBD在金融机构本外币贷款余额、实际利用外资金额、财政收入支持能力、货物运输量方面均排名第一。北京CBD在货物运输量方面较为落后。广州天河CBD货物运输量指标表现较好，但在财政收

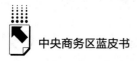

入支持能力、金融机构本外币贷款余额上表现落后。相对而言，深圳福田
CBD 金融机构本外币贷款余额表现较好。

表 6　2019~2021 年 13 个 CBD 商业运作环境指数

年份	所在城市分类	CBD	实际利用外资金额	金融机构本外币贷款余额	财政收入支持能力	货物运输量	商业运作环境指数	排名
2021	一线城市	北京 CBD	1.3299	1.6834	1.3603	1.0607	5.4344	2
		上海陆家嘴 CBD	1.6675	1.7595	1.4011	1.8224	6.6504	1
		广州天河 CBD	1.0974	1.3831	0.9031	1.5416	4.9253	3
		深圳福田 CBD	1.0931	1.5553	1.1173	1.0908	4.8565	4
	新一线城市	天津滨海新区 CBD	1.2824	1.1620	1.4692	1.1020	5.0156	3
		西安长安路 CBD	1.0289	1.0355	1.0946	1.0521	4.2112	8
		重庆解放碑 CBD	1.0491	1.2258	1.0415	1.1285	4.4450	6
		杭州武林 CBD	1.0735	1.3274	1.5159	1.0645	4.9813	4
		武汉王家墩 CBD	1.7805	1.1595	1.5330	1.1257	5.5987	1
		成都锦江 CBD	1.2152	1.2064	1.3611	1.0519	4.8346	5
		南京河西 CBD	1.3241	1.1865	1.8435	1.1286	5.4827	2
		沈阳金融商贸 CBD	1.0278	0.9248	1.4397	1.0514	4.4438	7
		长沙芙蓉 CBD	1.0383	1.0118	1.0298	1.0406	4.1205	9
2020	一线城市	北京 CBD	1.3397	1.7212	1.4020	1.0583	5.5212	2
		上海陆家嘴 CBD	1.6399	1.7252	1.4790	1.8125	6.6566	1
		广州天河 CBD	1.0904	1.3636	0.8940	1.5479	4.8959	3
		深圳福田 CBD	1.1113	1.5266	1.1040	1.0859	4.8277	4
	新一线城市	天津滨海新区 CBD	1.0481	1.1781	1.5335	1.0943	4.8540	3
		西安长安路 CBD	1.0558	1.0191	1.0424	1.0503	4.1676	9
		重庆解放碑 CBD	1.0481	1.2145	1.0516	1.1215	4.4358	8
		杭州武林 CBD	1.0873	1.3088	1.3925	1.0622	4.8508	4
		武汉王家墩 CBD	1.7528	1.1545	1.4041	1.1339	5.4453	2
		成都锦江 CBD	1.0849	1.2054	1.3976	1.0491	4.7370	5
		南京河西 CBD	1.3331	1.1701	1.8405	1.1263	5.4699	1
		沈阳金融商贸 CBD	1.0551	0.9303	1.4797	1.0495	4.5147	7
		长沙芙蓉 CBD	1.5077	1.0036	1.0736	1.0385	4.6234	6

续表

年份	所在城市分类	CBD	实际利用外资金额	金融机构本外币贷款余额	财政收入支持能力	货物运输量	商业运作环境指数	排名
2019	一线城市	北京 CBD	1.3099	1.7155	1.3784	1.0663	5.4701	2
		上海陆家嘴 CBD	1.5904	1.7535	1.4472	1.8057	6.5968	1
		广州天河 CBD	1.0803	1.3346	0.9138	1.5926	4.9214	3
		深圳福田 CBD	1.0827	1.4927	1.1218	1.1006	4.7977	4
		天津滨海新区 CBD	1.0411	1.1944	1.4602	1.1006	4.7963	5
	新一线城市	西安长安路 CBD	1.0483	1.0168	1.0765	1.0565	4.1980	9
		重庆解放碑 CBD	1.0411	1.2067	1.0468	1.1356	4.4301	8
		杭州武林 CBD	1.0831	1.2725	1.5083	1.0574	4.9212	3
		武汉王家墩 CBD	1.8122	1.1428	1.5037	1.1429	5.6017	1
		成都锦江 CBD	1.1585	1.1985	1.4040	1.0541	4.8152	4
		南京河西 CBD	1.2980	1.1617	1.8496	1.1302	5.4394	2
		沈阳金融商贸 CBD	1.0526	0.9471	1.4344	1.0553	4.4894	7
		长沙芙蓉 CBD	1.4404	1.0038	1.0208	1.0577	4.5227	6

在 9 个新一线城市 CBD 中，南京河西 CBD、武汉王家墩 CBD 因其较高的财政收入支持能力排名前列。重庆解放碑 CBD 虽在新一线城市 CBD 中货物运输量表现较为突出，但财政收入支持能力、实际利用外资金额表现较差。杭州武林 CBD 金融机构本外币贷款余额指标表现突出。新一线城市 CBD 整体商业运作环境发展较不均衡。

1. 金融机构本外币贷款余额

金融机构本外币贷款余额体现了地区的融资规模，在一定程度上能反映地区融资的便利程度。选择城市数据的原因一是在于区级数据难以全面获得，二是在于多数 CBD 的企业融资情况并不局限于本区域内部。总体来看，各 CBD 的金融机构本外币贷款余额存在较大差异，上海陆家嘴 CBD 和北京 CBD 排在前列。2021 年北京 CBD 和上海陆家嘴 CBD 金融机构本外币贷款余额分别为 89032.9 亿元和 96032.13 亿元（见表 7）。深圳福田 CBD 为 77240.78 亿元，广州天河 CBD 为 61399.61 亿元，天津滨海新区 CBD 金融机构本外币贷款余额未超过 50000 亿元。

表7　2019~2021年部分CBD金融机构本外币贷款余额

单位：亿元

CBD	2019年	2020年	2021年
北京CBD	76875.6	84308.8	89032.9
上海陆家嘴CBD	79843.01	84643.04	96032.13
广州天河CBD	47103.31	54387.64	61399.61
深圳福田CBD	59461.39	68020.54	77240.78
天津滨海新区CBD	36141.27	38859.42	41054.17

数据来源：相应城区统计年鉴、城市统计年鉴。

2. 货物运输量

货物运输量可以反映CBD所在城市的货物运输能力，是商业运作环境指数中体现物流和交通能力的指标。选择城市数据而非区级数据的原因在于良好的城市运输环境应具有辐射性，而城市内的CBD也应是其辐射半径内的地区。受城市地理位置的影响，重庆、上海货物运输量排名遥遥领先，广州、武汉、天津、南京为第二梯队（见图8），主要原因在于它们为港口或重要铁路枢纽城市。相对而言，内陆城市货物运输量表现较差。

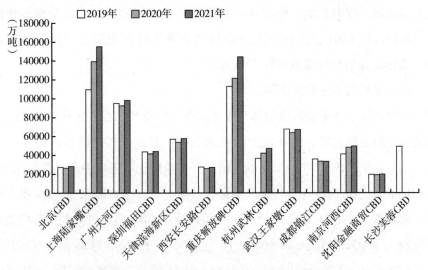

图8　2019~2021年13个CBD货物运输量

数据来源：相应城区统计年鉴、城市统计年鉴。

3. 实际利用外资金额

从实际利用外资金额这一指标来看，各 CBD 差异巨大。从总量上看，上海陆家嘴 CBD、北京 CBD、武汉王家墩 CBD、长沙芙蓉 CBD、南京河西 CBD 为第一梯队，尤其是北京 CBD、上海陆家嘴 CBD、南京河西 CBD 始终保持增长趋势（见图 9）。2021 年武汉王家墩 CBD 实际利用外资金额超 120 亿美元，位列第一。2021 年，第二梯队中除成都锦江 CBD、天津滨海新区 CBD、广州天河 CBD、深圳福田 CBD 外，其他 CBD 均未达到 10 亿美元（见图 9）。从趋势看，各 CBD 差异较大，其中长沙芙蓉 CBD 实际利用外资金额在 2021 年大幅下降。

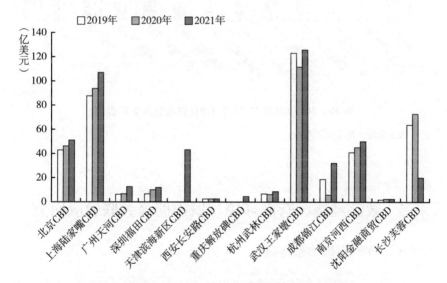

图 9　2019~2021 年 13 个 CBD 实际利用外资金额

数据来源：相应城区统计年鉴、城市统计年鉴。
注：部分城区由于指标数据缺失，本图不予展示。

4. 财政收入支持能力

该指标的计算公式为地方一般预算收入/GDP，反映政府提升城市营商环境的资金支持能力。

由图 10 可知，在一线城市 CBD 中，广州天河 CBD、深圳福田 CBD 的财政收入支持力度相对较小，而上海陆家嘴 CBD、北京 CBD 表现优异，处于领先地位。新一线城市 CBD 中，天津滨海新区 CBD、南京河西 CBD、武汉王家墩 CBD、杭州武林 CBD、沈阳金融商贸 CBD 排名靠前。

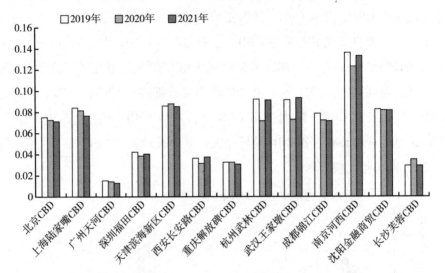

图 10　2019~2021 年 13 个 CBD 财政收入支持能力

数据来源：笔者计算所得。

三　数字经济、营商环境与城市能级关联效应研究

（一）评价指标体系构建

城市能级反映城市的综合实力及对周边地区的辐射程度。因此，城市能级是城市竞争力、影响力和辐射力的集中体现。城市能级的提升过程，也是城市综合功能完善和城市空间重构的过程，包括城市经济实力的提升、城市基础设施的完善、城市创新能力的增强等。同时，城市能级的提升，也有利于优化城市群的资源配置和空间拓展能力，提升区域经济的整体实力。

根据前人研究成果，并考虑到本报告的重点关注对象，从经济能级与创新能级两方面设计评价指标体系，并利用熵值法评价城市能级。具体评价指标体系见表 8。

表8　城市能级评价指标体系

一级指标	二级指标	三级指标
经济能级	经济水平	地区生产总值
		人均GDP
		第三产业比重
		城镇居民可支配收入
	经济基础	地方财政收入总额
		年末常住人口
		社会消费品零售总额
	增长活力	GDP增长率
		一般公共财政收入增长率
创新能级	创新投入	科学技术支出占公共财政支出的比重
	创新人才	年末普通高校在校生数量
	创新成果	发明专利授权量

目前，数字经济的具体测度方法已经日趋完善，本报告借鉴相关研究方法，结合城市层面数据的可获得性，从互联网发展和数字普惠金融两方面对数字经济发展水平进行测度，通过主成分分析的方法，将具体指标数据进行降维处理，最后得到数字经济发展指数。具体指标见表9。

表9　数字经济评价指标体系

一级指标	二级指标	三级指标
互联网发展	互联网普及率	每百人互联网用户数
	互联网相关从业人员	计算机服务和软件从业人员占比
	互联网相关产出	人均电信业务总量
	移动互联网用户数	每百人移动电话用户数
数字普惠金融	数字金融发展	数字普惠金融指数

（二）模型构建

为了检验数字经济影响城市能级可能存在的作用机制，本报告以营商环境作为中介变量进行实证检验。具体模型如下：

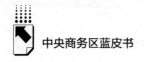

$$CL_{c,t} = \beta_1 Dige_{c,t} + \varepsilon_{c,t}$$

$$BE_{c,t} = \beta_1 Dige_{c,t} + \varepsilon_{c,t}$$

$$CL_{c,t} = \beta_1 Dige_{c,t} + \beta_2 BE_{c,t} + \varepsilon_{c,t}$$

上述公式中，c 表示城市，t 为时间，$CL_{c,t}$代表 c 城市在 t 年的城市能级，$Dige_{c,t}$反映 c 城市 t 年的数字经济发展水平，$BE_{c,t}$表示 c 城市 t 年的营商环境，$\varepsilon_{c,t}$即是随机扰动项。

（三）数据来源

本报告以 2019~2021 年 13 个 CBD 所在城市为研究样本，使用的数据均来自中国城市统计年鉴、各地级市统计年鉴、北京大学数字普惠金融指数。

（四）回归结果分析

本报告利用中介效应模型，将营商环境（BE）作为中介变量，采用 Sobel 检验法，对 2019~2021 年 13 个 CBD 所在城市进行实证检验。回归分析结果如表 10 所示。

表 10　数字经济、营商环境与城市能级关联效应回归结果

变量	CL	BE	CL
Dige	1. 640 ***	3. 778 ***	0. 500
	(0. 4454)	(1. 032)	(0. 377)
BE			0. 3016 ***
			(0. 051)
P 值		0. 001	
Z 值		3. 105	
_cons	4. 599 ***	14. 075 ***	0. 3533
	(0. 133)	(0. 307)	(0. 731)
N	39	39	39
R²	0. 2682	0. 2660	0. 6256
adj. R²	0. 2484	0. 2461	0. 6048

第一列回归结果显示，数字经济发展水平与城市能级显著正相关，意味着数字经济的发展对提升城市能级效果明显，根据中介效应原理可以认为，数字经济发展水平与城市能级之间存在中介效应。第二列回归结果显示，数字经济发展水平与营商环境显著正相关，即数字经济发展对营商环境提升起到显著正向促进作用。第三列回归结果显示，营商环境变量的系数在 1% 的水平上显著，且数字经济发展水平变量的系数不显著，最后，Sobel 检验结果显示 Z 值为 3.105，P 值小于 0.1，再次验证了中介效应的存在，说明数字经济发展可以通过优化营商环境来实现城市能级的提升。

四　结论及对策建议

由以上分析可知，在数字经济蓬勃发展的背景下，一线城市 CBD 营商环境依旧优势明显，上海陆家嘴 CBD、北京 CBD 持续保持领先地位；新一线城市 CBD 之间营商环境的差距较大，亮点与短板并存；数字经济发展可以通过优化营商环境来提升城市能级。优化 CBD 营商环境，应立足 CBD 定位与职能，认清 CBD 营商环境短板，因地制宜地提出可行方案。

（一）京沪 CBD 全面对标国际标准，营造超一流营商环境

京沪 CBD 作为我国 CBD 的代表，应对标国际标准，借鉴国际先进经验。京沪 CBD 应进一步深化纳税、跨境贸易、企业审批等方面的改革；改善医疗资源与城市环境，进一步提升人口与生活环境质量；优化产业结构，全面营造国际超一流营商环境，为国内其他地区立标杆、树榜样。

（二）广深 CBD 应进一步突出优势，引领全国营商环境建设

广深 CBD 应进一步突出自身城市优势，提高营商环境建设质量，引领全国营商环境建设。发挥产业结构与生活环境优势，提高外资利用效率。

（三）新一线城市 CBD 应深化营商环境改革，破难点补短板

新一线城市 CBD 应优化科技创新环境，鼓励并引导企业增加科研创新投入，尤其是要对知识产权的创造、应用和保护提供有效法律保障，促进成果转化和产业转型，营造优良的经济与产业结构环境；保障居民生活质量，营造安定的生活环境；引导与鼓励金融机构加快金融创新，破解中小企业融资难问题，加强对金融风险的监管，科学识别、管理金融风险，营造安全的金融环境；稳步提高本地区对外开放程度，为外资进入提供便利的审批程序，制定与落实外商直接投资细则，积极合理地引入外商直接投资，营造良好的对外开放环境。

（四）利用数字经济发展优化营商环境，进而提升城市能级

一是将数字经济监管纳入"放管服"改革框架，把改革重点从线下转到线上，从事前准入便利化转向事后监管规范化。二是把线上市场的优秀经验应用到线下。充分发挥数字经济降低交易成本的作用，强化对线上及线下市场的监督，依靠数字经济发展来优化营商环境，进而提升城市能级。

参考文献

[1] 董志强、魏下海、汤灿晴：《制度软环境与经济发展——基于 30 个大城市营商环境的经验研究》，《管理世界》2012 年第 4 期，第 9~20 页。

[2] 郭亮、单菁菁主编：《中国商务中心区发展报告 No. 5（2019）》，社会科学文献出版社，2019。

[3] 蒋三庚、张杰等：《中央商务区产业发展报告（2019）》，社会科学文献出版社，2019。

[4] 蒋三庚等：《中国特大城市中央商务区（CBD）经济社会发展研究》，首都经济贸易大学出版社，2017。

[5] 李志军：《中国城市营商环境评价》，中国发展出版社，2019。

[6] 普华永道、财新智库、数联铭品、新经济发展研究院：《2018 中国城市营商环境

质量报告》，搜狐网，2018 年 11 月 12 日，https：//www.sohu.com/a/274964071_100014478。

［7］ 宋林霖、何成祥：《优化营商环境视阈下放管服改革的逻辑与推进路径——基于世界银行营商环境指标体系的分析》，《中国行政管理》2018 年第 4 期，第 67~72 页。

［8］ 孙丽燕：《企业营商环境的研究现状及政策建议》，《全球化》2016 年第 8 期，第 106~119 页。

［9］ 王小鲁、樊纲、胡李鹏：《中国分省份市场化指数报告（2018）》，社会科学文献出版社，2018。

［10］ 夏后学、谭清美、白俊红：《营商环境、企业寻租与市场创新——来自中国企业营商环境调查的经验证据》，《经济研究》2019 年第 4 期，第 84~98 页。

［11］ 张景华、刘畅：《全球化视角下中国企业纳税营商环境的优化》，《经济学家》2018 年第 2 期，第 54~61 页。

［12］ 张三保、康璧成、张学志：《中国省份营商环境评价：指标体系与量化分析》，《经济管理》2020 年第 4 期，第 5~19 页。

［13］ 钟飞腾、凡帅帅：《投资环境评估、东亚发展与新自由主义的大衰退——以世界银行营商环境报告为例》，《当代亚太》2016 年第 6 期，第 118~159 页。

［14］ 刘诚、夏杰长：《数字经济发展与营商环境重构——基于公平竞争的一般分析框架》，《经济学动态》2023 年第 4 期，第 30~41 页。

［15］ 赵涛、张智、梁上坤：《数字经济、创业活跃度与高质量发展——来自中国城市的经验证据》，《管理世界》2020 年第 10 期，第 65~76 页。

［16］ 焦欢：《对 19 个副省级及以上城市的城市能级测评》，《国家治理》2019 年第 6 期，第 3~23 页。

专题研究篇
Special Studies

B.6
数字经济提升城市能级现状与趋势分析

邢　华　李向阳　华国栋*

摘　要： 当前我国城市发展普遍面临提档升级和动能转换问题，人口流动和社会结构变化对城市公共服务供给和城市治理提出新的挑战。数字经济在推动城市创新和经济增长、解决"大城市病"、优化城市公共服务以及提升政府治理效能等方面都发挥着重要作用，各地应大力发展数智经济，推动生产方式转变；加快构建数治社会，引导生活方式转变；助力打造数字政府，实现治理方式转型。

关键词： 数字经济　数治社会　数字政府

---

* 邢华，中央财经大学政府管理学院教授、博士研究生导师，主要研究方向为城市与区域治理；李向阳，中央财经大学政府管理学院博士研究生，主要研究方向为数字经济、双碳战略等；华国栋，中央财经大学政府管理学院博士研究生，主要研究方向为数字经济和区域治理等。

目前，数字经济已经成为我国各地 CBD 发展的主导战略方向。CBD 是城市最具有竞争力的发展空间，代表着高能级城市的发展方向。当前我国城市发展面临着产业提档升级和动能转换、"大城市病"治理、建设全龄友好型城市以及提高政府效能等问题，通过大力发展数智经济、加快构建数治社会、着力打造数字政府，可以有效推动城市能级提升，从而为 CBD 发展奠定充分的物质和技术基础。

我国 CBD 应紧紧抓住数字经济发展机遇，在竞争中凸显发展优势，打造高质量城市发展空间。由于经济辐射等因素，CBD 数字经济提升城市能级主要体现在城市空间，因此本报告从数字经济角度研究城市能级发展趋势，探索 CBD 竞争力提升的有效路径，为促进我国 CBD 发展提供参考。

数字经济是以数据资源为关键要素，以现代信息网络为主要载体，以信息通信技术融合应用、全要素数字化转型为重要推动力，促进公平与效率更加统一的新经济形态。党的十八大以来，我国先后颁布了《网络强国战略实施纲要》《数字经济发展战略纲要》《"十四五"数字经济发展规划》《"十四五"国家信息化规划》《国务院关于加强数字政府建设的指导意见》《数字中国整体布局规划》等重要文件，推动数字经济发展上升为国家战略。习近平总书记高度重视发展数字经济，指出"要抓住产业数字化、数字产业化赋予的机遇，加快 5G 网络、数据中心等新型基础设施建设，抓紧布局数字经济、生命健康、新材料等战略性新兴产业、未来产业，大力推进科技创新，着力壮大新增长点、形成发展新动能"。《数字中国发展报告（2022 年）》数据显示，2022 年我国数字经济规模达 50.2 万亿元，总量居世界第二位，同比名义增长 10.3%，占国内生产总值的比重提升至 41.5%[①]，表明数字经济已经成为我国创新驱动经济增长的主要源泉，是推动中国式现代化的重要引擎。

数字经济发展速度之快、影响程度之深、渗透范围之广前所未有，正在

---

① 《数字中国发展报告（2022 年）》，http：//www.cac.gov.cn/rootimages/uploadimg/1686402
331296991/1686402331296991.pdf。

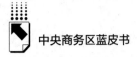

深刻推动我国生产方式、生活方式和治理方式变革，对我国城市发展影响深远。习近平总书记指出，"运用大数据、云计算、区块链、人工智能等前沿技术推动城市管理手段、管理模式、管理理念创新，从数字化到智能化再到智慧化，让城市更聪明一些、更智慧一些，是推动城市治理体系和治理能力现代化的必由之路，前景广阔"。当前我国城市发展普遍面临提档升级和动能转换问题，人口流动和社会结构变化对城市公共服务供给和城市治理提出新的挑战，数字经济在推动城市创新和经济增长、解决"大城市病"、优化城市公共服务以及提升城市政府治理效能等方面都发挥着重要作用，能够推动城市数智经济发展、数治社会构建和数字政府建设，从而有效赋能城市能级跃升。因此，要积极探索数字经济提升城市能级的途径和方式，提高城市规划、建设、治理水平，加快转变超大特大城市发展方式，打造宜居、韧性、智慧城市。

本报告以中央商务区所在城市的区域治理为视角，在分析数字经济促进城市发展现状的基础上，指出我国城市发展面临的挑战，提出数字经济促进城市发展的思路和对策建议，为我国城市能级提升提供方向性指引和借鉴。

一 数字经济促进城市发展现状分析

在数字经济的浪潮下，我国各类城市都在积极抓紧数字经济机遇，赋能城市经济社会全面发展。例如，北京市制定《加快建设全球数字经济标杆城市的实施方案》，培育更具优势的数字产业集群；上海市印发《上海市全面推进城市数字化转型"十四五"规划》，推动高质量发展，创造高品质生活，实现高效能治理；杭州市率全国之先，颁布《杭州城市大脑赋能城市治理促进条例》，为"城市大脑"立法；贵阳市发布《贵阳市"十四五"数字经济发展专项规划（2021—2025年）》，提出要实现大数据发展从"全国率先"到"全国领先"。总体来看，数字经济赋能城市能级提升呈现出多维度、全领域和系统性的特征。这具体表现在数字经济推动城市产业结构升级、数字技术助力解决城市治理问题、数据信息促进政府效能提升、数字经济优化城市营商环境几个方面。

（一）数字经济推动城市产业结构升级

数字经济具有高创新性、强渗透性、广覆盖性等特征，它既是城市创新和城市经济新的增长点，也是改造提升传统产业、推动传统产业转型升级的重要支点。我国数字经济规模从 2012 年的 11 万亿元增长到 2022 年的 50.2 万亿元，数字经济在国内生产总值中的比重由 21.6% 提升至 41.5%，电子商务交易额、移动支付交易规模位居全球第一[1]，一批数字技术相关企业跻身世界前列，涌现了一批数字经济标杆城市。例如，北京市数字经济增加值由 2015 年的 8719.4 亿元提高至 2022 年的 17330.2 亿元，占 GDP 比重由 2015 年的 35.2% 提高至 2022 年的 41.6%[2]，全球数字经济标杆城市建设取得积极成效。

数字经济既包括传统的 IT 技术、自动化技术，也包括物联网、大数据、人工智能、区块链等新兴产业形态。数字产业化是数字经济的重要内容，通过提升数字技术研发创新能力，可以不断增强城市数字经济发展的核心动能。例如，深圳市大力发展大数据、人工智能等新兴产业，网上购物、在线教育、远程医疗等平台经济全面提速，2022 年数字经济核心产业增加值占全市 GDP 比重超 30%。平台经济的发展进一步拓展就业场景，催生出"无人机飞手""虚拟现实工程技术人员"等新岗位，实现新就业超 100 万人，数字经济正成为深圳经济发展的新引擎[3]。再如，北京市海淀区以数字经济作为重要支撑，重点发展人工智能、大数据、区块链、5G 等前沿技术产业，

① 《数字中国发展报告（2022 年）》，国家互联网信息办公室，2023 年 5 月 23 日，http://www.cac.gov.cn/rootimages/uploadimg/1686402331296991/1686402331296991.pdf? eqid=82a2c1240000bb8f0000000664869。
② 《北京数字经济规模持续攀升，多项指标全国第一》，北京日报，2023 年 7 月 7 日，https://baijiahao.baidu.com/s? id=1770748558912314951&wfr=spider&for=pc。
③ 《数字经济正成为深圳高质量发展新引擎》，新华网百家号，2023 年 3 月 1 日，https://baijiahao.baidu.com/s? id=1759180617368294341&wfr=spider&for=pc。

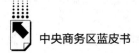
科技引领经济发展的能力得到不断巩固，2022年海淀区GDP突破万亿元大关，成为全国第一个破万亿元的地市级区县。①

数字技术融入城市经济社会发展，为本地产业结构优化升级提供了新的发展机遇。数字经济能够促进资源数字化，提升市场信息化水平，推动企业智能化，进而提升城市产业经济效率，助力传统行业与新兴产业更好地实现融合。例如，自2015年底"中国数谷"落户贵阳后，贵阳市以建设大数据中心为突破口，着力构造数字经济全产业链，在建及投入运行数据中心已达17个，截至2022年底贵阳市数字经济占GDP比重达44%②，打造了一张亮眼的数字经济名片。再如，苏州市加快实施产业智能化改造和数字化转型，2022年累计实施1.1万个项目，落户14个国家级工业互联网双跨平台，5个县级市入选全国互联网推动数字化创新领先城区，数字经济发展综合水平位居江苏省第一。③ 通过数字经济推动质量管理智能化转型，实现产业数字化高质量发展，成为产业质量管理数字化的新浪潮。

数字技术与实体经济深度融合，能够赋能传统产业转型升级，催生新产业、新业态和新模式。例如，位于合肥市的"中国声谷"积极推进数实融合，已经形成以智能语音及人工智能产业为核心，网络安全、量子信息及空天信息等产业共同发展的新一代信息技术产业集群，入驻企业总数已达1947家，孕育出科大讯飞、中科类脑、推想科技、华米科技、龙芯中科等多个独角兽企业。再如，杭州市的"中国视谷"以数实融合为支撑，集聚视觉智能重点企业1562家，形成以海康威视、大华股份、宇视科技、新华三等行业重点企业为引领，专精特新中小企业全面培育的视觉智能核心产业。

---

① 《跨进"万亿俱乐部"！北京海淀成为全国首个破万亿地市级区县》，工人日报百家号，2023年2月3日，https://baijiahao.baidu.com/s? id = 1756796752068225177&wfr = spider& for = pc。
② 《市大数据局2021年工作总结及2022年工作计划》，贵阳市人民政府网，2022年5月13日，https://www.guiyang.gov.cn/zwgk/zdlyxxgkx/dsjjsgl/yytggl/202306/t20230627_ 80546349.html。
③ 《江苏苏州以质量管理数字化转型促进产业高质量发展 向数字借力为质量提升注入新动能》，苏州市市场监督管理局网站，2023年5月24日，http://scjgj.suzhou.gov.cn/szqts/ mtbd/202305/5438572960e74da8892bfb2cbd2406f4.shtml。

（二）数字技术助力解决城市治理问题

随着人口不断向城市聚集，城市规模不断膨胀，带来交通拥堵、环境污染、基础设施不足和公共服务缺位等"大城市病"。数字技术凭借高效、智能、可持续的特点，为缓解"大城市病"带来新的思路。数字技术可以充分挖掘公共数据信息，制定和优化城市问题解决方案，助力打造宜居城市、韧性城市和智慧城市。

在宜居城市建设方面，数字技术可以有效解决交通拥堵、环境污染、公共资源不足等问题。一是数字技术的运用可实现交通流量的可视化。例如，北京市西城区通过与阿里云共同建设"综合交通治理辅助决策系统"，对区域的交通运行情况、交通出行需求进行溯源分析，基于数据实现汽车分流、智能调度、落点改善等，缓解交通拥堵。二是运用大数据、卫星遥感、物联网等数字技术，可以对城市人口密集区、高能耗承载区、生态敏感区、环境重点污染地区等重点区域进行更为精准的识别和定位。例如，浙江桐乡的数字化监管系统实现由"人工管理"向"数字管理"的转变，成为环保决策的新"大脑"，通过收集空气质量数据，可以实时控制工厂排放、进行交通管制等，进而减少污染物排放。三是通过物联网和 AI 等技术解决公共资源供给不足的问题。例如，北京市基于大数据技术，整合市政、公安、教育、医疗等多个领域的数据，实现了城市管理的精准化和高效化。总体来看，数字技术在智能交通、环境监测、资源管理和公共服务等领域的应用，有助于提高城市运行效率，优化资源利用，改善居民生活质量，提高城市宜居水平。

在韧性城市建设方面，数字技术成为城市乃至区域应急能力提升的重要基石。智能感知数字应急大脑实现城市生命线的实时监测及应急事件的多方协同处置，数字技术救援提高火灾救援能力，数据模型可实现对自然灾害的精准预测……依托区块链、大数据、人工智能等技术，上海市建设了全市的"一网统管"体系，实现了科技之治、规则之治和人民之治的有机融合，有效提升了城市应急管理能力。数字技术还推动了清洁能源的使用，减少了对

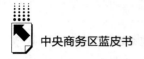

传统能源的依赖，降低了环境压力。

在智慧城市建设方面，大数据、云计算、区块链、人工智能等数据技术推动城市管理手段、管理模式、管理理念创新，有效提升城市治理的智慧化水平。例如，杭州市"城市大脑"集中枢运维、指挥应用、成果展示和专班研发于一体，构建了"中枢系统+部门系统和区县平台+数字驾驶舱+应用场景"的核心架构，结合公共交通、城市管理、卫生健康、基层治理等共形成了 11 大系统 48 个应用场景，日均协同数据 1.2 亿条①，为精准决策和高效治理提供了强大技术支撑。

（三）数据信息促进政府效能提升

城市数据是城市治理的重要信息来源。通过搭建城市大数据平台，开展数据的收集、分析、处理等活动，可以有效促进城市各项事务处理，为决策者提供科学的参考。例如，上海市积极推进"一网通办"，搭建了政务数据共享交换平台，优化"高效办成一件事"的制度安排，详细梳理问题清单，整合优化业务流程，减少办事所需材料、环节、时间。上海市通过数据信息的整合，提高了城市治理效能，创新了城市治理新机制，开创了城市治理新局面。城市利用数字技术，可以获取人口流动、企业状态、社情民意等数据，形成对于社会态势的感知，从而为基于数据信息的科学决策与管理提供基础。例如，北京市依托市民服务热线 12345 及其网络平台，回应群众诉求，从"吹哨报到"到接诉即办、未诉先办和主动治理，建立起完备的工作机制，有效提高了政府回应的及时性。

数据信息的挖掘和利用是数字城市建设的重要抓手，大数据技术的运用可以有效破解城市管理难题。例如，在抗击新冠疫情过程中，河南省新乡市以数据为核心，以算法为支撑，应用物联网技术构筑"无形卡口"外防输入，运用"大数据+网格化管理"防控模式内防扩散，构筑了线上线下相结

---

① 《他们这样为城市装上"大脑"（走近创新团队②）》，人民资讯，2020 年 7 月 28 日，https：//baijiahao. baidu. com/s? id=1673415846486160410&wfr=spider&for=pc。

合的传播风险闭环管理体系。"无形卡口"自动识别、精准采集数据，构建远程、中程、近程相结合的货运车辆监测体系，实现货运车辆快检查、快通行，不仅有效解放人力，还可降低一线查验人员被感染的风险，在全国率先实现"疫断其路、货畅其流"。

基于数据信息构建的城市数字孪生平台是数字城市建设的重要支撑。数字孪生平台能够实现全面感知、互联互通、智能判断、及时响应等多种功能的融合应用，监管各个领域和全部时段的城市活动，推动城市治理从被动式处置、粗放化整治向主动式防范、精细化管控转变。例如，深圳市提出将数字孪生先锋城市建设作为 2023 年智慧城市和数字政府建设重点工作，进一步提升智慧城市和数字政府建设运营管理工作的整体性、协调性和可持续性，助力城市高质量发展。杭州市"城市大脑"打造城市数字化界面，"数字驾驶舱"实现数据互联互通，解决了信息系统建设各自为政的问题，在数据出现异常时可及时报警，并辅助决策。城市管理者通过它配置公共资源、做出科学决策，探索出了一条"用数据说话、用数据决策、用数据治理、用数据创新"的特大城市治理新模式。

城市治理现代化是国家治理现代化的重要组成部分，城市治理主体运用数字技术使人们的生活更加轻松便捷，扩大了城市公共服务的外延，过去无法实现的服务通过数字技术得以实现。城市在就业、教育、养老和公共卫生等方面不断创新与探索，提升了城市居民的获得感、幸福感。例如，上海市推出的"随申办"作为"一网通办"移动端的超级应用，目前已接入了教委、公安、民政、人社、卫健、医保等 50 余家市级部门和 16 个区的 1541 个政务服务事项，实名注册用户数超过 5000 万，并陆续推出"随申码"、"适老化服务"、"一件事"服务、"电子证照"等数字化服务。厦门市率先建立"医疗云"服务系统，利用数字技术优化流程，减少了 7 个门诊就诊环节，候诊时间缩短了 2/3，全市 95% 的居民建立了电子健康档案。杭州市的第三社会福利院采取"智慧终端+应用场景+数据展示"的方式建成全国首家数字孪生养老院，打造全周期电子档案，形成精准"人物画像"，并依托数字驾驶舱进行三色图像呈现。

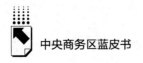

（四）数字经济优化城市营商环境

良好的营商环境是城市软实力和综合竞争力的重要体现。各地以数字化、网络化、智能化为导向，持续推进城市营商环境改善。数字技术的推广应用，能够促进城市营商环境政策的有效落实，"不见面"和"零窗口"审批极大缩减工商登记所需时间和成本，智能化检验检疫促进一次性快速通关，信用信息的数据化助力中小企业信贷便利等。例如，广州市深化拓展"穗好办"服务智能化应用，持续推动"证照分离"、告知承诺制、高频事项"智能秒办"等，优化惠企政策供给。深圳市上线企业"秒批"系统，将企业设立审批时限由一天大幅压缩至几十秒，以数字化有力推动营商环境改善。

数据要素市场发展可以有效打通企业数据获取通道，降低数据利用成本。随着"放管服"改革在数字经济领域的深入开展，各地不断创新监管和治理手段，优化市场准入和监管制度，为市场和企业松绑减负。同时，依据《中华人民共和国网络安全法》《中华人民共和国数据安全法》《中华人民共和国个人信息保护法》等法律条文，规范数据采集、传输、存储、处理、共享、销毁全生命周期管理，加强敏感信息和个人信息保护，不断提升数据安全水平。例如，重庆市打造"巴巴实台"企业服务云平台，基于企业数据信息，为企业精准画像、在线匹配，将"企业找政策"变为"政策找企业"，将各项惠企政策点对点推送给适配企业。

此外，城市政务服务的电子化改革能够促进数据信息留痕，提升部门办事效率和政府公信力。例如，杭州市将实施营商环境优化作为"一号改革工程"，聚焦"一照通办"，推进"电子证照、电子签章"改革，实现企业在线申请企业信用报告，缩短近2个月的办理时间。良好的数字化营商环境将促进市场资源与要素的快速流动和优化配置，促进城市经济运行更加顺畅。

二 城市能级提升面临形势与挑战

（一）城市发展要求加快提档升级和动能转换

当前，我国宏观经济存在需求不振、预期转弱、外部环境不确定性加大等问题，微观主体经营比较困难，需要加快推动城市提档升级和动能转换，通过发展数字经济为城市经济注入新动能。然而，尽管我国在数字经济促进城市发展方面取得巨大成效，但仍面临一些突出问题。一是数字技术支撑能力有待提高。一些关键核心技术如高端芯片、操作系统、工业设计软件等仍存在不足，产业链供应链体系基础有待巩固和提升。二是数字经济发展不充分、不平衡。数字鸿沟在不同行业、不同区域、不同群体之间普遍存在，并且表现出扩大的趋势。例如，数字经济在第一、第二、第三产业中的渗透率分别从 2018 年的 7.3%、18.3%、35.9%增长至 2020 年的 8.9%、21.0%、40.7%。① 三是产业数字化转型壁垒较高。传统产业受既有经营方式、思维惯性和渠道冲突影响，转型动力不足；数字化转型项目投入大、建设周期长、转换成本高、应用难度大，阻碍了产业转型升级步伐。四是数字经济市场环境面临挑战。一些数字经济企业滥用市场支配地位，违法收集利用个人信息开展不正当竞争，而传统治理体系难以及时有效应对。

（二）"大城市病"依然严峻

城镇化的推进提高了人们的生活质量，但同时也给城市发展带来了人口膨胀、交通拥堵、环境恶化、资源紧张、物价过高等诸多问题，形成"大城市病"。党的十八大以来，我国坚持新型城镇化发展道路，城市的韧性、宜居和智慧水平进一步提升，但总体而言，"大城市病"依然比较严峻。

一是交通拥堵问题比较突出。交通拥堵不仅浪费了人们的时间和精力，

---

① 《数字经济，未来经济"新引擎"》，U-Sharing，2023 年 5 月 12 日，https://www.udfspace.com/article/5340605981731335。

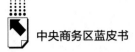

还造成了能源浪费和环境污染。《2022 年度中国主要城市通勤监测报告》显示，2021 年全国主要城市通勤时间平均为 36 分钟，其中北京高达 48 分钟，耗时占据榜首。①

二是公共服务仍然存在较大短板。人口失衡是"大城市病"产生的重要原因，城市的吸引力和发展机会导致了大量人口的流入，如果城市公共服务的能力没有相应提高，那么就会出现教育、医疗、住房等公共服务供给不足的问题，给居民的生活带来诸多不便和困扰。例如，根据广东省第七次人口普查数据，深圳市每千人拥有床位数是 3.58 张，远低于广东省平均值 4.48 张，医院数量仅是广州的一半，执业医师仅为广州的 2/3，医疗资源存在较大缺口。②

三是资源供需矛盾较为突出。人口的集中会导致水资源、土地资源和能源等的供需矛盾日益尖锐，其中水资源供应不足和土地过度开发已经成为大城市的"通病"。而能源主要依赖外部供应，这对城市能源供给的稳定性构成威胁。受资源禀赋、本地需求和能源结构的共同作用，城市能源供应的不确定性持续增加。2022 年，北京市天然气、调入电占能源消费的比重分别达到 37.2% 和 27.0%，比 2015 年分别提高 8.2 个和 5.1 个百分点。③ 作为能源资源高度依靠外部的超大型城市，北京将持续面临国际天然气、原油市场波动的供给侧风险。

"大城市病"反映的不仅仅是基础设施的建设问题，也反映了规划管理的效率效能。当城市的基础设施和公共服务无法与城市需求相匹配时，居民生活需求和企业生产要素就无法得到满足，从而产生一系列的负面问题。政

---

① 《中规院、百度地图联合发布〈2022 年度中国主要城市通勤监测报告〉》，钱江晚报百家号，2022 年 7 月 29 日，https：//baijiahao. baidu. com/s？ id = 1739692802062822225&wfr = spider&for = pc。

② 《经济实力那么强，这些城市的医疗实力为何成短板？｜新京智库》，新京报评论，2021 年 11 月 30 日，https：//baijiahao. baidu. com/s？ id = 1717820783384684211&wfr = spider&for = pc。

③ 《北京市人民政府关于印发〈北京市"十四五"时期能源发展规划〉的通知》，北京市人民政府网站，2022 年 5 月 27 日，https：//www. beijing. gov. cn/zhengce/gfxwj/202204/t20220401_2646626. html。

府作为公共基础设施和公共服务的主要提供者，需要根据本地自然资源、经济要素和社会条件，提升城市治理能力。

（三）人口和社会结构变迁对全龄友好型城市建设提出新要求

当前，我国城市人口和社会结构正在发生急剧变迁。首先，我国许多城市已经进入深度老龄化社会，根据第七次全国人口普查数据，2020 年中国 60 岁及以上人口为 26402 万人，占 18.70%，其中，65 岁及以上占 13.50%，较 2010 年分别上升了 5.44 个百分点和 4.63 个百分点，老龄化进程明显加快。[1] 上海是我国最早进入人口老龄化社会的城市，60 岁及以上人口为 581.55 万，占总人口的 23.4%，其中 65 岁及以上占比 16.3%。[2] 其次，人口在城乡之间、城市之间的流动不断加快，增加了社会管理的难度。人口流动是当前我国人口与社会发展的一个重要特征，2020 年我国流动人口达到 37582 万人，占全国人口的 26.6%，与 2010 年相比增长 69.7%。[3] 人口大量流入后，有助于改善人口净流入城市的人口结构，推动人口年龄结构更加年轻化，同时也会对城市公共服务和基础设施产生较大的挑战，特别是对养老、教育、医疗等产生显著影响。例如，深圳是全国流动人口数量最多的城市，2020 年流动人口达到 1243.87 万人，占总人口的比重为 70.84%。[4] 与深圳相似，流动人口数量多、增长快的城市，尤其应当密切关注流动人口的公共服务需求，为流动人口提供更好的社会服务。

人口和社会结构变迁为城市治理带来一系列挑战。一是老龄化社会的到

---

① 《第七次全国人口普查数据结果十大看点》，中华人民共和国中央人民政府网，2021 年 5 月 11 日，https://www.gov.cn/xinwen/2021-05/11/content_5605879.htm? eqid=ded4177e00 20de0c000000036485e798。

② 《关于印发〈上海市健康老龄化行动方案（2022—2025 年）〉的通知》，上海市人民政府网，2022 年 9 月 30 日，https://www.shanghai.gov.cn/gwk/search/content/68c6fc87be30409 993b5311e93408254? eqid=83d645400001c33300000004647d6169。

③ 《人口规模持续扩大 就业形势保持稳定——党的十八大以来经济社会发展成就系列报告之十八》，国家统计局网站，2022 年 10 月 10 日，http://www.stats.gov.cn/zt_18555/ zthd/lhfw/2023/fjxsd/202302/t20230227_1918905.html。

④ 《深圳市第七次全国人口普查公报》，http://sztqb.sznews.com/attachment/pdf/202105/17/ 5ba58d4a-36d6-46f2-930a-f91855761050.pdf。

来要求加快推进适老化改造。在公共服务设施中推广无障碍设计、加快智能化改造，在提供养老服务时利用数字技术完善医疗条件、丰富老年人文体生活、畅通反馈渠道，为老年人群体提供便利，同时也要鼓励老年人利用经验智慧参与公共服务设施改造，共同促进城市文明程度的提升。二是为儿童成长提供适宜的条件、环境和服务。城市青年人口的增加和生育政策的调整，使得与儿童相关的教育、医疗、文化、娱乐等方面需求日益多元化，需要城市公共服务供应方面提供支撑。例如，杭州市强调"一米高度看城市"的理念，从儿童的视角来布局和建设符合儿童习惯的城市设施。三是打造全龄友好型社会。"全龄友好"不仅考虑了年龄差异，还潜在地囊括了性别、健康、收入等方面的差异，是对全体社会成员的友好。城市需要应用数字技术持续完善硬件设施、均衡服务半径、提升服务质量，不断满足人民群众对于美好生活的向往。四是要有效应对数字技术在城市应用时可能产生的数字鸿沟。数字技术和智能算法虽然能够提升公共服务的效率，但是仅依赖数字工具并不能从根本上解决所有的社会问题，有时还会产生数字歧视、资源掠夺等现象，加剧城市居民获取公共服务的困难程度，因此需要从政策制度角度进行有效应对。

（四）数字经济下的政府治理需要更加敏捷高效

我国的城市发展正在从空间扩张向提质增效转变，传统的城市治理模式将限制城市治理效能的释放。数字经济和互联网消费的发展使得越来越多的新问题在城市治理层面产生。数字经济发展带来的技术滥用、隐私保护、安全故障等复杂性风险也给城市治理带来许多难以预测的挑战，多元化的问题来源和参与主体使得治理共识的形成更加困难，需要在治理方式、回应速度、治理效率等方面付出更多努力。

一方面，城市敏捷高效应对风险的能力亟须提高。城市治理的科学化、精细化和智能化要求快速感知、灵活响应、高效协调的敏捷治理。"人民城市人民建、人民城市为人民"的理念，要求政府提高透明度、增强回应性和可问责性；城市供水供电供气安全及道路桥梁等公共基础设施运行中的问题，需要通过传感设施、检测技术、系统平台等数字化手段及时应对；行政审批、市政服务、社会管理等各领域，需要提高权力运用的规范性，跨越层级部门限制，提升城市日常运行效率。

另一方面，城市需要提高快速响应能力。城市政府需要高效处理城市发展运行中的问题，优化城市风险动态化解机制，推进治理组织变革，引入多方参与主体，增强学习适应能力。城市基础设施、应急保障、安全防护等方面的不足，使得城市面临复杂性风险和不确定性挑战，这要求提高城市治理的韧性。数字治理伴随技术和管理手段的完善而优化，通过物联网、人工智能、大数据、数字孪生等多种数字技术，强化政府服务能力，优化治理流程，创新管理模式，驱动制度变革，推动城市治理更加精准、智能、高效。

（五）数据治理需要建立新的规则和制度体系

信息化、数据化、智能化发展越来越受到人们的重视。当前，我国数据治理存在一定认知偏差，在城市数据治理过程中往往单纯依赖先进技术手段却忽略场景应用和融合，导致技术嵌入现代城市治理的程度不足，难以使数据高效转化为城市治理实效。

一是数据系统重复建设，缺乏协调性。政府在公共安全、司法、金融、税收、工商、财政、审计、人口、教育等领域建立起独立的政务系统，但是系统之间缺乏有效衔接。数字政府建设是一个复杂的系统工程，需要充分考虑各治理主体的关系，增强系统的协调性。

二是城市数据治理缺乏科学规划和全局统筹。当前，许多城市数据采集存在底数不清、数据不准、时效性差等问题；数据加工口径不一，干扰了决策准确性；各级政府部门数据标准不统一、数据内容重复采集，数据之间未能实现高效的互通共享；数据信息无法实现有效对接，难以打破"数据孤岛"；数据管理制度缺位，制约了数字系统的建设。

三是数据安全性不足，制约数据共享。当前，我国对于数据产权的确定仍然缺乏明确的法律法规约束，国家治理主体和居民个人的数据信息存在安

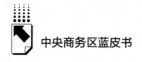

全隐患，数据使用、数据清洗、数据加密等环节缺乏系统全面的安全保障，对数据资源的互通共享造成较大制约。

三 未来数字经济提升城市能级的着力点

（一）大力发展数智经济，推动生产方式转变

数字经济呈现蓬勃发展态势，日益成为城市发展的新动力。数字经济规模和质量同步快速提升，对城市经济和社会发展的引擎作用日益凸显，数字经济已经成为影响城市资源分配、城市产业布局乃至城市发展的重要因素。通过加快发展人工智能、元宇宙等新型数字产业，培育未来产业，实现数字化产业发展，积极推动数字贸易等新兴服务业发展，深入推进产业数字化转型，不断提升产业数字化水平，强化工业互联网、算力等基础设施建设，打好数字化经济发展基础，实现城市新发展。

1. 加快发展人工智能、元宇宙等新型数字产业

加快推进数字产业创新发展，逐步掌握数字产业核心技术，进一步提升数字经济赋能城市发展的水平。经过多年的蓬勃发展，人工智能已进入模型驱动时代，大模型提供了新的内容供给范式，元宇宙有望凭借大模型赋能各行各业。当前，元宇宙产业生态持续改善，产业链上下游不断完善，产业图谱不断丰富，互联网企业、运营商等纷纷入局，从底层技术、产品服务到行业应用，持续助推元宇宙应用落地。2018 年以来，北京市人工智能模型规模快速增长，连续两年突破千亿级别。2019 年，百度、旷视、商汤等企业落地人工智能应用超 400 个；2020 年，科大讯飞、依图科技、思必驰等企业落地超 100 个；2021 年，科大讯飞、商汤科技、依图科技等企业落地超 150 个；2022 年，北京人工智能模型规模更是达千亿级别。[①] 此外，从 2018

---

① 《北京抢抓机遇，积极建设人工智能产业创新发展高地》，搜狐网，2023 年 6 月 26 日，https://www.sohu.com/a/690763339_ 100303561。

年开始，围绕着云计算与大数据的产业链上下游，杭州市制定出台了《加快国际级软件名城创建助推数字经济发展的若干政策》《进一步鼓励集成电路产业加快发展专项政策》《杭州市加快 5G 产业发展若干政策》《关于实施"新制造业计划"推进高质量发展的若干意见》等政策，从研发创新、基础硬件、5G 融合、工业应用四个层面构建了产业政策框架，逐步优化云计算与大数据产业发展的相关政策措施。推进人工智能与元宇宙高质量融合发展，应注重做好以下几个方面的工作。

一是积极拥抱变化，紧跟时代发展趋势。人工智能的发展将推动元宇宙从架构层面、内容层面不断创新，因此应基于发展规律部署科技战略，积极顺应人工智能时代大模型的发展趋势。苏州市重磅发布《苏州市培育元宇宙产业创新发展指导意见》，明确提出了发展目标：到 2025 年，培育集聚元宇宙核心企业超 200 家，元宇宙相关产业规模达到 2000 亿元，在工业、医疗、文旅、教育、城市管理等契合度较高领域率先探索打造 30 个应用场景示范项目。[①]

二是发展的同时兼顾风险，注重信息安全。在数据时代，信息安全是元宇宙产业持续发展的关键，应根据技术发展，持续完善人工智能与元宇宙产业相关政策法规，并积极引导相关产业树立安全发展观念，同时对于数据资产进行分类分级与安全责任划分，进一步加强对关键数据的保护。

三是推动形成元宇宙与人工智能互促发展新局面。人工智能从多个层面促进元宇宙的形成与发展，同时，元宇宙也为人工智能的发展提供新的研究方向和领域，两者相互融合，共同发展，形成人工智能与元宇宙互融共促的产业生态。北京市通州区与市科委、中关村管委会、市经信局联合印发了《北京城市副中心元宇宙创新发展行动计划（2022—2024 年）》，力争通过 3年努力，将城市副中心打造成为以文旅内容为特色的元宇宙应用示范区，元

---

① 《一图读懂 | 苏州市培育元宇宙产业创新发展指导意见》，苏州市工业和信息化局网站，2023 年 2 月 1 日，http：//gxj.suzhou.gov.cn/szeic/gzdt/202302/0838f2221a684a48a613e5dc8be0431d.shtml。

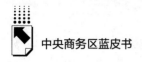

宇宙引领的副中心数字经济标杆城市初具形态。

2. 基于新兴技术和市场培育未来产业

新兴产业以数字技术为共性，并对经济社会发展产生全局带动和引领作用。面对全球科技竞争和产业转型的新趋势、新动向，许多城市也应逐步深化战略布局，培育新兴产业，推动实现城市高质量发展。例如，广州市发布国内首部城市数字经济地方性法规《广州市数字经济促进条例》，提出推动关键数字技术攻关与突破，推动实验室、新型研发机构等科技创新平台建设，提升产业基础高级化、产业链现代化水平，鼓励与支持人工智能、半导体与集成电路等八大领域数字经济核心产业创新发展。这是广州市加强新兴领域立法的一项重要成果，将为广州市全面建设数字经济引领型城市提供有力的法治保障。

3. 积极推动数字贸易等新兴服务业发展

数字内容服务、搜索引擎、社交媒介、云计算服务在一定程度上带有服务经济的鲜明烙印，尤其是随着数字产业与各行业的融合互动，它们都在一定程度上促进城市经济转型升级。习近平总书记在 2020 年中国国际服务贸易交易会全球服务贸易峰会上指出，"近年来，新一轮科技革命和产业变革孕育兴起，带动了数字技术强势崛起，促进了产业深度融合，引领了服务经济蓬勃发展"。数字经济发展已进入新阶段，发展数字贸易对于城市数字化水平提升显得十分必要和紧迫。

自 2015 年获批成立中国首个跨境电商综合试验区以来，杭州市逐渐变成了专注于服务中小企业的跨境电商平台集聚地以及跨境电商卖家总部集聚地。2022 年杭州市举办了首届全球数字贸易博览会，其以"数字贸易商通全球"为主题，汇聚了境内外 800 余家数字贸易头部企业，展示了数字物流、数字品牌、数字内容、数字消费、数字技术、跨境电商等领域的产品和服务，意向贸易成交额达 374 亿元。杭州不仅有全球速卖通和阿里巴巴国际站，还迎来了亚马逊全球开店亚太区卖家培训中心的落户。目前，杭州集聚了全国 2/3 的跨境电商出口零售平台和全国 70% 的跨境支付交易额，2022 年前三季度，杭州跨境贸易出口额为 129.18 亿美元，同比增长 13.13%。①

北京市"两区"建设的先行先试经验对其他省份具有示范引领效应。中关村软件园以打造具备国际竞争力的数字产业高地为目标,以打破数字贸易发展的瓶颈、推进业务准入开放、破除数据流通障碍、打造数字经济新兴产业集群为抓手,完善基础设施,打造创新服务平台,整合资源和要素,对接国际高标准自由贸易协定规则,高起点推动数字经济产业和数字贸易的发展。截至 2022 年底,园区实现产值 4759 亿元,地均产值达到每平方公里 1830 亿元,企业知识产权突破 10 万项。②

加快数字贸易发展,是适应新兴经济发展与传统经济市场格局调整的必然选择。各地应立足数字贸易发展实际,以自由、安全、规范为原则,以提高数字经济与贸易竞争力为核心,加快数字经济与制造业各行业、服务业各领域的深度融合与互动,提升经济数字化水平。

4. 深入推进产业数字化转型

随着以数字技术为主导的新一轮科技革命在全球范围内加速演进,积极谋划推动城市数字化转型正成为伦敦、东京、上海、深圳、杭州等一批国内外先进城市的共同选择。未来推动数字经济高质量发展,关键是要以数字技术与实体经济深度融合为主线,推动数据智能在更深层次、更大范围向行业和企业渗透,做强产业数字化和数字产业化"双轮驱动",加快塑造城市产业核心竞争力。

作为一座老工业城市,淄博不断推进城市各领域数字化转型与创新,用数据赋能产业高质量发展,将数字化转型作为一项战略性的工作来推动。根据赛迪顾问发布的《2022 中国数字城市竞争力研究报告》,淄博入

---

① 《这就是数贸,这就是杭州!》,杭州市投资促进局,2022 年 12 月 16 日,https：//mp. weixin. qq. com/s？＿＿biz = MzI4Mjc3OTg2Ng = = &mid = 2247551577&idx = 1&sn = b3eed70401095 a689abf5cd818531adb&chksm = eb9683ecdce10afafdc70ecfdea931d7b39489f1d0a2643f39aa0aa687 4b90d81bff51ecbbf5&scene = 27。

② 《高品质园区创新活力加速迸发——中关村软件园特色集群推进产业数字化升级》,海淀发布,2023 年 2 月 17 日,https：//baijiahao. baidu. com/s？id = 1758034333048970276&wfr = spider&for = pc。

选 "2022 数字城市百强榜",其以数字化转型撬开产业新空间。淄博顺应信息革命趋势,全力推动制造业的数字化转型,尤其是抢抓互联网由消费互联网向产业互联网演进的窗口期,破解了互联网流量密码,从而 "一烤而红"。

2021 年江苏省政府出台《江苏省制造业智能化改造和数字化转型三年行动计划》,提出在三年内实现全省制造业数字化、网络化、智能化水平提升,新业态、新模式、新动能显著壮大,制造业综合实力显著增强,率先建成全国制造业高质量发展示范区,发出全面数字化的集结号。截至 2022 年底,江苏省两化融合水平实现连续八年位居全国第一,全省地区生产总值迈上 12 万亿元台阶,增长 2.8%。[①]

5. 强化工业互联网、算力等基础设施建设

近年来,工业互联网和数字基础设施建设已经成为制造业转型升级的关键。工业互联网是企业数智化转型的基石。工业互联网通过工厂内网和工厂外网,将连接对象延伸到机器设备、工业产品和工业应用,实现各环节的泛在互联与数据顺畅流通。多种网络技术在工业领域开展应用部署,通过低成本、高可靠的新型网络,实现广泛互联和数据采集。城市应顺应潮流,在享受国家政策红利的同时利用工业互联网等数字基础设施的资源和优势,进一步促进经济提档升级和动能转换。青岛市持续探索工业互联网实践,加快信息化与工业化融合发展,将工业互联网作为串联产业转型升级的重要抓手,建设 "世界工业互联网之都"。通过培育卡奥斯、极视角、海克斯等平台,形成 "工业互联网平台+工业 App 服务" 模式,精准匹配企业需求,实现跨行业、跨领域集成要素资源,拓展延伸产业链价值链,构建企业全周期信息互联共享机制。伴随新一代数字技术不断拥抱千行百业,工业互联网、算力基础设施与城市建设的深度融合,将让城市的发展迸发更足的活力、更强的动力。

---

① 《江苏:数实融合 打造高质量发展 "关键增量"》,央广网,2023 年 10 月 22 日,https://js.cnr.cn/kjjr/20231022/t20231022_ 526459369.shtml。

（二）加快构建数治社会，引导生活方式转变

数字技术不断渗透进生活中的各个角落，一个以数字治理为核心的社会正在逐渐成形。数治社会对于居民生活方式的多元化影响，主要表现在完善数字交通治理体系、优化智慧养老服务体系、强化基层数字社会治理体系、打通居民服务的"最后一公里"以及协同提供优质公共服务五个方面。

1. 完善数字交通治理体系

交通领域的数字化治理是城市推动实现数治社会的前沿实践。通过应用交通平台系统、大数据分析和人工智能等技术手段，实现对交通流量的实时监测和优化调度，可以减少交通拥堵，提高交通运行效率。在数字治堵方面，杭州市不断拓展数字交通的应用场景，已成为全国第一个实施"无杆停车场"的城市、第一个利用"延误指数"作为治堵目标的城市。杭州已实现精准研判交通流动态趋势，及时掌握交通情况，通过数字交通系统实现精准治理。每两分钟就对道路状况进行一次扫描，采集整理运行总量、延误时间、拥堵节点、区域车速等数据信息，有助于相关机构和人员把握交通趋势，提前预警。利用车辆、路况、信号灯等数据，数字交通系统可以提供准确、全面的实时信息，帮助驾驶员选择最佳路线，避免拥堵加剧。

2. 优化智慧养老服务体系

人口老龄化趋势的加剧，使得智慧养老服务将发挥重要作用。数字技术为积极应对老龄化创造了条件，可提供智能化的养老服务。智能健康设备可以实时监测老年人的健康状况，预防疾病发生，及时跟踪报告。智能居家设备可以提供便捷的日常生活支持，增加老年人的自主性和舒适度。上海市"暖心家园"项目将"大数据+云计算+物联网+移动互联"的技术优势与养老需求相结合，以居家社区养老为重点面向老年人开展家庭式养老服务。利用物联网技术的各类传感器持续保障老年人安全，提供定制化清单化服务，包含生活照料、临床护理、安全应急、精神慰藉和虚拟信息共5大类48项服务内容，满足老年人居家养老的现实需求。与此同时，在社区和街道打造15分钟生活圈，形成数字化养老一站式运营解决方案，利用数字化养老系

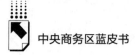

统整合养老机构、社区、街道、市区等层级的服务数据，提供实时且智能的养老服务监管。

3. 强化基层数字社会治理体系

基层社会治理是社会稳定和谐发展的基础，数字化的社会治理手段可以提高治理效率。合理适当利用多种数字技术，回应基层群众关切，实现基层精细化治理，不断提升居民生活品质。许多城市都在推动建立12345网络统一智能受理系统，通过数字技术推动群众参与基层治理实践，聚焦群众实际困难，回应群众关切，不断明晰简化办事程序，让群众切实感受到透明和便捷。北京市在基层治理中关注居民诉求，使群众融入基层治理数字化进程，从而缓解城市治理压力，提升政府公信力，实现共建共治共享的社会治理目标。

其中，通过分析12345网络统一智能受理系统收集的数据，能够明确基层治理的关键环节。通过诉求信息的收集分析，按层级、按领域进行梳理整合，补足基层数字化短板，优化事项办理的流程节点，实时跟踪进度安排，解决居民反映的现实问题。适时展开"吹哨报到"来凝聚多方治理合力，统筹协调各级各部门行动，推动联办联治。

4. 打通居民服务的"最后一公里"

数治社会的目标之一是打通居民服务的"最后一公里"，将服务真正送给居民。数字技术的应用，可以将公共服务送至居民身边，提高服务的质量、效率和便捷程度。北京市推动居民病历电子化建设，通过卫生专用网来支撑数字化建设，实现信息传递、数据监测、预警管理、应急保障等多种功能，进而推动健康大数据的应用，实现医疗卫生的公共资源向居民倾斜配置，优化公共卫生服务。数字技术在公共卫生领域的应用，能够显著降低医疗服务相关成本，让更多低收入群体能够用得起药、享受得到医疗服务。深圳市也积极推广"诊所服务监管一体化平台"，将全市范围内超过两千名医师纳入，为超过100万人次提供了诊疗服务，推动医生诊疗资质挂靠单位问题的化解，监督管理部分患者面临的小病大治现象，严格整治诊疗服务中收费高的问题，提升医疗管理服务。深圳市通过建设智慧互联的卫生健康诊疗和监管体系，不断优化公共卫生服务，消除障碍壁垒，让服务直达居民。

5. 协同提供优质公共服务

公共服务的提供涉及多部门、多层级，需要借助有效的协同机制来实现。利用数字技术，不同部门和机构可以协同合作，实现资源共享，避免重复建设和资源浪费。在就业领域，深圳市通过采集、汇总和分析就业数据，开展就业创业的"全程通办"服务，多层级一体化审核，推动各单位互证互认互信，打破属地化管理约束。就业信息能够在全市范围内实时共享，用户可享受信息获取、业务办理、权益保护等多种服务。深圳市推动全市就业一网相连，实行服务全流程上网通办，帮助服务对象少跑路零跑动，提高就业公共服务水平。

（三）着力打造数字政府，实现治理方式转型

1. 一脑赋全城，"城市脑"实现高效治理

"城市大脑"是利用数字技术和人工智能等先进手段，对城市各种数据进行综合采集、分析和管理的系统，以推动城市高效治理和优化城市服务。一方面，通过"城市脑"的建设与运营，可以提高城市的智能程度和决策效率，提升城市居民的生活品质。杭州市推动建设"城市大脑"，为城市治理现代化提供数字系统解决方案，覆盖公共交通、城市管理、卫生健康、基层治理等应用场景，打造"全国数字治理第一城"。

另一方面，通过层级协调、功能整合、明确责任分工，打通了数据信息互联互通的障碍，破除了层级部门观念。标准化业务流程、实时化数据显示、部件化系统组成、一体化服务体验推动打造"无缝隙政府"的数字化治理。城市各项数据的综合管理和智能分析，将多元主体纳入协同治理，实现数据、技术、居民、企业和政府的组合增效，推动共建共治共享的城市现代化治理。

2. 一湖通全城，"数据湖"实现共享治理

在城市运行和管理过程中，"数据湖"是一个集成和存储各类数据的中心化数据存储系统。与传统数据中心不同，作为一个大规模、可扩展的数据存储架构，"数据湖"能够将来自各个城市部门、机构和传感器等多个来源

的数据汇集到一个存储环境中，构建具备数据采集、传输存储、分析应用、安全支撑等多种功能的新型基础设施。南昌市打造"赣鄱数据湖"，努力实现全市范围内的算力、数据、网络、业务的协同共享，打破数据联通共享的"烟囱"和"孤岛"，实现纵向城市功能单元贯通、横向行业数据应用联通。

城市"数据湖"的开放性和共享性鼓励各个利益相关方进行跨界合作和创新，有助于满足居民生活需求和推动商业模式发展，为城市居民和行业企业提供更加智能、高效、便捷的服务体验。在城市治理中，"数据湖"的形成能够促进业务流程再造，一体化联通各层级部门的海量信息，通过集成和分析各类数据，推动数据的开发利用，为城市决策者提供全面的数据和决策支持。

3. 一网管全城，"物联网"实现精准治理

"一网统管"是运用物联网技术，将各个领域的设备和传感器连接到互联网，实现对整个城市的精准治理。通过实时监测、智能分析和精准决策，可以提高城市管理的效率和质量，为居民提供更优质的生活环境和公共服务。上海市"一网统管"是精准治理的典型代表，上海利用广泛部署的传感器实现对城市活动的监控、集成、管理，汇聚各个部门的物联设备、公共设施和社会运行数据，聚焦公众的现实需求和城市治理的难点，提高城市管理效率和智能水平。新型城域物联网在上海城区实现了百万级规模部署，完善了城市感知系统布局，其整合人脸识别、红外检测、智能烟感、智能窨井等智能感知设备和多路监控设备，有序延伸"神经末梢"，构建城市神经元系统。城市通过物联感知，实现对城市运行的实时监测、精准控制和智能管理，搭建起坚实的数字城市底座。大数据中心负责信息化建设和数据统一归集，城市运行管理中心则负责城市的常态化监测和应急管理，共同推动实现精准预判、实时管控、联动联勤、数据共享的城市治理。

4. 一云承全城，"政务云"实现协同治理

云计算技术能够为政府部门和机构提供"政务云"服务平台。它旨在提供一种安全、可靠、高效的信息化解决方案，用于支持政府部门的信息化建设和业务运行。"政务云"广泛应用于政府部门的各个领域，如电子政务、在线办公、数据共享与管理、政务大数据分析等。通过政务云平台，政

府部门可以实现信息化水平的提升、服务质量的改善和行政效能的提高，进而推动政府数字化转型和城市智慧化建设。郑州市"一朵云"平台是以数字化技术为基础的综合云服务平台，郑州市在实践中构建起了政务云模式，由主业务云、异地灾备云和超算云三部分构成，设置了多种类型的专用域，实现城市政府服务事项"应上尽上"，能够覆盖市级和区县部门216个智慧政务类应用，郑州市还通过制定管理办法和实施细则提供制度保障。因而，政务云的建设和发展能够提升市民的生活质量和城市治理水平，推动数字城市建设和发展。

5. 一端惠全城，"客户端"实现普惠治理

客户端作为连接政府和民众的桥梁，正逐渐体现出其在普惠治理中的重要作用。"一网通办"改革率先在上海市实施，通过标准化、规范化、一体化的政府服务，推动超过1400个服务事项实现全程网络在线办理。锚定居民现实需求，系统梳理高频事件，优化"一件事一次办"服务体验，精简办事流程，缩短办理的时间与环节，加快构建全方位服务体系。"随申办"作为一款应用程序，市民可以通过手机、电脑等终端注册使用，用户可以根据个人需求享受在线政务服务，包括身份证、户口本、出生证明等证件办理以及在线申请、查询、预约、缴费等操作，免去了传统线下办理的烦琐流程，月活用户数突破1517万，持续推进城市治理数字化和政府治理现代化。

6. 一窗融全域，"虚拟窗"促进区域合作

政府服务平台是各城市各部门大力推动服务事项掌上办、指尖办的主要抓手，线上"虚拟窗口"也已经成为政府服务企业和居民的重要渠道。为了进一步优化政务服务、提高便捷程度、改善营商环境，许多城市推动"虚拟窗口"实现跨市、跨省通办，减少异地办事"多地跑""折返跑"现象。京津冀、长三角、川渝等区域率先开展试点，实现区域内高频政务服务事项在移动端"区域通办""无感漫游"。其中，长三角城市群上线了"虚拟窗口"，运用远程屏幕共享、音视频智能交互等新技术，推动跨市和跨省业务实现属地化远程受理，便于属地政务工作人员指导办事人在异地窗口完成服务事项办理。"虚拟窗口"的推广有助于城市之间建立起互信机制，其

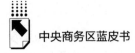

在原有业务办理规则和受理系统的基础上，实现企业、居民在就近窗口就能够获得与属地窗口"同质同效"服务，助力区域政务通办再上一个新台阶。

在信息化和数字化时代，数智经济、数治社会和数字政府成为推动社会发展的重要方向。数智经济以数字技术和数据资源为核心，利用信息技术和网络平台，促进经济增长和创新经济形态，不仅改变了传统产业的生产方式和发展模式，还孕育出新兴产业和商业模式，提高经济效率、促进社会创新和推动可持续发展。数治社会是实现社会治理现代化和治理能力提升的社会形态。通过数据采集、分析和共享，城市能够实现社会问题的预警、监测和解决，提升公共服务供给能力。数字政府是政府机构通过数字化和网络化手段，实现政府决策的精准、政务流程的优化和服务质量的提升，既能提供在线政务服务平台，方便市民办理各类事务，也能通过数据整合和共享，推动政府治理能力的提升。三者共同通过数字技术改进生产方式、优化生活方式、改善治理方式，对于推动经济发展、满足市民需求和提高治理能力具有不可忽视的重要作用。

参考文献

［1］陈水生：《城市治理数字化转型：动因、内涵与路径》，《理论与改革》2022年第1期，第33~46页、第156页。

［2］高翔：《建立适应数字时代的政府治理新形态》，《探索与争鸣》2021年第4期，第141~146页、第179~180页。

［3］龚中航：《数字经济推动城市治理现代化研究》，《理论探讨》2022年第6期，第155~159页。

［4］顾丽梅、李欢欢：《我国城市数字化转型的三种典型模式之比较——以上海、深圳和成都为例》，《公共管理学报》2023年第5期，第1~19页。

［5］管志利：《政府数字化转型的总体性分析及合作治理之道》，《行政与法》2022年第10期，第22~33页。

［6］韩志明、马敏：《清晰与模糊的张力及其调适——以城市基层治理数字化转型为中心》，《学术研究》2022年第1期，第63~70页。

［7］胡莉莉、潘铭、郝春霞等：《依托数字孪生推动城市治理数字化转型的路径思

考》，《信息通信技术与政策》2022 年第 12 期，第 45~51 页。

［8］孔祥利：《数据技术赋能城市基层治理的趋向、困境及其消解》，《中国行政管理》2022 年第 10 期，第 39~45 页。

［9］李文钊：《双层嵌套治理界面建构：城市治理数字化转型的方向与路径》，《电子政务》2020 年第 7 期，第 32~42 页。

［10］刘淑妍、吕俊延：《破除技术障目：足够智慧的城市发展之道》，《同济大学学报》（社会科学版）2023 年第 1 期，第 88~99 页。

［11］钱诚：《数字技术赋能城市公共服务的探索与实践》，《发展研究》2023 年第 4 期，第 24~30 页。

［12］孙志建、耿佳皓：《公共管理敏捷革命：中国城市治理数字化转型的交叉案例研究》，《电子政务》2023 年第 2 期，第 2~17 页。

［13］田文波：《数字赋能城市基层治理的路径探析》，《探求》2022 年第 6 期，第 104~110 页、第 116 页。

［14］温雅婷、余江、洪志生等：《数字化转型背景下公共服务创新路径研究——基于多中心—协同治理视角》，《科学学与科学技术管理》2021 年第 3 期，第 101~122 页。

［15］吴建南、陈子韬、李哲等：《基于"创新-理念"框架的城市治理数字化转型——以上海市为例》，《治理研究》2021 年第 6 期，第 99~111 页。

［16］许峰：《地方政府数字化转型机理阐释——基于政务改革"浙江经验"的分析》，《电子政务》2020 年第 10 期，第 2~19 页。

［17］叶振宇：《数智赋能区域一体化发展：进展与前瞻》，《山西师大学报》（社会科学版）2023 年第 3 期，第 82~87 页。

［18］郁建兴、樊靓：《数字技术赋能社会治理及其限度——以杭州城市大脑为分析对象》，《经济社会体制比较》2022 年第 1 期，第 117~126 页。

［19］于文轩：《奔跑的大象：超特大城市的敏捷治理》，《学海》2022 年第 1 期，第 139~149 页。

［20］赵春飞：《"数字赋能"推进市域社会治理现代化》，《中国经贸导刊》2022 年第 11 期，第 84~86 页。

［21］郑大庆、黄丽华、郭梦珂等：《公共数据资源治理体系的演化模型：基于整体性治理的建构》，《电子政务》2022 年第 5 期，第 79~92 页。

［22］郑江淮、张睿、陈英武：《数字化转型如何助力构建新发展格局——基于新旧动能转换的视角》，《中国经济学人》2021 年第 3 期，第 2~23 页。

［23］郑磊、张宏、王翔：《城市数字治理的期望与担忧》，《治理研究》2022 年第 6 期，第 53~62 页、第 126 页。

［24］郑跃平、梁灿鑫、连雨璐等：《地方政府部门数字化转型的现状与问题——基于城市层面政务热线的实证研究》，《电子政务》2021 年第 2 期，第 38~51 页。

B.7
资产管理提升 CBD 所在城市数字服务能级

吴江 李泉林 张震 余少杰*

摘　要： CBD 是一座城市的经济发展中枢，但在多种因素作用下，CBD 易产生不良资产，造成资源浪费。资产管理公司与 CBD 联系紧密，并且在资产管理方面有独特的专业优势。本报告通过研究资产管理公司的功能作用和数字应用，分析北京市海淀区 ZKGC 项目案例，认为资产管理公司服务 CBD 虽面临信息缺乏有效整合、现有工具箱无法满足差异化需求、功能优势有待挖掘等问题，但旺盛的市场需求和突出的功能优势使得资产管理公司能够通过数字服务，帮助 CBD 进行资产管理和要素配置，进而提升城市能级。

关键词： 中央商务区　资产管理　数字服务　城市能级

城市发展需要各种要素的有效配置，而金融作为城市发展的重要板块，扮演着关键的角色。在这一过程中，资产管理公司作为金融领域的另类投资公司，具有独特的定位和功能。与传统的银行、证券公司和保险公司等金融机构相比，资产管理公司更加注重数据服务，致力于整合资金流、业务流和产业流，以推动城市能级的提升。[1]

---

* 吴江，中国东方资产管理股份有限公司山东省分公司党委书记、总经理；李泉林，中国东方资产管理股份有限公司山东省分公司风险管理部高级副经理；张震，中国东方资产管理股份有限公司山东省分公司综合管理部职员；余少杰，英国伯明翰大学商务管理硕士研究生。
[1] 卢禹辰：《新时期金融资产管理公司战略发展问题研究》，《时代金融》2022 年第 6 期，第 63~65 页。

金融领域的整合能力对于城市的发展至关重要。金融机构可以通过整合资金流，提供城市发展所需的资金；通过整合业务流，为城市注入发展活力；通过整合产业流，提升城市要素运行效率。在这个过程中，资产管理公司以其独特的定位，能够更加灵活地配置资金和资源，为城市的发展提供差异化金融服务。

在数字化时代，数字服务成为推动城市能级提升的重要驱动力。[①] 与传统金融机构不同，资产管理公司在服务过程中更加注重数字服务价值，通过数字搜集、数字整合和数字分析，能够更加准确地了解城市的需求和潜力，识别潜在的不良资产和业务机会，提升运营效率和资产管理能力，为城市的发展提供有力支持。

一 资产管理公司和 CBD 的关系

（一）资产管理公司发展历程

资产管理公司通常是指国务院在借鉴国际经验的基础上成立的以处置不良资产为目的的金融公司。20 世纪末，中国经济在改革开放的驱动下迅猛发展，商业银行贷款规模急剧扩张，不良贷款率随之走高。1997 年亚洲金融危机爆发，我国银行体系濒临技术性破产，在此背景下，党中央、国务院决定借鉴国际上通行的"外科手术疗法"，即通过"好银行-坏银行"模式，将银行不良资产剥离到"坏银行"，让陷入危机的银行迅速脱离困境，成为"好银行"，资产管理公司由此产生。资产管理公司的发展经历了以下三个阶段。

1. 政策性业务阶段（1998年至2006年）

1998 年底，党中央、国务院决定设立华融、长城、东方、信达四家国

---

① 张淑雯、李瑞、李海霞：《数据价值化视角下数字经济内部运作机制研究》，《时代经贸》2023 年第 5 期，第 14~18 页。

有资产管理公司作为政策性机构，分别负责收购、管理和处置工商银行、农业银行、中国银行和建设银行及国家开发银行的不良资产，一次性以账面价格承接五家银行1.4万亿元左右不良贷款（详见表1），从而达到快速化解金融风险、维护金融体系健康稳定的目的。这一阶段，资产管理公司的职责是完成国家交付的处置政策性不良资产、处置商业银行损失类资产、实施债转股、对风险金融机构进行托管等各项任务。

表1 各资产管理公司接收不良资产情况

单位：亿元

资产管理公司	对应银行	金额
东方	中国银行	2773
信达	建设银行、国家开发银行	3962
华融	工商银行	4128
长城	农业银行	3459
总计		14322

数据来源：根据公开资料整理。

2. 商业化业务转型阶段（2007年至2015年）

2007年1月15日，财政部宣布四家资产管理公司完成政策性收购不良资产的处置任务，资产管理公司进入商业化业务转型阶段，商业主体定性和投行市场定位得以明确。这一阶段，资产管理公司积极向商业化转型，不断创新不良资产经营方式和手段，将政策性优势转化为市场优势。

3. 股份改制经营阶段（2016年至今）

2016年，四家资产管理公司不断完善公司治理机制，相继引入战略投资者，完成股份改制，各业务线获得长足发展，综合实力不断提高。同时，按照党中央和银保监会"回归本源、专注主业"的要求，资产管理公司进一步明确发展战略，强化功能定位，调整业务结构，做大做优做强不良资产处置主业，努力迈向高质量发展新阶段。

（二）CBD 发展动态

我国 CBD 的建设起步于 20 世纪 80 年代中期，其发展历程整体可划分为两大阶段，即 20 世纪 80 年代中期到 20 世纪末的探索起步阶段和 21 世纪以来的快速发展阶段。随着全球化的深入发展、新一轮的区域发展战略的实施以及地区工业化和城镇化的快速推进，国内 CBD 也在不断借鉴国外先进经验，探索新的规划理念，在发展金融、保险、咨询等传统商务服务业的同时强调业态的多元化和功能的复合化。根据《中央商务区产业发展报告（2022）》可知，2018~2020 年，我国 13 个典型 CBD 发展平稳，且一线城市 CBD 综合发展水平高于新一线城市 CBD。[①] 整体来看，根据所处区域、发展阶段和发育程度的不同，我国 CBD 呈现多层级、分梯次的发展态势。

（三）资产管理公司提升 CBD 服务能级

资产管理公司和 CBD 之间有着密切的联系，两者之间互相促进、互相依存。对于资产管理公司而言，CBD 是一个重要的市场和客户来源，同时也是其业务运作的重要对象；对于 CBD 而言，资产管理公司则是其重要的服务提供者和合作伙伴，两者共同推动区域经济的发展。

1. CBD 是资产管理公司的理想落脚点

CBD 集中了大量金融机构、企业总部、商业办公楼、高端物业等业态，其所处的位置、规模、配套设施等都使得其成为资产管理公司的理想落脚点。资产管理公司在 CBD 设立分支机构，可以更加便捷地开展业务。此外，资产管理公司需要与大量的投资者、客户、业务合作方进行接触和交流，而 CBD 所聚集的大量企业和金融机构就是其重要的客户群体，CBD 自身也是其潜在的合作伙伴。CBD 往往位于城市核心地段，拥有大量优质房产。中

---

① 张杰等：《中央商务区产业发展报告（2022）——高端服务引领城市更新》，社会科学文献出版社，2022。

国东方资产管理股份有限公司房地产市场系列调研报告沪杭篇及广深篇调研结果显示，从全国整体房地产市场来看，目前购买力处于历史相对低位。在此背景下，2023年1~5月全国31个重点城市2023年入市房地产项目中去化率大于70%且具有代表性的100个项目中，上海占比最高，有29个，杭州有16个，沪杭占比达到45%。调研结论表明，上海、杭州、广州、深圳等核心城市核心地段的房产相对更具有价值和流动性。在资产管理公司偏好以优质房地产作为底层资产的业务模式下，双方合作潜力巨大。

2.资产管理公司为CBD提供差异化服务

CBD的资产规模庞大且建设周期长，需要时间培育，所以CBD往往面临建设期资金短缺、运营初期空置率高和经济下行期弃租等问题。而根据朱珠和张博的研究，金融周期与不良资产市场周期之间存在一定程度的负向"领先-滞后"关系[1]，资产管理公司具有平滑经济周期的作用（见图1），可以提供非标准化、差异化产品，通过综合运用CMBS、REITs等工具帮助CBD实现资产保值增值、化解风险。

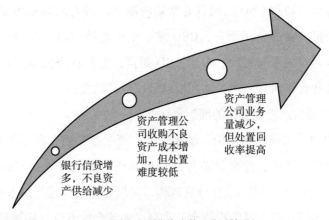

（1）经济上行周期资产管理公司情况

---

① 朱珠、张博：《中国金融周期波动与不良资产管理行业的发展》，《税务与经济》2019年第6期，第1~10页。

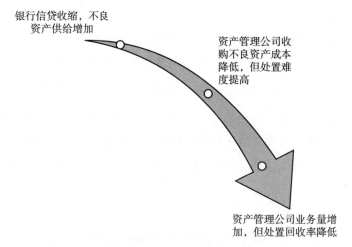

（2）经济下行周期资产管理公司情况

图1　不同经济运行周期资产管理公司的业务操作

二　资产管理公司提升城市能级：功能优势与路径

（一）资产管理公司功能优势

不同于商业银行等传统金融机构，资产管理公司以不良资产经营为主业，以化解金融风险、服务实体经济、助力供给侧结构性改革和国民经济转型发展为己任，是金融体系的"稳定器"、金融风险的"防火墙"和金融危机的"救火队"，有着独特的功能优势。

1. 专业化经营

资产管理公司深耕不良资产行业，已逐步形成成熟的业务模式和专业的人才队伍，除传统的金融机构不良资产收购处置业务外，还开展非金融机构不良资产处置业务、市场化债转股业务等，可充分运用"债权+股权""金融+产业"等特色金融工具箱，助力提升金融供给能力，服务实体经济，化解金融风险。

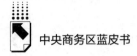
2. 综合化平台

资产管理公司经过多年发展，已逐步发展成为涵盖不良资产经营、保险、银行、证券、基金、信托、信用评级和相关海外业务等板块的综合金融服务集团，搭建起综合化服务平台，可通过不良资产收购处置、实质性重组、市场化债转股等方式，充分发挥与银行、保险机构、证券机构、评级机构等的协同优势，推动市场主体闲置低效资产改造、盘活与流转，促进其提升价值和优化配置，积极服务实体经济。四大资产管理公司控股机构见表2。

表2 四大资产管理公司控股机构

资产管理公司	银行	证券	保险	信托	其他
东方	大连银行股份有限公司	东兴证券股份有限公司	中华联合保险集团股份有限公司	大业信托有限责任公司	中国东方资产管理（国际）控股有限公司、上海东兴投资控股发展有限公司、东方前海资产管理有限公司、东方邦信融通控股股份有限公司、东方金诚国际信用评估有限公司、浙江融达企业管理有限公司
信达	南洋商业银行有限公司	信达证券股份有限公司	—	中国金谷国际信托有限责任公司	信达金融租赁有限公司、中国信达（香港）控股有限公司、信达投资有限公司、中润经济发展有限责任公司
华融	—	—	—	—	华融金融租赁股份有限公司、中国华融国际控股有限公司、华融融德资产管理有限公司、华融实业投资管理有限公司
长城	长城华西银行股份有限公司	长城国瑞证券有限公司	长生人寿保险有限公司	长城新盛信托有限责任公司	长城国兴金融租赁有限公司、长城（天津）股权投资基金管理有限责任公司、中国长城资产（国际）控股有限公司、长城国富置业有限公司

3. 定制化服务

资产管理公司拥有人才、技术、信息、资金等优势，搭建银行、保险、证券等综合金融服务平台，具有全周期服务优势，金融资源丰富，金融工具专业，可根据业务需求，量身定制金融产品，从而因企施策，化解风险。

（二）资产管理公司在城市能级提升方面的路径

资产管理公司发挥独特功能优势，综合运用金融工具箱，服务实体经济，化解区域金融风险，在城市能级提升方面发挥着重要作用。

1. 加速城市基础设施建设

当前我国诸多城市响应国家号召，实施城市更新行动。在城市更新过程中，因功能定位优化、存量资产改造升级的需求不断上升，城市出现大量商业物业不良资产。此外，诸多房企参与到城市更新行动中，但因流动性紧张频频产生不良资产。而资产管理公司的主营业务就是经营管理不良资产，其通过专业化不良资产运作，有效支持了城市更新，加速城市基础设施建设。

2. 支持城市产业升级

资产管理公司具有综合金融服务优势，可以为城市内的各类企业提供逆周期不良资产收购和顺周期金融牌照业务，并提供全方位的金融综合解决方案，支持实体经济发展，帮助城市优化产业结构，促进产业升级，提升城市的产业竞争力和经济实力。

3. 优化城市金融环境

资产管理公司充分发挥功能优势和人才优势，盘活存量、优化增量，化解城市金融风险，优化城市金融环境和经济环境，提高城市对外部投资的吸引力。例如，资产管理公司通过收购不良资产，减轻银行负担，提高银行的信用和资本充足率；通过资本运作、资源整合等手段，帮助企业剥离低效、无效资产；通过成立城市化基金，积极帮助城市化解债务风险。

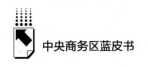
三 资产管理公司数字服务赋能资产管理

（一）资产管理公司的数字化应用范畴

1. 资产追踪和管理

资产管理公司使用数字化应用来追踪和管理客户资产。这些应用可以提供实时数据和报告，帮助资产管理公司了解客户资产的配置和风险状况。相关应用通常包括投资管理系统、资产追踪软件和交易执行平台。

2. 数据分析和预测

数字化应用可以帮助资产管理公司分析大量的金融数据，包括市场数据、经济数据和客户数据。通过使用数据分析和预测工具，资产管理公司可以识别趋势、评估风险和制定投资策略。相关应用包括数据仓库、数据可视化工具等。

3. 客户维护和管理

数字化应用在资产管理公司的客户关系管理方面起着重要的作用。这些应用可以帮助公司跟踪客户信息、维护客户关系、管理客户投资偏好和提供个性化的服务。客户关系管理系统通常包括客户数据库、营销自动化工具和客户互动平台。

4. 资金交易和结算

资产管理公司使用数字化应用来进行交易和结算。这些应用通常包括交易平台、资金管理系统和结算系统。

5. 合规和风险管理

数字化应用可以帮助资产管理公司监测合规要求、进行风险暴露管理和出具合规报告。合规和风险管理工具通常包括合规监测系统、风险评估工具和合规报告平台。

6. 提供移动应用和平台

随着移动技术的发展，资产管理公司越来越多地利用移动应用和在线平台来提供便捷的服务。这些应用和平台可以帮助资产管理公司随时随地查看资产组合、执行交易和获取市场信息。[①]

（二）数字服务赋能资产管理公司

1. 快速资金流动

数字服务提供了更高效、快速的资金流动渠道。通过在线支付、电子交易和结算系统，资产管理公司可以更迅速地处理资金的流入和流出，加快资金的周转速度，提高投资回报率，并为客户提供更快捷的资金管理和交易服务。

2. 智能投资决策

数字服务可提供丰富的市场数据、实时信息和智能分析工具，帮助资产管理公司做出更明智的投资决策。资产管理公司可以利用大数据分析和人工智能技术，快速识别投资机会、分析风险，并调整交易结构以适应市场变化，优化资产配置，提高资金利用效率。

3. 优化业务流程

数字服务可以优化资产管理公司的业务流程，提高效率和降低成本。通过数字化的工作流程、自动化的任务处理和智能合规监测，资产管理公司可以快速、准确地处理投资和交易事务，并且更好地遵守合规要求，加快业务办理，释放更多的时间和资源用于核心业务。

4. 拓展市场机会

数字服务为资产管理公司拓展市场和建立更广泛的合作伙伴关系提供了便利。通过在线平台和社交媒体等数字渠道，资产管理公司可以与更多的潜在客户和合作伙伴进行沟通，有利于资产管理公司扩大业务范围，吸引更多的资金和资源，并增强市场竞争力。

5. 提升风控能力

数字服务提供了更强大的风险管理和监控工具，有助于资产管理公司更

---

① 岳丰、王哲、刘殊玥等：《中信证券非结构化数据处理平台建设实践》，《中国金融电脑》2023 年第 4 期，第 64~69 页。

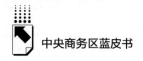
好地管理和控制风险。通过数字化的风险评估和监测系统，资产管理公司可以实时追踪和评估投资项目的风险，并及时采取相应的风险控制措施，降低投资风险，维护客户的利益。[①]

（三）资产管理公司提升城市能级过程中的数字服务

1. 城市规划和投资决策

数字服务提供了大量的城市数据和相关的分析工具，并以此帮助资产管理公司进行城市规划和投资决策。通过数字化的城市地理信息系统、市场数据分析系统和可视化工具，资产管理公司可以更准确地评估城市的发展潜力、市场需求和投资机会，从而制定战略规划、确定投资方向、优化资产配置，以推动城市能级的提升。

2. 城市建设和设施管理

数字服务可以用于城市基础设施的建设和管理。资产管理公司可以利用数字化的项目管理工具、协作平台和监控系统，实现对城市基础设施项目的全程管理，包括项目规划、预算控制、进度跟踪和质量管理等方面。通过数字化的管理流程和实时数据分析，资产管理公司可以提高基础设施建设的效率和质量，促进城市能级的提升。

3. 城市资金调配

数字服务可以帮助资产管理公司进行城市资金调配。通过在线投资平台和数字化的融资工具，资产管理公司可以吸引更多的资金用以支持城市发展。数字化的资金调配系统可以实现资金的快速流动和透明化，提高资金利用效率，并促进城市能级的提升。

4. 城市智能化和可持续发展

数字服务在实现城市智能化和可持续发展方面发挥着关键作用。资产管理公司可以利用物联网、人工智能和大数据分析等数字技术，在智能交通管

---

① 周玲：《大数据背景下金融资产管理公司内部审计研究》，《中国商论》2021年第10期，第156~158页。

理、智慧能源管理、智能环境监测等方面实现城市的智能化管理和资源利用效率的提高。通过数据收集和分析，资产管理公司可以实时监测和调整城市运行状态，提高城市能源效率并减少环境影响，推动城市可持续发展。

5. 城市推广和服务提升

数字服务可以帮助资产管理公司进行城市的市场推广和服务提升。通过数字化市场营销工具和在线服务平台，资产管理公司可以更广泛地宣传和推广城市项目，从而增加投资机会。数字化的客户关系管理系统可以提供个性化的投资服务和客户支持，提高客户满意度，并促进城市能级提升。

四 资产管理公司在数字服务提升城市能级中的挑战与机遇

（一）挑战

1. 信息缺乏有效整合

在数字服务提升城市能级的过程中，资产管理公司面临着大量信息，如市场数据、城市规划数据、基础设施数据等。这些信息的数据源和格式往往不同，信息之间缺乏有效的整合和共享机制，导致信息的获取和分析变得困难，限制了资产管理公司对城市能级提升的支撑作用。

2. 现有工具箱无法满足差异化需求

现有的数字服务工具和平台往往面向较为通用的资产管理需求，而城市能级提升过程中的需求通常具有差异化和复杂性。资产管理公司在使用数字服务工具时，可能会发现现有工具无法满足客户的特定需求，如基于大数据的城市规划分析、智能化的城市运营管理等。

3. 资产管理公司的功能优势有待挖掘

传统上，资产管理公司的主要职责是管理投资组合和提供投资咨询服务。然而，在数字化时代，资产管理公司的功能可以扩展到城市能级提升领域，如城市规划、基础设施建设、可持续发展等。然而，资产管理公司在这

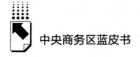

些领域的作用尚未充分发挥，可能由于缺乏相关技术能力、行业认可度和合作机会等。

（二）机遇

1. 市场需求旺盛

数字服务在提升城市能级的过程中，有着旺盛的市场需求。随着城市化进程的加快和城市能级提升的需求增加，资产管理公司作为专业机构，具备整合和管理资金、数据、资源的能力，能够为城市能级提升提供有力支持。市场对于数字化工具和服务的需求将为资产管理公司提供更多发展机会。

2. 功能优势明显

数字服务为资产管理公司提供了开发差异化产品和服务的机会。资产管理公司可以利用数字技术和大数据分析等工具，开发个性化和差异化的产品，以满足城市能级提升的特定需求。例如，基于智能化城市运营的资产管理产品、可持续投资和 ESG 整合等，都是资产管理公司可以探索的领域。

五 案例分析——北京 ZKGC 项目

（一）项目情况

ZKGC 项目位于北京市西直门、中关村、亚奥三大商圈的交汇点，南望西直门，北邻三环路，西北接壤中关村，东北毗邻亚奥商圈，是北京市海淀区的商业核心。项目 2005 年开工，2010 年竣工，总建筑面积为 40.82 万平方米，其中地上总建筑面积为 20.05 万平方米（产权证面积 16.97 万平方米），地下总建筑面积为 20.77 万平方米。项目主要为商业综合体，ZKCY 公司自行进行商业运营管理，因 ZKJT 公司和 ZKCY 公司 2013 年资金链断裂，ZKGC 项目停止运营。

（二）项目诉求

1. 当地政府

ZKGC 项目闲置多年，不仅严重影响城市形象，还造成了严重的税收流失，小业主纠纷及拆迁遗留问题相互交织。

2. ZKJT 和债权人

运营 ZKGC 项目产生多项负债，涉及债务金额超百亿元，ZKJT 公司已经无力偿还，ZKGC 项目盘活可解决 ZKJT 公司持续数年的巨额债务问题，债权人的债权也可以得到保障，实现有序退出。

3. 当地企业

北京市海淀区拥有众多的高科技企业，可持续发展能力强，ZKGC 项目盘活后，可以提供优质办公物业，助力当地企业发展。

（三）项目契机

1. 资产管理公司

ZKGC 项目是典型的问题企业救助重组项目，可充分发挥资产管理公司在盘活存量资产、问题项目重整方面的专业优势，实现经济效益和社会效益的双赢。

2. ZKGC 项目

ZKGC 项目物业已竣工使用多年，相关手续完备，无其他建设问题，后续投入成本小，地理位置优越，本身价值较高。其位置好、体量大，具备整体收购和改造的条件。

3. 当地政府

北京市海淀区政府全力推进 ZKGC 项目的重整，主导协调解决历史遗留问题、拆迁问题和小业主物业回购问题，从而消除重整过程中重整方的疑虑。

4. 当地企业

ZJTD 公司是北京市海淀区快速成长的独角兽企业，为吸引优秀人才加盟，提升企业形象，ZJTD 公司有意在北京市海淀区购置整栋办公楼作为其总部大楼，ZKGC 项目符合 ZJTD 公司的需求。

（四）数字服务

1. 数据整理

（1）梳理项目基本信息，包括项目取得情况及指标、项目实测数据、

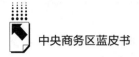

项目现状、资产限制情况等。

（2）梳理项目债务情况。按照债务分类分别梳理债务情况，包括借款及担保类债权、工程款类债权、税费类债权、经营租赁应付款类债权、物业回购款类债权、职工工资及补偿类债权、农工商遗留类债权等。

（3）梳理债务人、合作方情况，包括基本情况、股权及实控人情况、管理情况、公司产品、核心竞争力、财务报表、发展战略等。

（4）梳理前期尽调及谈判情况，包括现场尽调情况、政府协调情况、债权人谈判情况、合作方尽调情况、中介机构参与情况等。

2.资产定价

依据前期资产管理公司资产定价数据和资产包收购数据，根据梳理的项目情况，对项目进行 SWOT 分析（见图 2）和价值分析，研判整体价值，形成资产估值。

优势	劣势
· 三环内稀缺大型商业项目，地上面积在20万平方米左右； · 毗邻大钟寺地铁站，交通便捷； · 地处中关村海淀园内，入驻企业享受中关村政策优惠。	· 由于业主对项目定位不清及对项目改造升级摇摆不定，导致2013年后商业整体运营不善，规划比较混乱，当前商业氛围薄弱，无法支撑区域内办公人群的日常消费； · 个别楼栋单层平面最大达13000平方米，进深过深导致采光不足，且垂直交通配置需要重新调整； · 项目合计约6万平方米地上面积（办公+商业）散售给小业主，其中商业面积分散在多个楼层，这导致项目业权分散；2014年终止向商业租户返还承诺租金造成的纠纷尚未得到妥善处理。
机会	威胁
· 为海淀区政府高度重视的存量改造项目，当前获得政府支持力度较大； · 项目区位优势明显，作为三环内、中关村稀缺的潜在新增供应，如能顺利打造为甲级写字楼，未来项目升值空间较大。	· 房产证、测绘报告、消防验收等面积呈现不一致，报批报建方面存在较大风险； · 项目合计约6万平方米地上面积散售，如欲整体持有需要向业主回购，当前ZKJT公司只取得约40%业主的回购意向书，其余部分可能需要买家完成，并承担ZKJT公司无力支付的违约金和承诺租金，这将大幅增加收购的时间和金钱成本。

图 2　SWOT 分析

3.结构设计

依据前期资产管理公司资产盘活案例，根据梳理的合作方情况，充分研判合作方财务状况及发展趋势，做好项目的合规性分析、优势分析和风险性分析，合理设计项目交易结构（见图3）。

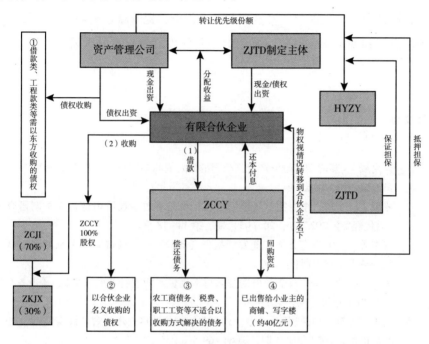

图3　项目交易结构

4.资产管理

依托前期资产管理公司成功案例，制定有效的投资管理方案，包括项目监管、现场监管和非现场监管等，做好项目后续投资管理工作。

（五）实施效果

ZKGC 项目最终实现盘活，成为 ZJTD 公司总部大楼，满足 ZJTD 公司长远发展的需要，同时，债权人债务得到合理偿清，政府税费得以保障，CBD 的形象得以提升，资源使用效率得以提高，资产管理公司实现经济效益和社会效益双赢。

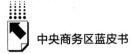
　　CBD 是一个国家或城市商务活动进行的主要区域，高度集中城市的经济、科技和文化，是每一个城市汇聚巨大动能和潜力的区域。但受各种因素影响，CBD 容易产生不良资产，造成资源浪费。资产管理公司作为金融领域的重要参与者，通过充分运用数字服务，发挥整合能力，盘活 CBD 不良资产，降低潜在风险隐患，发掘资产潜在价值，提升城市要素配置，促进城市经济发展和创新能力提升，为 CBD 可持续发展做出重要贡献。

参考文献

［1］卢禹辰：《新时期金融资产管理公司战略发展问题研究》，《时代金融》2022 年第 6 期，第 63~65 页。

［2］张淑雯、李瑞、李海霞：《数据价值化视角下数字经济内部运作机制研究》，《时代经贸》2023 年第 20（05）期，第 14~18 页。

［3］张杰等：《中央商务区产业发展报告（2022）——高端服务引领城市更新》，社会科学文献出版社，2022。

［4］朱珠、张博：《中国金融周期波动与不良资产管理行业的发展》，《税务与经济》2019 年第 6 期，第 1~10 页。

［5］岳丰、王哲、刘殊玥等：《中信证券非结构化数据处理平台建设实践》，《中国金融电脑》2023 年第 4 期，第 64~69 页。

［6］周玲：《大数据背景下金融资产管理公司内部审计研究》，《中国商论》2021 年第 10 期，第 156~158 页。

B.8
数字经济对城市能级的
区域异质性影响
——来自微观上市企业的观察

高杰英　黄素勤*

摘　要：　与传统经济相比，数字经济从根本上改变了商业社会的组织运作逻辑和价值创造方式，成为引领中国经济高质量发展的重要力量。本报告以2011~2021年我国各地CBD所在城市沪深A股上市企业为研究对象，利用文本分析法刻画数字化转型程度，实证考察了企业实施数字化转型能否提升自身价值和创新绩效并减轻税负，从而赋能提升城市能级，并从三大地域、四大经济圈和五大数字化地区三个维度考察了数字经济提升城市能级的区域异质性。研究发现，数字化转型能够通过提升企业价值、企业创新绩效和降低企业税负的方式提升城市能级。区域异质性分析发现数字化转型对企业价值、企业创新绩效和企业税负的作用在东部地区更为明显；数字化转型对企业价值的促进作用在长三角和珠三角经济圈更明显，对企业创新绩效的促进作用在成渝经济圈和京津冀经济圈更加明显，对企业税负的抑制作用在珠三角经济圈更明显；数字化转型对企业价值和企业税负的作用在"北上广江浙"地区更明显，对企业创新绩效的作用在其他省份较明显。此外，进一步分析发现，地区金融发展水平在数字化转型提升企业价值和降低企业税负方面发挥了协同作用，而在数字化转型提

---

* 高杰英，CBD发展研究基地主任、教授；黄素勤，首都经济贸易大学金融学院博士研究生。

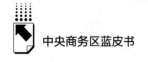
升企业创新绩效方面发挥了替代作用。

关键词： 数字经济　城市能级　企业价值

一　引　言

　　随着全球经济的持续演化，数字经济已逐渐成为推动城市发展、提升城市能级的重要引擎。数字经济作为我国经济增长的最活跃的驱动力，其影响力已经渗透到社会经济的各个领域，融合的广度和深度也在不断增强。《数字中国发展报告（2022 年）》显示，2022 年我国数字经济规模达到 50.2 万亿元，总量稳居世界第二，同比名义增长 10.3%，占 GDP 的比重提升至 41.5%。我国数字经济在规模保持高速增长之下逐渐成为国民经济的重要组成部分和增长动力。此外，数字经济作为一种新的经济形态，利用数字化知识和信息作为主要生产资料，通过网络平台连接消费者和供应商，驱动城市创新，提升生活质量，优化资源配置，以此提升城市能级。在这个过程中，城市作为全球经济的重要节点，需要不断适应这种变革，利用新兴的数字技术改革传统行业，发展新兴行业，提升城市的经济活力和社会创新能力，从而赋予城市更高的发展能级。如何利用好数字经济这一利器，实现智慧城市转型是我们当前和未来面临的重要挑战。

　　推动城市发展、提升城市能级离不开微观企业的作用。首先，经济实力越强的企业通常能创造更多的经济产出，从而提升城市的经济能级，推动城市的整体经济发展。其次，企业创新可以引领产业的转型和发展，推动产业结构的优化。高科技和创新型产业的发展，可以提升城市的产业能级，帮助城市实现从低附加值的传统产业向高附加值的创新型产业的转型。此外，财税收入是提升城市能级的重要一环，而企业所得税是财税收入中占比最大的部分，企业经济效益越好越能为城市带来更多的财政收入，从而提升城市经济能级。因此，本报告从微观企业视角探讨数字经济如何提升城市能级。

推进企业数字化转型是面向未来塑造城市核心竞争力的关键之举。数字经济背景下，数字化转型逐渐成为微观企业实现高质量发展过程中的重要战略选择。数字化转型指的是企业利用人工智能、大数据、云计算等新兴数字技术的组合进行业务和运营模式变革的过程。数字化转型本身是一种具有破坏性的创新行为，从根本上改变了企业的基本形态和竞争格局。同时，数字化转型也会引发企业创新活动的变革，引领企业实施创新活动，提高创新效率和创新能力，从而实现跨越式发展。在此背景下，企业如何抓住数字技术机遇，实施数字化转型，充分发挥数字经济的赋能效应，成为理论探索和实践管理共同关注的话题。

基于此背景，本报告从我国各地 CBD 所在城市微观企业视角出发，从企业价值、企业创新绩效和企业税负三个角度考察了企业实施数字化转型能否提升城市能级，并从三大地域、四大经济圈和五大数字化地区三个维度考察了数字经济提升城市能级的区域异质性。研究发现，企业实施数字化转型能够通过提升企业价值、企业创新绩效和降低企业税负的方式提升城市能级。区域异质性分析发现数字化转型对企业价值、企业创新绩效和企业税负的作用在东部地区更为明显；数字化转型对企业价值的促进作用在长三角和珠三角经济圈更明显，对企业创新绩效的促进作用在成渝经济圈和京津冀经济圈更加明显，对企业税负的抑制作用在珠三角经济圈更明显；数字化转型对企业价值和企业税负的作用在"北上广江浙"地区更明显，对企业创新绩效的作用在其他省份较明显。此外，进一步分析发现，地区金融发展水平在数字化转型提升企业价值和降低企业税负方面发挥了协同作用，而在数字化转型提高企业创新绩效方面发挥了替代作用。

本报告可能的研究贡献体现在以下四个方面。第一，本报告验证了数字化转型对企业价值、企业创新绩效和企业税负的显著影响，为企业实施数字化转型的微观经济后果提供了新的理论依据。第二，本报告从微观视角探讨了提升城市能级的影响因素，为提升城市能级提供了实践参考依据。第三，本报告从三大地域、四大经济圈和五大数字化地区三个维度考察了数字经济提升城市能级的区域异质性，更具象化地验证了不同区域的企业实施数字化

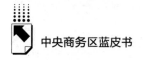

转型如何提升城市能级。第四,本报告将地区金融发展水平纳入数字经济提升城市能级这一分析框架,为技术与金融有效融合并共同发挥积极效应提供了进一步的理论证据。

二 理论分析与研究假设

(一)数字化转型与企业价值

数字化转型对企业价值的作用机制主要表现在以下几方面。

首先,数字化转型能够有效缓解信息不对称的问题。一方面,数字化转型使得企业的数据分析更为精准,企业也能更有效地获取最新信息,进而提高业务办理的效率,并精准地预测业务发展的走向。另一方面,随着实施数字化转型的企业数量的增加,数字化企业之间能更加流畅地实现数据和资源的共享。这种数字化的共享生态将形成一种互利共赢的局面,从而降低参与数字化转型企业的整体信息不对称程度。此外,随着数字化转型进程的推进,具有良好数字化转型表现的企业能利用其数字化优势,在更有效地把握企业内外部信息的同时,也能更加准确地向外界传达企业的内部运营信息。这在一定程度上缓解了信息不对称导致的资源配置效率低下问题,不仅提升了企业内部资源的配置效率和企业的生产经营效率,也能吸引外部优质资源的投入。充裕的资源投入也会为企业价值的提升奠定坚实的基础。

其次,数字化转型能更有效地缓解企业的融资困境。从金融体系角度来看,间接融资是我国企业的主要融资方式,银行等传统金融机构对于信贷投放往往秉持着非常谨慎的态度,民营企业、中小企业得到银行贷款相对困难。此外,大多数企业的生命周期较短,难以满足银行对抵押品的要求,在高风险的情况下,银行自然会谨慎贷款。此外,企业通常难以达到资本市场融资的标准,这使得企业融资面临困难。然而,企业数字化转型能在一定程度上缓解这一融资限制。尤其是,随着数字化转型进程的加速,它能更好地推动信用体系的构建和发展,有助于缓解银行信贷中普遍存在的逆向选择和道德风险问题，使得银行更愿意向企业发放贷款。更进一步地，因为数字化转型企业在数字经济时代具有更广阔的发展前景，这类企业在市场中能得到更多的关注，不仅更容易在资本市场获得融资，而且在银行贷款方面也可能获得更优惠的条件，从而有效地解决融资问题。

最后，数字化转型更有利于激发企业的创新活力。这主要是因为，企业有效的创新离不开对产业发展趋势的精准把握。而数字化转型极大地提高了企业挖掘和利用内外部信息的能力，使企业能够根据市场发展需求，尽快进行产品和服务的升级。更进一步，数字化技术的飞速发展和应用，使得企业在升级过程中的创新更为便利。

企业价值的提高有助于提升城市能级。其一，高价值的企业通常能创造更多的经济产出，有助于提升城市的经济能级。这些企业往往能为城市创造大量的就业机会，促进经济发展。其二，高价值的企业往往具有良好的经营业绩和发展前景，有助于吸引外部投资。这些投资可以进一步提升城市的经济能级，通过投资带来的产业链效应，推动城市的整体经济发展。此外，高价值的企业往往有助于塑造城市的形象和品牌。一个拥有众多高价值企业的城市，会让人们认为这个城市具有较强的创新能力和发展潜力。其三，高价值的企业一般能为城市带来大量的财政收入，这些收入可以用来提升城市的公共服务水平，提升城市能级。因此，提升企业的价值，有利于提升城市的能级。

基于此，本报告提出第一个假设：

假设 1：数字化转型能提高企业价值，从而提升城市能级。

（二）数字化转型与企业创新绩效

数字化转型对企业创新绩效的驱动作用表现在以下三个方面。

首先，数字化转型有助于拓展企业的创新机会。企业创新的基础在于识别创新机会，这就要求企业必须能够有效地识别内外部环境中与创新相关的机会。在数字时代，数字技术连接了众多的企业利益相关者，企业面临的市场环境和技术环境也在快速变化。传统的信息管理系统主要是对企业内部数

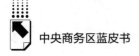

据进行存储和处理，对外部环境的反应往往不够敏捷。然而，当企业根据业务需求引入以大数据和云计算为代表的数字化转型工具时，企业便可以持续地扫描、捕获和分析各种复杂的信息，从而快速地把握创新机会。

其次，数字化转型能够提高企业的创新效率。数字技术不仅可以对创新流程进行精确的解构和定位，推动企业创新模式从粗放式向精细式转变，还可以减少烦琐和重复性的工作，使知识型员工能够将更多的精力投入到创新活动中。

最后，数字化转型有助于降低企业的创新成本。企业创新是一个需要不断试错的过程，具有高风险性、高不确定性和长周期的特征，因此需要投入大量的研发资金。企业通过引入数字孪生和数字仿真技术，可以将实验元素数字化，以较低的成本实现理想的实验次数，达到创新目标。创新成本的降低和创新效率的提高，会激励企业将更多的资源用于产品和技术的研发，形成积极的反馈机制。

提高企业创新绩效有助于提升城市能级。其一，创新是推动经济增长的重要动力。企业的创新能力和创新活动能够推动产业结构升级，提升城市经济的竞争力，从而提高城市的经济能级。其二，企业创新可以引领产业的发展和转型，推动产业结构的优化。高科技和创新型产业的发展，可以提升城市的产业能级，帮助城市实现从低附加值的传统产业向高附加值的创新型产业的转型。此外，企业创新能力的强弱，往往影响城市的形象和品牌。有一群创新型企业的城市，往往会被视为创新的中心，这有利于提升城市的知名度和吸引力。其三，企业的创新活动也可能直接或间接地提升城市的社会服务水平。比如，一些创新型企业可能会开发出新的服务模式或产品，提升公众的生活质量。因此，企业创新对提升城市能级有着重要的影响。

基于此，本报告提出第二个假设：

假设2：数字化转型能提高企业创新绩效，从而提升城市能级。

（三）数字化转型与企业税负

数字化转型对企业税负的影响主要体现在以下两个方面。

　　首先，数字化转型增强了企业的节税能力。节税指的是企业充分利用国家的税收优惠政策来降低税收成本，具体表现为在多种税收政策和计税方式可供选择时，企业以最低的税收负担为目标，对其经营活动的涉税行为进行选择。数字化转型提升企业节税能力主要体现在以下几个方面。第一，数字化转型推动了企业财务的数字化管理。通过数字技术，企业可以建立数字化的财税信息平台，实现涉税相关财务工作和数字技术的深度融合。因此企业能够实时掌握最新的税收政策，并根据税收政策的变化及时调整其生产经营活动和财务决策。第二，数字化转型推动了企业业务、财务和税务的一体化。企业实现数字化转型后，可以利用数字技术处理生产经营过程中产生的大量数据，提取出对经营决策有用的信息，从而开展大数据税务分析，加强税务风险的管理，推进业务、财务和税务的一体化进程，提升企业的税收筹划能力。第三，数字化转型促进了企业对数字技术的投资。这些投资包括数字基础设施的建设、数字技术的研发和数字技术要素的投入，具体体现为企业建立数字信息系统、招聘数字化人才、加大数字技术研发资金投入、购买数字化相关的软硬件设施、实现与数字技术相匹配的固定资产更新等。因此，在整个数字化转型的过程中，企业可以通过调整其数字技术投资的水平，实现账面利润的跨年度调整，结合研发费用加计扣除、无形资产加计摊销等税收优惠政策，企业在税收成本方面有了更大的筹划空间，从而提升了节税能力。

　　其次，数字化转型增强了企业税负的转嫁能力。税负转嫁是指企业将其支付的税款通过多种方式转由其他经济主体承担的行为和过程，这主要发生在以增值税为主的间接税的支付过程中。当增值税的抵扣链完全打通时，企业支付增值税的行为实际上是"预先支付"，并不构成企业的真实税收负担。然而，并不是所有企业都能实现间接税负的完全转移。有学者研究发现，中国的企业缴纳的间接税并没有完全转移，而是由企业和消费者共同承担，企业甚至承担了其中的70.9%。实际上，产品议价能力是企业实现税负转移的关键因素，而数字化转型能够有效提高企业产品的议价能力。具体来说，一方面，数字化转型可以提升产品的个性化程度。在数字化转型过程

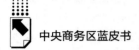

中，企业可以利用数字技术快速掌握外部市场和客户信息。另一方面，数字化转型可以提升产品质量和生产效率。企业可以利用数字技术建立自动收集数据并进行实时反馈与调整的闭环管理系统，通过优化生产流程来提升产品的生产效率和质量。因此，数字化转型可以提升企业产品的议价能力，从而增强税负的转嫁能力。

综上所述，数字化转型增强了企业的节税能力和税负转嫁能力，在企业营业收入一定的条件下能减少税费缴纳规模，从而降低整体税费负担。

降低企业税负有助于提升城市能级。其一，企业税负过高可能会阻碍企业的发展。由于高额的税收，企业可能会面临资金短缺，无法进行新的投资或扩大生产，这可能会对城市的经济发展产生负面影响。其二，企业税负的高低会影响一个城市吸引外部投资和新企业的能力。税负过高可能会让投资者或企业选择在税率更低的地区进行投资或设立新的企业。其三，企业税负也可能影响一个城市的人才吸引力。高企业税负可能会使企业降低薪酬，从而影响对人才的吸引力。因此，企业税负是影响城市能级的重要因素。

基于此，本报告提出第三个假设：

假设3：数字化转型能降低企业税负，从而提升城市能级。

三 研究设计

（一）样本选择与数据来源

本报告以我国各地CBD所在城市为研究区域，选取2011~2021年沪深两市A股上市企业作为研究样本。其中，样本涉及的与企业价值相关的财务数据来自CSMAR数据库，关于企业创新绩效的专利数据来自CNRDS专利数据库。为保证样本数据的有效性，本报告对数据进行了如下筛选：（1）剔除金融行业样本；（2）剔除财务数据缺失和异常的样本；（3）剔除ST、PT、*ST及处于退市整理期的样本。此外，为了排除极端异常值对实证结论的干扰，本报告对所有连续变量进行了上下1%分位数的缩尾处理。

（二）模型构建

为了验证数字化转型对企业价值的作用，本报告构造如下计量模型：

$$TobinQ_{i,t} = \alpha + \beta\, Digital_{i,t} + \sum Control_{i,t} + \mu_i + \tau_t + \varepsilon_{i,t} \tag{1}$$

其中，$TobinQ$ 为被解释变量企业价值，$Digital$ 为核心解释变量企业数字化转型指数，$Control$ 为一系列可能影响企业价值的控制变量，包括企业规模（$Size$）、企业年龄（Age）、杠杆率（Lev）、成长能力（$Growth$）、总资产周转率（ATO）、独立董事占比（$Indep$）、股权集中度（Top_1）、机构持股比例（$Inst$）和两职合一（$Dual$）。μ 和 τ 分别表示个体和年份固定效应，ε 表示随机扰动项。

为了验证数字化转型对企业创新绩效的作用，本报告构造如下计量模型：

$$Innovation_{i,t} = \alpha + \beta\, Digital_{i,t} + \sum Control_{i,t} + \mu_i + \tau_t + \varepsilon_{i,t} \tag{2}$$

其中，$Innovation$ 为被解释变量企业创新绩效，本报告使用创新投入绩效（$R\&D$，研发支出/营业收入）和创新产出绩效（$Apply$，专利申请数量加 1 取对数；$Grant$，专利授权数量加 1 取对数）来衡量。$Digital$ 为核心解释变量企业数字化转型指数，$Control$ 为一系列可能影响企业价值的控制变量，包括企业规模（$Size$）、企业年龄（Age）、杠杆率（Lev）、盈利能力（Roa）、成长能力（$Growth$）、独立董事占比（$Indep$）、股权集中度（Top_1）、机构持股比例（$Inst$）和两职合一（$Dual$）。μ 和 τ 分别表示个体和年份固定效应，ε 表示随机扰动项。

为了验证数字化转型对企业税收负担的作用，本报告构造如下计量模型：

$$Tax_{i,t} = \alpha + \beta\, Digital_{i,t} + \sum Control_{i,t} + \mu_i + \tau_t + \varepsilon_{i,t} \tag{3}$$

其中，Tax 为被解释变量企业税负，本报告使用所得税费用与企业利润总额的比值（Tax_1）和支付的各项税费减去收到的税收返还所得到的税费

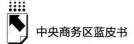

净支出与营业收入的比值（Tax_2）来衡量。$Digital$ 为核心解释变量企业数字化转型指数，$Control$ 为一系列可能影响企业价值的控制变量，包括企业规模（$Size$）、杠杆率（Lev）、盈利能力（Roa）、账面市值比（BM）、资本密集度（PPE）、存货密集度（INV）、地区生产总值（GDP）、财政收入规模（INC）。μ 和 τ 分别表示个体和年份固定效应，ε 表示随机扰动项。

（三）主要变量测度

被解释变量。本报告主要从企业价值、企业创新绩效和企业税负三个微观角度考察数字经济如何赋能企业提升城市能级。对于企业价值，本报告使用托宾 Q 值（$TobinQ$）来衡量，具体计算公式为 $TobinQ$ = 市值/（资产总计-无形资产净额-商誉净额）。

对于企业创新绩效，本报告从创新投入绩效和创新产出绩效两个角度来衡量。其中，创新投入绩效使用研发投入强度（$R\&D$）衡量，具体公式为企业研发投入/营业收入；创新产出绩效分别使用专利申请数量（$Apply$）和专利授权数量（$Grant$）衡量，鉴于一些企业的专利申请或授权数量可能为 0，本报告对相应的数据采取加 1 取对数的方式构造被解释变量，具体公式为 $Apply$ = ln（1+专利申请数），$Grant$ = ln（1+专利授权数）。考虑到创新从投入到产出具有一定的时滞性，本报告在回归中使用了滞后一期的专利数据。

对于企业税负，本报告从所得税和各项税费总额两个维度衡量。本报告首先使用所得税费用与企业利润总额的比值（Tax_1）来衡量企业所得税税收负担。其次，本报告使用现金流量表中的"支付的各项税费"项目减"收到的税收返还"表示企业当期全部税费净支出。而企业缴纳税费的主要来源为营业收入，因此本报告使用税费净支出与营业收入的比值（Tax_2）来衡量企业总体税费负担。

核心解释变量。基于制造业上市企业年报信息，使用文本分析法构建企业数字化转型指数（$Digital$），具体分为以下 3 个步骤：（1）利用 Python 爬虫功能归集整理了全部沪深 A 股上市企业的年度报告，并通过 Java PDFbox 库提取所有文本内容，并以此作为数据池供后续的特征词筛选；（2）在现有学术文献的基础上，归纳整理出有关数字化转型的特定关键词，筛选出与数字化转型相关的高频词汇，形成涵盖人工智能技术、大数据技术、云计算技术、区块链技术四个维度的数字化转型分词词典；（3）针对所有沪深A股上市企业的年报文本，根据上述各维度关键词进行搜索、匹配和词频计数，进而分类归集关键技术方向的词频并形成最终加总词频，从而构建企业数字化转型指数（Digital）。由于这类数据具有典型的"右偏性"特征，本报告对其进行了对数化处理。此外，在稳健性检验中，本报告使用CSMAR数据库中《中国上市公司数字化转型研究数据库》中统计的数字化转型指数（digital）测度企业数字化转型程度，该数据库根据战略引领、技术驱动、组织赋能、环境支撑、数字化成果、数字化应用六个指标进行加权计算，得出了企业数字化转型指数，能较为全面系统地刻画企业数字化转型程度。

控制变量。本报告参考现有文献，分别选取了可能影响企业价值、企业创新绩效和企业税负的系列变量作为控制变量。具体变量定义如表1。

表1　变量名称、符号及定义

变量类别	变量名称	变量符号	变量定义
被解释变量	企业价值	$TobinQ$	市值/（资产总计-无形资产净额-商誉净额）
	企业创新绩效	$R\&D$	企业研发投入/营业收入
		$Apply$	$\ln(1+$专利申请数$)$
		$Grant$	$\ln(1+$专利授权数$)$
	企业税负	Tax_1	所得税费用/企业利润总额
		Tax_2	（支付的各项税费-收到的税收返还）/营业收入
解释变量	企业数字化转型指数	$Digital$	计算方法见文中描述
控制变量	企业规模	$Size$	年末总资产的自然对数
	企业年龄	Age	$\ln($观测年度-成立年度$+1)$
	杠杆率	Lev	总负债与总资产的比值
	成长能力	$Growth$	本年营业收入/上一年营业收入-1
	盈利能力	Roa	净利润/总资产平均余额
	账面市值比	BM	股东权益/公司市值
	总资产周转率	ATO	营业收入/资产总额期末余额
	机构持股比例	$Inst$	机构投资者持股总数/流通股本

变量类别	变量名称	变量符号	变量定义
控制变量	股权集中度	Top_1	第一大股东持股数量/总股数
	独立董事占比	$Indep$	独立董事数量/董事会总人数
	两职合一	$Dual$	虚拟变量,董事长与总经理兼任为1,否则为0
	资本密集度	PPE	固定资产净值/总资产
	存货密集度	INV	存货净值/总资产
	地区生产总值	GDP	各省GDP的自然对数
	财政收入规模	INC	各省公共财政收入的自然对数
	年份	$Year$	虚拟变量,样本来自所在年度取值1,否则取0

(四)描述性统计与相关性分析

表2中Panel A至Panel C分别报告了模型(1)至模型(3)中主要变量的描述性统计结果。从Panel A的结果可以看出,企业价值($TobinQ$)的最小值和最大值分别为0.876和10.303,标准差为1.539,表明样本企业的价值存在较大差异;且均值2.165大于中位数1.659,表明超过半数企业的价值低于样本企业均值,因此如何提升企业价值仍是大多数企业如今面临的难题。从Panel B的结果可以看出,研发投入强度($R\&D$)的最小值和最大值分别为0.000和0.271,均值和中位数分别为0.042和0.034,表明平均而言企业研发支出只占到营业收入的4.2%,样本企业研发水平处于较低水平。而专利申请数量和专利授权数量的最小值都是0.000,最大值分别为7.142和6.844,标准差分别为1.659和1.600,表明样本企业之间的产出绩效存在较大差异。从Panel C的结果可以看出,企业所得税税负(Tax_1)的最小值和最大值分别为-0.608和0.833,均值和标准差分别为0.165和0.176,表明部分企业存在利润为负和税负较高的情况。而从现金流量表来看,企业总体税负(Tax_2)的最小值和最大值分别为-0.061和0.311,均值和标准差分别为0.056和0.061,表明企业总体税负处于较低水平。

对于企业数字化转型指数($Digital$),由于三个模型涉及的变量存在缺失值问题,因此剔除缺失值后的描述性统计结果存在细微差异,但不影响整体结果。综合三个模型的描述性统计结果来看,企业数字化转型指数的最小值和最大值分别为 0.000 和 5.635,标准差约为 1.2,表明样本企业间的数字化转型程度存在明显差异,部分企业尚未实施数字化转型。

表 2　描述性统计结果

变量	观测值	平均值	标准差	最小值	中位数	最大值
Panel A：模型(1)						
$TobinQ$	23976	2.165	1.539	0.876	1.659	10.303
$Digital$	23976	2.721	1.227	0.000	2.708	5.635
$Size$	23976	22.427	1.316	19.785	22.258	26.372
Age	23976	2.932	0.328	1.792	2.996	3.526
Lev	23976	0.455	0.205	0.063	0.451	0.920
$Growth$	23976	0.161	0.425	−0.595	0.098	2.808
ATO	23976	0.635	0.445	0.058	0.540	2.642
$Indep$	23976	0.374	0.053	0.333	0.333	0.571
Top_1	23976	0.352	0.152	0.088	0.331	0.755
$Inst$	23976	0.467	0.237	0.004	0.488	0.912
$Dual$	23976	0.244	0.429	0.000	0.000	1.000
Panel B：模型(2)						
$R\&D$	20001	0.042	0.045	0.000	0.034	0.271
$Apply$	19988	3.098	1.659	0.000	3.178	7.142
$Grant$	19988	2.889	1.600	0.000	2.944	6.844
$Digital$	20001	2.867	1.200	0.000	2.833	5.635
$Size$	20001	22.415	1.295	19.785	22.233	26.372
Age	20001	2.915	0.332	1.792	2.944	3.526
Lev	20001	0.440	0.199	0.063	0.435	0.920
Roa	20001	0.039	0.063	−0.226	0.037	0.218
$Growth$	20001	0.160	0.393	−0.595	0.104	2.808
$Indep$	20001	0.374	0.053	0.333	0.333	0.571
Top_1	20001	0.349	0.149	0.088	0.330	0.755
$Inst$	20001	0.454	0.243	0.004	0.476	0.912
$Dual$	20001	0.260	0.439	0.000	0.000	1.000

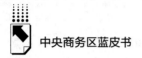

续表

变量	观测值	平均值	标准差	最小值	中位数	最大值
Panel C:模型(3)						
Tax_1	25171	0.165	0.176	−0.608	0.156	0.833
Tax_2	21413	0.056	0.061	−0.061	0.043	0.311
Digital	25171	2.719	1.220	0.000	2.708	5.635
Size	25171	22.401	1.320	19.785	22.227	26.372
Lev	25171	0.450	0.205	0.063	0.444	0.920
Roa	25171	0.040	0.062	−0.226	0.037	0.218
BM	25171	0.339	0.162	0.027	0.318	0.790
PPE	25171	0.222	0.165	0.002	0.189	0.708
INV	25171	0.151	0.144	0.000	0.116	0.730
GDP	25171	10.503	0.753	7.920	10.549	11.731
INC	25171	17.521	0.755	14.942	17.635	18.765

表 3 中 Panel A 至 Panel C 分别报告了模型（1）至模型（3）中各变量之间的 Pearson 相关系数和 Spearman 相关系数。从 Panel A 中可以看出，企业数字化转型指数（Digital）与企业价值（TobinQ）的 Spearman 相关系数为 0.036，且显著为正，这表明在不考虑其他因素的影响时，数字化转型能显著提升企业价值，该结论初步验证了假设 1。从 Panel B 中可以看出，企业数字化转型指数（Digital）与企业创新投入绩效（R&D）和创新产出绩效（Apply、Grant）的 Pearson 相关系数和 Spearman 相关系数均显著为正，这表明在不考虑其他因素的影响时，数字化转型能显著提升企业的创新绩效，该结论初步验证了假设 2。从 Panel C 中可以看出，数字化转型指数（Digital）与企业税负（Tax_1、Tax_2）的 Pearson 相关系数和 Spearman 相关系数均显著为负，初步验证了假设 3，即数字化转型会显著抑制企业税负。此外，三个模型中其他各控制变量间的相关系数的绝对值均小于 0.5，表明变量间不存在明显的多重共线性，保证了后续多元回归结果的可靠性。

表 3　相关系数矩阵

Panel A：模型（1）

变量	TobinQ	Digital	Size	Age	Lev	Growth	ATO	Indep	Top_1	Inst	Dual
TobinQ	1	-0.006	-0.398***	0.029***	-0.249***	0.033***	-0.028***	0.043***	-0.136***	-0.076***	0.076***
Digital	0.036***	1	0.168***	0.084***	-0.025***	0.089***	0.122***	0.049***	-0.041***	-0.025***	0.088***
Size	-0.525***	0.159***	1	0.149***	0.479***	0.071***	-0.031***	0.004	0.171***	0.412***	-0.154***
Age	0.029***	0.069***	0.122***	1	0.114***	-0.067***	-0.080***	-0.001	-0.144***	0.010	-0.075***
Lev	-0.249***	-0.030***	0.467***	0.131***	1	0.015	0.045***	0.004	0.031***	0.161***	-0.113***
Growth	0.033***	0.036***	0.054***	-0.023***	0.032***	1	0.161***	0.002	0.012*	0.032***	0.044***
ATO	-0.028***	0.083***	-0.003	-0.042***	0.087***	0.085***	1	-0.022***	0.070***	0.032***	-0.011*
Indep	0.043***	0.053***	0.026***	-0.009	0.008	0.002	-0.014**	1	0.034***	-0.034***	0.113***
Top_1	-0.136***	-0.046***	0.205***	-0.149***	0.032***	0.013**	0.065***	0.044***	1	0.556***	-0.055***
Inst	-0.076***	-0.038***	0.429***	0.025***	0.173***	0.045***	0.060***	-0.039***	0.535***	1	-0.176***
Dual	0.076***	0.089***	-0.145***	-0.076***	-0.110***	0.021***	-0.022***	0.115***	-0.060***	-0.186***	1

Panel B：模型（2）

变量	R&D	Apply	Grant	Digital	Size	Age	Lev	Roa	Growth	Indep	Top_1	Inst	Dual
R&D	1	0.286***	0.283***	0.242***	-0.231***	-0.067***	-0.284***	0.193***	0.234***	0.014**	-0.145***	-0.218***	0.141***
Apply	0.187***	1	0.865***	0.251***	0.411***	0.026***	0.179***	0.088***	0.067***	0.003	0.036***	0.132***	-0.041***
Grant	0.171***	0.868***	1	0.267***	0.409***	0.057***	0.187***	0.066***	0.072***	0.008	0.035***	0.125***	-0.038***
Digital	0.263***	0.237***	0.249***	1	0.173***	0.120***	0.007	0.084***	0.095***	0.062***	-0.059***	-0.021***	0.080***
Size	-0.164***	0.440***	0.441***	0.159***	1	0.173***	0.492***	-0.030***	0.058***	-0.003	0.149***	0.406***	-0.163***
Age	-0.060***	0.017**	0.043***	0.111***	0.146***	1	0.103***	-0.077***	-0.050***	-0.011	-0.141***	0.024***	-0.075***
Lev	-0.241***	0.166***	0.177***	-0.000	0.480***	0.121***	1	-0.420***	0.003	-0.000	0.030***	0.172***	-0.126***

变量	R&D	Apply	Grant	Digital	Size	Age	Lev	Roa	Growth	Indep	Top₁	Inst	Dual
Roa	0.119***	0.101***	0.073***	0.045***	0.021***	-0.081***	-0.385***	1	0.347***	-0.018	0.113***	0.089***	0.074***
Growth	0.285***	0.024	0.019	0.062***	0.056***	-0.025	0.016	0.255***	1	0.000	-0.000	0.022	0.049***
Indep	0.018**	0.023**	0.030**	0.064***	0.029***	-0.018**	0.007	-0.012*	-0.009	1	0.044***	-0.034***	0.115***
Top₁	-0.131***	0.050***	0.052***	-0.062***	0.195***	-0.146***	0.031***	0.124***	0.010	0.053***	1	0.539***	-0.045***
Inst	-0.164***	0.139***	0.135***	-0.030***	0.430***	0.038	0.180***	0.096***	0.045***	-0.039***	0.525***	1	-0.176***
Dual	0.112***	-0.039	-0.035***	0.080***	-0.156***	-0.077***	-0.126***	0.049***	0.026***	0.117***	-0.051***	-0.184***	1

Panel C：模型（3）

变量	Tax₁	Tax₂	Digital	Size	Lev	Roa	BM	PPE	INV	GDP	INC
Tax₁	1	0.225***	-0.105***	0.171***	0.110***	0.028***	0.040***	-0.037***	0.075***	-0.074***	-0.049***
Tax₂	0.132***	1	-0.145***	0.023***	-0.114***	0.193***	0.015***	-0.083***	-0.100***	-0.191***	-0.163***
Digital	-0.078***	-0.179***	1	0.166***	-0.019***	0.093***	0.028***	-0.188***	-0.029***	0.241***	0.255***
Size	0.115***	0.057***	0.158***	1	0.493***	-0.063***	0.011*	0.001	-0.001	-0.023***	-0.002
Lev	0.071***	-0.075***	-0.026***	0.480***	1	-0.441***	-0.502***	-0.020***	0.188***	-0.098***	-0.092***
Roa	0.122***	0.166***	0.056***	-0.005	-0.400***	1	0.187***	-0.069***	-0.076***	0.106***	0.109***
BM	0.030***	-0.006	0.020***	0.012*	-0.527***	0.165***	1	0.100***	-0.151***	0.081***	0.062***
PPE	-0.013	-0.079***	-0.199***	0.064***	0.030***	-0.078***	0.074***	1	-0.273***	-0.086***	-0.154***
INV	0.106***	0.151***	-0.123***	0.098***	0.281***	-0.071***	-0.181***	-0.356***	1	-0.024***	0.001
GDP	-0.042***	-0.199***	0.232***	-0.010	-0.084***	0.070***	0.080***	-0.111***	-0.013***	1	0.910***
INC	-0.029***	-0.173***	0.246***	0.021***	-0.080***	0.069***	0.062***	-0.163***	-0.013***	0.930***	1

注：左下为 Pearson 相关系数，右上为 Spearman 相关系数；*、**、*** 分别表示在10%、5%、1%的水平上显著，下同。

四　实证分析

（一）数字化转型与企业价值

为了验证数字化转型对企业价值的影响，本报告对模型（1）进行回归，回归结果报告于表4。表4中第（1）列采用了固定效应模型进行回归，第（2）列在第（1）列的基础上加入了年份固定效应，采用双向固定效应进行回归。而第（3）列和第（4）列是在第（1）列和第（2）列的基础上替换了解释变量后的回归结果。从回归结果可以看出，数字化转型（*Digital*、*digital*）的系数均在1%的水平上显著为正，表明企业实施数字化转型能显著提升企业价值。这也意味着企业数字化转型作为数字经济时代宏观数字经济发展的微观体现，实施数字化转型的企业更容易得到市场的认可，由此产生了积极的预期，对企业的资本市场价值提升大有裨益。因此，企业的数字化转型程度越高，越能有效提升企业价值，假设1得到验证。

表4　数字化转型与企业价值

变量	（1） *TobinQ*	（2） *TobinQ*	（3） *TobinQ*	（4） *TobinQ*
Digital	0.063 *** (3.57)	0.045 *** (2.66)		
digital			1.102 *** (4.78)	0.892 *** (3.99)
Size	-0.696 *** (-16.47)	-0.684 *** (-16.05)	-0.695 *** (-16.45)	-0.686 *** (-16.07)
Age	1.175 *** (11.85)	1.055 *** (5.47)	1.182 *** (12.39)	1.038 *** (5.37)
Lev	0.380 *** (2.65)	0.435 *** (3.08)	0.367 ** (2.57)	0.429 *** (3.05)
Growth	0.084 *** (3.93)	0.054 ** (2.57)	0.089 *** (4.18)	0.056 *** (2.67)

变量	（1） TobinQ	（2） TobinQ	（3） TobinQ	（4） TobinQ
ATO	−0.105* (−1.68)	0.159** (2.51)	−0.100 (−1.59)	0.163*** (2.58)
Indep	0.748** (2.52)	0.665** (2.44)	0.763*** (2.58)	0.680** (2.50)
Top_1	−1.941*** (−9.96)	−1.837*** (−9.76)	−1.921*** (−9.90)	−1.815*** (−9.68)
Inst	1.731*** (11.51)	1.721*** (11.90)	1.750*** (11.62)	1.735*** (11.98)
Dual	−0.048 (−1.41)	−0.056* (−1.78)	−0.047 (−1.38)	−0.056* (−1.76)
Constant	13.656*** (17.48)	13.273*** (13.13)	13.365*** (17.43)	13.151*** (13.02)
Company FE	YES	YES	YES	YES
Year FE	NO	YES	NO	YES
Observations	23976	23976	24002	24002
R-squared	0.073	0.231	0.073	0.231

注：括号中数值为聚类到企业个体层面的稳健的 t 统计量，下同。

（二）数字化转型与企业创新绩效

为了验证数字化转型对企业创新绩效的影响，本报告对模型（2）进行回归，回归结果报告于表5。表5中第（1）～（3）列分别展示了数字化转型指数（Digital）对企业创新投入绩效（R&D）和滞后一期的创新产出绩效（F. Apply、F. Grant）的回归结果，第（4）～（6）列则是将解释变量由 Digital 替换为 digital 之后的回归结果。从回归结果可以看出，数字化转型（Digital、digital）的系数均显著为正，表明企业数字化转型不仅提升了企业创新投入绩效，还提升了企业创新产出绩效，即数字化转型不仅有助于提高企业创新意愿，还有助于提升企业创新产出能力，该结果验证了假设2。

表5　数字化转型与企业创新绩效

变量	(1) R&D	(2) F. Apply	(3) F. Grant	(4) R&D	(5) F. Apply	(6) F. Grant
Digital	0.001 **	0.060 ***	0.051 ***			
	(2.00)	(3.89)	(3.57)			
digital				0.030 ***	0.558 **	0.406 *
				(4.55)	(2.29)	(1.77)
Size	0.002 **	0.338 ***	0.373 ***	0.002 *	0.345 ***	0.380 ***
	(2.16)	(10.03)	(11.17)	(1.94)	(10.24)	(11.40)
Age	−0.015 ***	−0.137	0.053	−0.015 ***	−0.150	0.043
	(−2.70)	(−0.67)	(0.27)	(−2.75)	(−0.73)	(0.22)
Lev	−0.023 ***	−0.186	−0.119	−0.022 ***	−0.202 *	−0.134
	(−6.13)	(−1.60)	(−1.09)	(−6.11)	(−1.73)	(−1.22)
Roa	−0.043 ***	1.172 ***	0.449 **	−0.043 ***	1.186 ***	0.457 **
	(−7.07)	(6.15)	(2.46)	(−6.98)	(6.24)	(2.52)
Growth	0.031 ***	0.022	0.017	0.031 ***	0.023	0.019
	(22.95)	(1.11)	(0.95)	(23.07)	(1.21)	(1.07)
Indep	−0.012 *	0.034	−0.240	−0.011 *	0.028	−0.248
	(−1.79)	(0.12)	(−0.91)	(−1.70)	(0.10)	(−0.94)
Top1	−0.006	−0.219	−0.017	−0.005	−0.210	−0.009
	(−0.88)	(−1.05)	(−0.09)	(−0.75)	(−1.01)	(−0.05)
Inst	−0.005	0.089	−0.059	−0.004	0.092	−0.059
	(−0.98)	(0.70)	(−0.50)	(−0.89)	(0.72)	(−0.50)
Dual	0.000	0.064 **	0.042	0.000	0.065 **	0.042
	(0.41)	(2.13)	(1.44)	(0.41)	(2.15)	(1.45)
Constant	0.025	−4.924 ***	−6.309 ***	0.024	−5.101 ***	−6.450 ***
	(0.95)	(−5.41)	(−7.28)	(0.90)	(−5.60)	(−7.45)
Compony FE	YES	YES	YES	YES	YES	YES
Year FE	YES	YES	YES	YES	YES	YES
Observations	20001	20872	20872	20026	20890	20890
R-squared	0.288	0.205	0.243	0.290	0.204	0.242

（三）数字化转型与企业税负

为了验证数字化转型对企业税负的影响，本报告对模型（3）进行回归，回归结果报告于表6。表6中第（1）列和第（2）列分别报告了两种税负衡量方式下的回归结果，第（3）列和第（4）列是在第（1）列和第

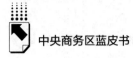

（2）列的基础上替换了解释变量后的回归结果。从回归结果可以看出，数字化转型（*Digital*、*digital*）的系数均显著为负，表明企业数字化转型显著降低了企业税收负担。不管从利润表的角度还是从现金流量表的角度衡量企业税收负担，数字化转型都显著抑制了企业税负，表明企业实施数字化转型增强了企业的节税能力、降低了税费负担，该结果验证了假设3。

表6　数字化转型与企业税负

变量	(1) Tax_1	(2) Tax_2	(3) Tax_1	(4) Tax_2
Digital	−0.006 ***	−0.001 **		
	(−2.98)	(−2.31)		
digital			−0.099 ***	−0.018 **
			(−3.50)	(−2.21)
Size	0.010 ***	0.000	0.010 ***	0.000
	(2.75)	(0.29)	(2.81)	(0.22)
Lev	0.081 ***	−0.022 ***	0.081 ***	−0.022 ***
	(4.60)	(−3.85)	(4.62)	(−3.82)
Roa	0.603 ***	0.068 ***	0.600 ***	0.067 ***
	(21.87)	(7.73)	(21.81)	(7.65)
BM	0.113 ***	−0.008 **	0.112 ***	−0.009 **
	(8.91)	(−2.20)	(8.83)	(−2.21)
PPE	0.007	−0.028 ***	0.006	−0.028 ***
	(0.37)	(−4.80)	(0.34)	(−4.77)
INV	0.087 ***	−0.002	0.086 ***	−0.001
	(4.03)	(−0.16)	(3.98)	(−0.14)
GDP	−0.017	0.006	−0.016	0.006
	(−1.06)	(1.00)	(−0.99)	(1.03)
INC	0.029 **	0.001	0.030 **	0.001
	(1.99)	(0.25)	(2.03)	(0.25)
Constant	−0.486 **	−0.008	−0.489 ***	−0.006
	(−2.55)	(−0.12)	(−2.60)	(−0.09)
Compony FE	YES	YES	YES	YES
Year FE	YES	YES	YES	YES
Observations	25171	21452	25199	21473
R-squared	0.042	0.068	0.043	0.068

五 城市能级提升的异质性分析

中国地域广阔，人口众多，区域之间经济发展水平、产业结构、文化背景等都存在较大差异，而这些差异都可能对数字经济的发展和应用产生重大影响。本报告统计了2011~2021年我国各地CBD所在31个省（自治区、直辖市）的企业数字化转型指数的均值分布情况，并将结果报告于图1。从图1可以看出，我国企业数字化转型程度呈现明显的地区异质性。东南沿海及部分中部地区数字化转型程度相对较高，而西部和北部地区数字化程度较低。企业所处区域数字化转型程度不同会对企业价值、企业创新绩效和企业税负产生不同的作用效果。基于此，本报告分别从三大地域、四大经济圈和五大数字化地区三个维度考察了数字经济提升城市能级的区域异质性。

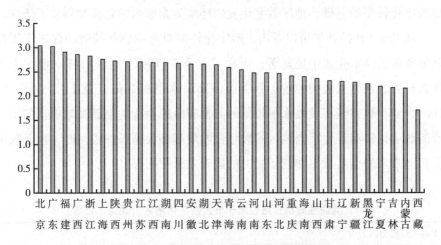

图1　2011~2021年各地区企业数字化转型指数的均值分布

（一）地区数字化发展水平的异质性分析

2022年，我国31个省（自治区、直辖市）深入贯彻党中央、国务院关于加快数字中国建设的战略部署，加快构建数字中国建设一体化推进格局，推动数字技术全面融入经济、政治、文化、社会和生态文明建设，改善数字化发展环境。《数字中国发展报告（2020年）》显示，浙江、北京、广东、江苏、上海、福建、山东、天津、重庆、湖北的数字化综合发展水平居全国前10名。但部分地区还尚未形成数字化与经济社会协同互动、良性互促的发展格局，地区间数字化发展水平存在较大差距。因此本报告进一步探讨企业通过实施数字化转型提升企业价值、企业创新绩效和抑制企业税负是否符合实际情况。

本报告将样本企业按照所属省份，分为地区数字化综合发展水平位居前5的企业和其他企业，即"北上广江浙"的样本企业组和其他省份样本企业组，分别基于模型（1）至模型（3）进行回归，回归结果分别报告于表7中的Panel A、Panel B和Panel C。从Panel A的结果可以看出，数字化转型对企业价值的提升效应在"北上广江浙"地区的样本企业中更为显著，而在其他省份的样本企业中不显著。该结果表明地区数字化发展水平是企业实施数字化转型的基础，地区数字化发展环境为企业数字化转型创造了条件。

从Panel B的结果可以看出，数字化转型对企业创新绩效的促进作用在其他省份的样本企业中更显著，而在"北上广江浙"地区的样本企业中不那么显著，该结果表明相较于数字经济发展水平更高的"北上广江浙"地区的企业，数字经济发展水平较低的其他省份的企业的创新绩效更依赖于企业的数字化转型程度。当地区的数字化发展基础设施条件较差时，企业数字化转型带来的创新意愿和创新能力的提升效果更明显。

表7 异质性分析：是否属于五大数字化地区（北上广江浙）

Panel A：模型（1）

变量	（1）北上广江浙 TobinQ	（2）其他省份 TobinQ	（3）北上广江浙 TobinQ	（4）其他省份 TobinQ
Digital	0.110 *** (4.39)	0.011 (0.44)	0.082 *** (3.49)	-0.001 (-0.02)
Constant	12.303 *** (11.11)	14.296 *** (13.21)	11.045 *** (7.67)	15.075 *** (10.69)

Panel A:模型(1)

变量	(1) 北上广江浙 TobinQ	(2) 其他省份 TobinQ	(3) 北上广江浙 TobinQ	(4) 其他省份 TobinQ
Control FE	YES	YES	YES	YES
Compony FE	YES	YES	YES	YES
Year FE	NO	NO	YES	YES
Observations	12384	11592	12384	11592
R-squared	0.066	0.085	0.248	0.223

Panel B:模型(2)

变量	(1)	(2)	(3)	(4)	(5)	(6)
	北上广江浙			其他省份		
	R&D	F. Apply	F. Grant	R&D	F. Apply	F. Grant
Digital	0.001	0.043 **	0.022	0.001 **	0.068 ***	0.072 ***
	(0.87)	(2.11)	(1.16)	(2.56)	(3.10)	(3.55)
Constant	0.032	−6.087 ***	−7.393 ***	0.004	−3.817 ***	−5.076 ***
	(0.80)	(−4.63)	(−6.01)	(0.12)	(−2.93)	(−4.05)
Control FE	YES	YES	YES	YES	YES	YES
Compony FE	YES	YES	YES	YES	YES	YES
Year FE	YES	YES	YES	YES	YES	YES
Observations	10605	10727	10727	9396	10145	10145
R-squared	0.298	0.204	0.240	0.288	0.210	0.247

Panel C:模型(3)

变量	(1)	(2)	(3)	(4)
	北上广江浙		其他省份	
	Tax_1	Tax_2	Tax_1	Tax_2
Digital	−0.006 **	−0.002 **	−0.006 **	−0.001
	(−2.27)	(−2.00)	(−1.98)	(−1.33)
Constant	−0.731	0.003	−0.213	−0.025
	(−1.08)	(0.02)	(−0.70)	(−0.26)
Control FE	YES	YES	YES	YES
Compony FE	YES	YES	YES	YES
Year FE	YES	YES	YES	YES
Observations	13110	11501	12061	9951
R-squared	0.044	0.061	0.042	0.077

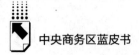

从 Panel C 的结果可以看出，相较于其他省份样本企业，数字化转型对企业税负的抑制作用在"北上广江浙"地区的样本企业中更显著。该结果同 Panel A 都表明，地区数字化发展水平是企业实施数字化转型的基础。地区数字化发展助力企业实施数字化转型，进而抑制企业税负。

（二）经济圈的异质性分析

京津冀经济圈、长三角经济圈、珠三角经济圈、成渝经济圈，分别占据北、东、南、西四个方位，担负引领全国经济高质量发展、参与国际竞争的重任。其中京津冀经济圈主要包含北京、天津和河北三个省市，面积相对较小，城市及人口密度较大，政治政策优势明显，但整体上发展不够均衡。长三角经济圈主要包括上海、浙江、江苏和安徽四个省市，具有面积最大、城市最多、发展相对均衡但一体化程度还有待提高的特点。珠三角经济圈主要包括广东省，具有面积最小、城市和人口密度最大、发展相对成熟、国际化优势明显、创新发展活力最强劲等特点。成渝经济圈主要包括四川和重庆两个省市，面积较大、城市及人口密度最小，除成都、重庆外其他城市发展不足，一些尾部城市发展乏力，政策优势明显，发展潜力巨大。各经济圈形成了自己的发展优势和特点，因此，本报告试图探究数字经济对城市能级提升的积极效应在哪个经济圈更为明显。

基于此，本报告将样本企业按照所在省份所属的经济圈分为长三角样本企业、珠三角样本企业、京津冀样本企业、成渝样本企业和其他省份样本企业五组，分别对模型（1）~模型（3）进行回归，回归结果报告于表8中 Panel A、Panel B 和 Panel C。从 Panel A 的结果可以看出，数字化转型对企业价值的促进作用在长三角和珠三角经济圈更为显著，体现了长三角和珠三角地区经济发展水平较高的优势。从 Panel B 的结果可以看出，除了其他样本组，数字化转型对企业创新绩效（*R&D*、*F. Apply*、*F. Grant*）的促进作用在成渝经济圈和京津冀经济圈更加明显，体现了成渝地区和京津冀地区明显的政策优势，即政府大力的政策支持助力企业实施数字化转型，从而提升企业的创新意愿和创新产出。从 Panel C 的结果可以看出，数字化转型对企业税负的抑制作用在珠三角经济圈更显著，体现了珠三角地区突出的营商环境助力企业实施数字化转型降低企业税负。

表8 异质性分析：四大经济圈（长三角、珠三角、京津冀、成渝）与其他城市

Panel A:模型(1)

变量	(1) 长三角 TobinQ	(2) 珠三角 TobinQ	(3) 京津冀 TobinQ	(4) 成渝 TobinQ	(5) 其他 TobinQ
Digital	0.074 *** (2.71)	0.095 ** (2.00)	0.048 (1.05)	0.053 (0.82)	−0.015 (−0.53)
Constant	8.301 *** (5.43)	15.647 *** (5.33)	11.858 *** (3.55)	14.825 *** (3.43)	15.274 *** (8.85)
Control FE	YES	YES	YES	YES	YES
Company FE	YES	YES	YES	YES	YES
Year FE	YES	YES	YES	YES	YES
Observations	7916	3439	2616	1220	8785
R-squared	0.243	0.292	0.216	0.213	0.226

Panel B:模型(2)

变量	(1) 长三角 R&D	(2) 珠三角 R&D	(3) 京津冀 R&D	(4) 成渝 R&D	(5) 其他 R&D
Digital	0.001 (1.52)	0.001 (0.59)	0.001 (0.66)	0.005 ** (2.27)	0.001 (0.88)
Constant	−0.023 (−0.57)	0.145 ** (2.19)	0.022 (0.21)	0.025 (0.30)	0.024 (0.61)
Control FE	YES	YES	YES	YES	YES
Company FE	YES	YES	YES	YES	YES
Year FE	YES	YES	YES	YES	YES
Observations	6901	2916	2122	947	7115
R-squared	0.316	0.347	0.284	0.325	0.281

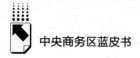

续表

Panel B:模型(2)

变量	长三角 F. Apply	珠三角 F. Apply	京津冀 F. Apply	成渝 F. Apply	其他 F. Apply
$Digital$	0.036	0.052	0.118**	0.061	0.061***
	(1.33)	(1.55)	(2.45)	(0.75)	(2.63)
Constant	−8.376***	−3.533*	−6.991**	−1.612	−2.901**
	(−4.85)	(−1.77)	(−2.21)	(−0.51)	(−2.00)
Control FE	YES	YES	YES	YES	YES
Compony FE	YES	YES	YES	YES	YES
Year FE	YES	YES	YES	YES	YES
Observations	6856	2982	2280	1066	7688
R-squared	0.214	0.215	0.198	0.191	0.213

Panel B:模型(2)

变量	长三角 F. Grant	珠三角 F. Grant	京津冀 F. Grant	成渝 F. Grant	其他 F. Grant
$Digital$	0.033	0.020	0.089**	0.074	0.060***
	(1.27)	(0.65)	(2.07)	(1.01)	(2.75)
Constant	−8.451***	−6.044***	−8.829***	−4.496	−4.315***
	(−5.33)	(−3.16)	(−2.85)	(−1.34)	(−3.09)
Control FE	YES	YES	YES	YES	YES
Compony FE	YES	YES	YES	YES	YES
Year FE	YES	YES	YES	YES	YES
Observations	6856	2982	2280	1066	7688
R-squared	0.243	0.243	0.258	0.237	0.252

Panel C:模型(3)

变量	(1) 长三角 Tax_1	(2) 珠三角 Tax_1	(3) 京津冀 Tax_1	(4) 成渝 Tax_1	(5) 其他 Tax_1
$Digital$	−0.003	−0.009*	−0.002	−0.013*	−0.005
	(−1.17)	(−1.84)	(−0.28)	(−1.76)	(−1.49)
Constant	−1.481*	0.533	1.138	7.307*	−0.752**
	(−1.79)	(0.37)	(1.36)	(1.95)	(−2.19)

Panel C:模型(3)

变量	(1) 长三角 Tax_1	(2) 珠三角 Tax_1	(3) 京津冀 Tax_1	(4) 成渝 Tax_1	(5) 其他 Tax_1
Control FE	YES	YES	YES	YES	YES
Compony FE	YES	YES	YES	YES	YES
Year FE	YES	YES	YES	YES	YES
Observations	8400	3619	2755	1269	9128
R-squared	0.044	0.047	0.056	0.067	0.047

Panel C:模型(3)

变量	长三角 Tax_2	珠三角 Tax_2	京津冀 Tax_2	成渝 Tax_2	其他 Tax_2
Digital	−0.000 (−0.34)	−0.004*** (−2.95)	−0.001 (−0.46)	0.001 (0.44)	−0.002 (−1.55)
Constant	−0.085 (−0.42)	−0.043 (−0.21)	0.057 (0.32)	−0.197 (−0.25)	−0.035 (−0.32)
Control FE	YES	YES	YES	YES	YES
Compony FE	YES	YES	YES	YES	YES
Year FE	YES	YES	YES	YES	YES
Observations	7458	3106	2366	983	7539
R-squared	0.064	0.089	0.070	0.069	0.081

(三)东中西三大区域异质性分析

我国各地经济发展水平和营商环境存在明显的地域差异。东部地区经济发展水平较高,营商环境较好,政府拥有更为丰富的财政资源,从而能为企业实施数字化转型提供更多的政策支持,企业实施数字化转型的积极性和进程相对更快。相反,在中、西部地区,经济发展水平较低,政府财政资源相对匮乏,对企业提供的支持有限,企业实施数字化转型的难度相对更大、速度较慢。因此,本报告预期东部地区企业数字化转型对提升企业价值、企业创新绩效和降低企业税负的作用更明显。

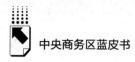

为验证上述预期，本报告按照企业所在省份的所属区域，将样本分为东部地区企业、中部地区企业和西部地区企业三组，分别对模型（1）至模型（3）进行回归，回归结果分别报告于表9中的Panel A、Panel B和Panel C。从表9可以看出，数字化转型对企业价值的促进作用和对企业税负的抑制作用都在东部地区样本企业中更为显著，而在中、西部地区不显著；数字化转型对企业创新绩效的促进作用在东部地区和中部地区更为明显。该结果验证了本报告的预期，即东部地区更高的经济发展水平和更优的营商环境能更好地助力企业实施数字化转型进而提升企业价值和企业创新绩效并降低企业税负。

表9 异质性分析：三大地域（东部、中部、西部）

Panel A:模型(1)

变量	(1) 东部 TobinQ	(2) 中部 TobinQ	(3) 西部 TobinQ
Digital	0.085 *** (4.16)	−0.057 (−1.44)	−0.020 (−0.49)
Constant	11.857 *** (9.90)	14.911 *** (6.11)	17.289 *** (5.66)
Control FE	YES	YES	YES
Compony FE	YES	YES	YES
Year FE	YES	YES	YES
Observations	16360	4075	3541
R-squared	0.242	0.226	0.218

Panel B:模型(2)

变量	(1) 东部 R&D	(2) F. Apply	(3) F. Grant	(4) 中部 R&D	(5) F. Apply	(6) F. Grant	(7) 西部 R&D	(8) F. Apply	(9) F. Grant
Digital	0.000 (0.85)	0.045 ** (2.46)	0.030 * (1.78)	0.001 (1.15)	0.133 *** (3.72)	0.150 *** (4.53)	0.003 *** (2.97)	0.013 (0.31)	0.002 (0.04)
Control FE	YES	YES	YES	YES	YES	YES	YES	YES	YES
Compony FE	YES	YES	YES	YES	YES	YES	YES	YES	YES
Year FE	YES	YES	YES	YES	YES	YES	YES	YES	YES

Panel B:模型(2)

变量	(1)	(2)	(3)	(4)	(5)	(6)	(7)	(8)	(9)
	东部			中部			西部		
	R&D	F. Apply	F. Grant	R&D	F. Apply	F. Grant	R&D	F. Apply	F. Grant
Observations	13835	14215	14215	3448	3567	3567	2718	3090	3090
R-squared	0.280	0.196	0.230	0.381	0.235	0.271	0.254	0.225	0.275

Panel C:模型(3)

变量	(1)	(2)	(3)	(4)	(5)	(6)
	东部		中部		西部	
	Tax_1	Tax_2	Tax_1	Tax_2	Tax_1	Tax_2
Digital	−0.007 ***	−0.001 *	0.002	−0.002	−0.008	−0.001
	(−3.23)	(−1.96)	(0.43)	(−1.33)	(−1.60)	(−0.51)
Constant	−0.502 *	−0.080	0.193	−0.170	0.795	0.003
	(−1.70)	(−1.08)	(0.35)	(−1.12)	(1.13)	(0.01)
Control FE	YES	YES	YES	YES	YES	YES
Compony FE	YES	YES	YES	YES	YES	YES
Year FE	YES	YES	YES	YES	YES	YES
Observations	17258	15072	4241	3509	3672	2871
R-squared	0.044	0.064	0.046	0.099	0.041	0.090

六 区域金融服务作用的进一步分析

在数字经济时代,金融已经不再仅仅是一个独立运行的系统,而是成为支撑和推动数字经济发展的重要力量。随着数字化转型的深入,金融行业已经开始深度融入数字技术的研发、推广和应用过程,并发挥着日益重要的作用。金融行业作为经济发展的血液,通过为数字技术提供资金支持,为企业和项目提供投融资服务,帮助创新活动得以顺利进行,推动数字技术的研发和商业化进程。同时,金融行业还通过提供保险、担保等风险管理工具,帮助数字技术企业和项目降低运营风险,提升市场竞争力。因此,本报告探讨了地区金融发展水平如何影响企业数字化转型对城市能级提升的积极作用。

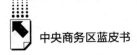

为了检验地区金融发展水平对数字经济提升城市能级（企业价值、企业创新绩效、企业税负）的影响，本报告使用各省存贷款之和与 GDP 的比值衡量地区金融发展水平（*Fin*），并使用分样本回归的方法，按照地区金融发展水平的年度中位数将样本分为金融发展水平较高的样本组和金融发展水平较低的样本组，分别对模型（1）至模型（3）进行回归。

（一）地区金融发展水平对数字化转型与企业价值关系的影响

表 10 报告了地区金融发展水平对数字化转型与企业价值关系的影响的回归结果。第（1）列和第（2）列报告了地区金融发展水平较高的样本组的回归结果，第（3）列和第（4）列报告了地区金融发展水平较低的样本组的回归结果。从结果可以看出，在地区金融发展水平较高的样本企业中，企业数字化转型指数（*Digital*）的系数显著为正，而在地区金融发展水平较低的样本企业中，企业数字化转型指数的系数不显著。这表明地区金融发展水平正向影响数字化转型对企业价值的促进作用，即地区金融发展水平与数字化转型在提升企业价值上起到了协同作用，地区金融发展水平赋能企业数字化转型提升企业价值。

表 10　地区金融发展水平对数字化转型与企业价值关系的影响

变量	(1)	(2)	(3)	(4)
	地区金融发展水平较高		地区金融发展水平较低	
	TobinQ	*TobinQ*	*TobinQ*	*TobinQ*
Digital	0.080 ***	0.060 **	0.032	0.011
	(3.14)	(2.48)	(1.37)	(0.50)
Constant	13.821 ***	12.842 ***	12.620 ***	13.029 ***
	(12.39)	(8.75)	(11.53)	(9.48)
Control FE	YES	YES	YES	YES
Compony FE	YES	YES	YES	YES
Year FE	NO	YES	NO	YES
Observations	12420	12420	11556	11556
R-squared	0.068	0.234	0.071	0.239

（二）地区金融发展水平对数字化转型与企业创新绩效关系的影响

表 11 报告了地区金融发展水平对数字化转型与企业创新绩效关系的影响的回归结果。第（1）～（3）列报告了地区金融发展水平较高的样本组的回归结果，第（4）～（6）列报告了地区金融发展水平较低的样本组的回归结果。从回归结果可以看出，在地区金融发展水平较低的样本中，企业数字化转型指数（Digital）的系数显著为正，而在地区金融发展水平较高的样本中，企业数字化转型指数对研发投入强度（R&D）和专利授权数量（F. Grant）的影响系数不再显著。该结果表明，企业实施数字化转型能通过弥补地区金融发展不足的问题提升企业创新绩效，即地区金融发展水平在企业数字化转型提升企业创新绩效方面起到了替代作用。

表 11　地区金融发展水平对数字化转型与企业创新绩效关系的影响

变量	（1）	（2）	（3）	（4）	（5）	（6）
	地区金融发展水平较高			地区金融发展水平较低		
	R&D	F. Apply	F. Grant	R&D	F. Apply	F. Grant
Digital	0.001	0.053 ***	0.023	0.001 **	0.062 ***	0.073 ***
	（0.85）	（2.65）	（1.24）	（2.12）	（2.78）	（3.58）
Constant	0.065	−4.724 ***	−6.698 ***	−0.027	−5.362 ***	−6.029 ***
	（1.64）	（−3.45）	（−5.19）	（−0.70）	（−3.95）	（−4.85）
Control FE	YES	YES	YES	YES	YES	YES
Compony FE	YES	YES	YES	YES	YES	YES
Year FE	YES	YES	YES	YES	YES	YES
Observations	10235	10839	10839	9766	10033	10033
R-squared	0.288	0.187	0.215	0.307	0.210	0.260

（三）地区金融发展水平对数字化转型与企业税负关系的影响

表 12 报告了地区金融发展水平对数字化转型与企业税负关系的影响的回归结果。第（1）列和第（2）列报告了地区金融发展水平较高的样本组

的回归结果，第（3）列和第（4）列报告了地区金融发展水平较低的样本组的回归结果。从回归结果可以看出，在地区金融发展水平较高的样本中，企业数字化转型指数（Digital）的系数显著为负，而在地区金融发展水平较低的样本中，企业数字化转型指数的系数不再显著。该结果表明地区金融发展水平正向影响了数字化转型对企业税负的抑制作用，即地区金融发展水平与数字化转型在抑制企业税负上起到了协同作用，地区金融发展水平赋能企业数字化转型降低企业税负。

表12　地区金融发展水平对数字化转型与企业税负关系的影响

变量	(1)	(2)	(3)	(4)
	地区金融发展水平较高		地区金融发展水平较低	
	Tax_1	Tax_2	Tax_1	Tax_2
Digital	-0.007**	-0.002***	-0.003	-0.001
	(-2.55)	(-2.74)	(-1.10)	(-1.30)
Constant	0.207	-0.040	-0.663*	-0.083
	(0.63)	(-0.35)	(-1.94)	(-0.75)
Control FE	YES	YES	YES	YES
Compony FE	YES	YES	YES	YES
Year FE	YES	YES	YES	YES
Observations	12971	11247	12200	10205
R-squared	0.043	0.054	0.044	0.088

七　结论与政策建议

本报告从微观企业视角，利用中国A股上市企业2011~2021年数据，实证检验了企业实施数字化转型能否通过提升企业价值、企业创新绩效和降低企业税负的方式提升城市能级。结果发现，数字化转型能够显著提升企业价值和企业创新绩效，并降低企业税负。区域异质性分析发现，数字化转型对企业价值、企业创新绩效和企业税负的作用在东部地区更为明显；数字化转型对企业价值的促进作用在长三角和珠三角经济圈更明显，对企业创新绩

效的促进作用在成渝经济圈和京津冀经济圈更加明显，对企业税负的抑制
作用在珠三角经济圈更明显；数字化转型对企业价值和企业税负的作用在
"北上广江浙"地区更明显，对企业创新绩效的作用在其他省份较明显。
此外，地区金融发展水平在数字化转型提升企业价值和降低企业税负方面
发挥了协同作用，而在数字化转型提升企业创新绩效方面上发挥了替代
作用。

　　基于以上研究发现，本报告提出以下三点政策建议。

　　第一，考虑到企业数字化转型带来的微观经济效益，政府应把握数字经
济的发展机遇，构建推动企业进行数字化转型的政策支持体系。推动数字经
济的发展并使其成为国家经济新的增长引擎，已经是全球所有国家的共识。
然而，数字经济所具有的规模化和外部性特征，使得其发展潜力和对传统行
业的刺激作用必须借助经济政策的支持才能显现出来。对于企业的数字化转
型而言尤其如此，它需要政策层面提供必要的支持和引导，以驱动企业在技
术创新和企业组织结构方面实现与数字技术的深度融合。只有这样，才能通
过数字化转型巩固提升城市能级的技术和组织基础。

　　第二，考虑到企业数字化转型提升城市能级的区域差异性，政府应
进一步加快构建数字中国建设一体化推进格局，结合地区基础条件和优
势特色，夯实数字化发展基础，推动数字技术全面融入经济、政治、文
化、社会和生态文明建设，为企业数字化转型提供更优的发展环境。企
业之间也应该加强跨区域联动与合作，充分利用不同地区营商环境优势，
借鉴其他企业数字化转型理念和优秀举措，大力推进数字化转型，实现
企业高质量发展。

　　第三，考虑到地区金融发展水平对企业数字化转型提升城市能级的影
响，政府应积极发展地区金融，同时金融机构应适应数字技术带来的挑战，
通过创新金融产品和服务，以满足数字经济时代企业和消费者的新需求。例
如，为数字技术相关的知识产权提供融资服务，为线上交易提供支付解决方
案，为数据安全提供保险保障，等等。

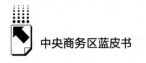

参考文献

[1] 艾华、刘同洲：《制造业税费负担剖析及缓解路径》，《税务研究》2019年第1期，第94~98页。

[2] 蔡昌、王道庆：《业财法税融合：理论框架与行动指南》，《税务研究》2020年第12期，第122~128页。

[3] 党琳、李雪松、申烁：《制造业行业数字化转型与其出口技术复杂度提升》，《国际贸易问题》2021年第6期，第32~47页。

[4] 黄大禹、谢获宝、孟祥瑜等：《数字化转型与企业价值——基于文本分析方法的经验证据》，《经济学家》2021年第12期，第41~51页。

[5] 李雪松、党琳、赵宸宇：《数字化转型、融入全球创新网络与创新绩效》，《中国工业经济》2022年第10期，第43~61页。

[6] 刘骏、刘峰：《财政集权、政府控制与企业税负——来自中国的证据》，《会计研究》2014年第1期，第21~27页、第94页。

[7] 刘行、叶康涛：《金融发展、产权与企业税负》，《管理世界》2014年第3期，第41~52页。

[8] 刘洋、董久钰、魏江：《数字创新管理：理论框架与未来研究》，《管理世界》2020年第7期，第198~217页、第219页。

[9] 刘怡、侯思捷、耿纯：《增值税还是企业所得税促进了固定资产投资——基于东北三省税收政策的研究》，《财贸经济》2017年第6期，第5~16页、第114页。

[10] 卢宝周、尹振涛、张妍：《传统企业数字化转型过程与机制探索性研究》，《科研管理》2022年第4期，第83~93页。

[11] 潘孝珍、潘汪哲：《企业数字化转型对税费成本的影响》，《税收经济研究》2023年第2期，第36~47页。

[12] 苏国灿、童锦治、魏志华等：《中国间接税税负归宿的测算：模型与实证》，《经济研究》2020年第11期，第84~100页。

[13] 孙彤、薛爽、崔庆慧：《企业家前台化影响企业价值吗？——基于新浪微博的实证证据》，《金融研究》2021年第5期，第189~206页。

[14] 王展硕、谢伟：《研发国际化对企业创新绩效的作用过程及结果分析》，《外国经济与管理》2018年第9期，第55~70页。

[15] 吴非、胡慧芷、林慧妍等：《企业数字化转型与资本市场表现——来自股票流动性的经验证据》，《管理世界》2021年第7期，第130~144页。

[16] 武常岐、张昆贤、周欣雨等：《数字化转型、竞争战略选择与企业高质量发

展——基于机器学习与文本分析的证据》，《经济管理》2022 年第 4 期，第 5~ 22 页。

［17］ 徐慧琳、杨望、王振山：《开放式创新与企业创新——基于中国沪深 A 股上市公司跨国并购的经验研究》，《国际金融研究》2019 年第 11 期，第 86~96 页。

［18］ 张振刚、杨玉玲、陈一华：《制造企业数字服务化：数字赋能价值创造的内在机理研究》，《科学学与科学技术管理》2022 年第 1 期，第 38~56 页。

［19］ Liu, D. Y., Chen, S. W., & Chou, T. C., "Resource fit in digital transformation: Lessons learned from the CBC Bank global e-banking project", *Management Decision*, 2011, 49 (10): 1728-1742.

［20］ Vial, G., "Understanding digital transformation: A review and a research agenda", *The Journal of Strategic Information Systems*, 2019, 28 (2): 118-144.

［21］ Westerman, G., Bonnet, D., & McAfee, A., "The nine elements of digital transformation", *MIT Sloan Management Review*, 2014, 55 (3): 1-6.

区域实践篇

Regional Practice

B.9
上海陆家嘴金融城专业服务
提升全球资源配置能力

陈　晨*

摘　要： 近年来上海市数字经济核心产业快速发展。陆家嘴金融城依托上海发展，着力提升专业服务，建设全球领先的专业服务高地；紧抓金融业对外开放机遇，提升全球资产管理中心核心功能；创新制度改革，依托上海自贸区陆家嘴片区提升全球资源配置能力；大力发展数字贸易，争创国家服务贸易创新发展示范区。

关键词： 中央商务区　陆家嘴金融城　数字经济　专业服务

　　2023年6月20日，上海市十六届人大常委会第三次会议审议了关于城

＊　陈晨，上海陆家嘴管理局楼宇发展服务办公室主任，研究领域为现代服务业、楼宇经济。

市数字化转型发展情况的报告。数据显示，上海以促进数字技术与实体经济深度融合为主线，积极推动数字产业化与产业数字化协同创新，着力打造世界级数字产业集群，全市数字经济核心产业增加值保持平稳较快增长，规模已超过 5500 亿元。[①]

近年来，上海持续优化人工智能发展环境，《上海市促进人工智能产业发展条例》正式施行，2022 年产业规模超过 3800 亿元；电子信息制造业产值达到 5746 亿元，同比增长 1.7%；软件和信息技术服务业营收达到 14238 亿元，同比增长 8.7%。[②]

2021 年 11 月 25 日，上海数据交易所揭牌成立。截至 2023 年 5 月，产品累计挂牌 1245 个，交易额超过 3.4 亿元；其中 1~5 月完成交易额 2.3 亿元，已超过 2020 年全年并呈现持续加速态势。[③] 上海以临港新片区为先导加快建设国际数据港，初步建成"数据传输、备份、存证一体化服务平台"等功能性平台，开展全球供应链数据流通与信息共享、文化与数字内容出海、跨境电商直播等场景创新试点。

目前，上海率先发布在线新经济行动方案和相关政策措施，形成 30 家新生代互联网领军企业和 7 家千亿级电商平台，加快建设"长阳秀带""张江在线""虹桥之源"在线新经济生态园，同时推出张江数链、漕河泾元创未来等第三批 13 个特色产业园区。

同时，上海将推进上海市人工智能公共算力服务平台建设，推进高能级城市智算设施建设，建设全国一体化大数据中心长三角国家枢纽节点；重点推动"一所一港"建设，一所，即加快建设国家级数据交易所；一港，即加快建设国际数据港。上海将面向未来数字社会，探索建立长三角区域互信

① 《上海数字经济核心产业规模已超 5500 亿元，建成 25 个生活数字化转型重点场景》，界面新闻，2023 年 6 月 20 日，https：//www.jiemian.com/article/9607194.html。
② 《上海数字经济核心产业规模已超 5500 亿元，建成 25 个生活数字化转型重点场景》，界面新闻，2023 年 6 月 20 日，https：//www.jiemian.com/article/9607194.html。
③ 《上海着力打造世界级数字产业集群 核心产业规模超 5500 亿元》，中国新闻网百家号，2023 年 6 月 20 日，https：//baijiahao.baidu.com/s？id=1769204989281614279&wfr=spider&for=pc。

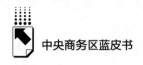

互认互通的数字身份体系；面向数字经济发展，充分利用各方数据，探索实施非现场执法、信用监管、风险预警等新型监管模式。①

一 面对数字经济，建设全球领先的专业服务高地

2022 年 9 月 20 日，陆家嘴金融城全球专业服务商峰会召开，英国诺顿罗氏律师事务所、波士顿咨询、TIC 国际检验检测认证理事会等 30 多家全球高端专业服务机构签约落户陆家嘴。

作为中国金融的一张亮眼名片，上海陆家嘴金融城启动全球专业服务商引领计划。会上，中国（上海）自由贸易试验区（以下简称上海自贸区）陆家嘴管理局发布《全球专业服务商引领计划暨关于促进专业服务业高质量发展的若干措施》（以下简称《引领计划》），拟从支持专业服务机构拓展功能、提升能级，推进专业服务业对外开放，鼓励专业服务机构引进高端人才，完善专业服务行业生态等 9 个方面，促进陆家嘴金融城专业服务业高质量发展。

专业服务业是全球重要 CBD 生态环境的主要组成部分，也是发挥全球城市功能的基础力量，对促进总部经济与金融、科技等价值链高端产业发展具有关键作用。

目前，陆家嘴金融城已经聚集了众多全球领先的服务机构和一大批国际顶尖的专业人才，成为上海自贸区专业服务业的主要集聚地和发展高地，其中包括法律服务、财务咨询、管理咨询、地产经纪、人力资源、知识产权、检验检测、设计咨询等多个板块。

数据显示，陆家嘴金融城目前拥有超 200 多家律所和近 40 家外国律所代表处，以上海全市 1/6 律所总数、1/4 执业律师，创造了全市近 40% 的营收。全球律所创收排名前 10 名中 6 家，中国律所前 10 中 5 家，上海市创收

---

① 《上海着力打造世界级数字产业集群　核心产业规模超 5500 亿元》，中国新闻网百家号，2023 年 6 月 20 日，https：//baijiahao. baidu. com/s？id = 1769204989281614279&wfr = spider&for = pc。

超 10 亿元律所的一半以上，上海自贸区全部 8 家联营所的一方办公室，均在陆家嘴设有机构。同时，全球五大地产经济中的四家，全球四大会计师事务所中的三家，全球三大检验检测认证机构中的两家，中国会计师事务所 20 强中的 11 家等一大批全球顶尖机构，也集聚在陆家嘴。[①]

陆家嘴金融城专业服务业呈现三个显著特点：一是能级体量大，二是国际化程度高，三是品牌影响力深。而专业服务业对赋能高质量发展，促进金融、航运、科技等产业集聚具有关键性作用。

除了引进和集聚各类高能级专业服务机构，《引领计划》还提出，支持专业服务机构拓展功能、提升能级。积极支持高端专业服务机构新增业务板块、扩大业务规模，促进高附加值服务环节集聚，鼓励全球性专业服务机构提升能级，鼓励专业服务机构积极申请认定为跨国公司地区总部，按照分类分档原则对不同能级的企业予以扶持。

此外，陆家嘴金融城还将推进专业服务业对外开放。积极落实《中共中央国务院关于支持浦东新区高水平改革开放打造社会主义现代化建设引领区的意见》中关于扩大服务业开放的举措，探索建立与服务业投资和服务贸易国际通行规则相衔接的开放型制度体系，鼓励专业服务机构拓展跨境服务，便利跨境支付，在行业主管部门指导支持下，探索更多业务许可开放。[②]

二　面对专业服务，提升全球资产管理中心核心功能

2023 年 3 月 27 日，第三届陆家嘴全球资产管理高峰论坛正式发布《浦东新区加快推进陆家嘴金融城全球资产管理中心核心功能区建设的若干意见》（以下简称《意见》）。

这是继陆家嘴金融城发布全球资产管理伙伴计划后，为打造全球资产管

---

① 《上海陆家嘴打造全球领先的专业服务高地》，中国新闻网百家号，2022 年 9 月 20 日，https：//baijiahao.baidu.com/s？id=1744496269496559380&wfr=spider&for=pc。
② 《上海陆家嘴打造全球领先的专业服务高地》，中国新闻网百家号，2022 年 9 月 20 日，https：//baijiahao.baidu.com/s？id=1744496269496559380&wfr=spider&for=pc。

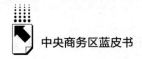

理中心核心功能区的又一重要举措。《意见》由浦东新区政府制定印发，从五个方面推出 15 条举措，推动资产管理行业固链、强链、补链、育链、延链。

陆家嘴管理局与全球最大公募基金之一威灵顿、1761 年在德国成立的独立私人银行颢科、高盛集团和工商银行设立的高盛工银理财等 10 家全球资管机构，与国际自由贸易区和经济特区联合会、老挝澜湄发展基金会等国际行业组织和研究机构签署了对外开放合作备忘录，旨在加快全球高能级资管机构集聚，打造最为国际化、专业化的金融生态圈。

近年来，陆家嘴紧紧抓住金融业对外开放机遇，推进全球资产管理伙伴计划实施，迎来了一批批外资金融项目落地。2022 年，陆家嘴金融城新引进外资资管公司及上下游机构 10 家，迄今累计来自 13 个国家的金融机构在陆家嘴设立了 122 家外资资产管理公司，包括全球排名前 10 中的 9 家，这里已经成为全球资产管理机构的重要集聚地和首选展业地。

此前，继贝莱德成为中国首家外资独资公募基金后，路博迈、富达相继获得中国证监会颁发的公募基金业务许可，施罗德基金也获批在中国设立外商独资公募基金公司，至此，全国前 4 家新设外商独资公募基金公司均落户陆家嘴金融城。

此外，为深化资产管理行业数字化应用，会上，陆家嘴金融城联手智能投研技术联盟开启了"2023 国际资管科技创新季"，举办为期 4 个月的资管科技展示和交流专场活动，围绕服务场景，为资管机构和科技机构搭建对接平台，让需求对接更专业、更精准、更高效。

陆家嘴致力于更好服务金融机构，将陆家嘴金融城建设成为机构集聚、人才密集、体系完整、科技应用场景丰富、国际化程度高的上海全球资产管理中心核心功能区。力争到 2025 年实现国际行业领先的资产管理机构在陆家嘴的总量突破 150 家，同时管理资产规模快速增长，助力上海迈入全球资产管理中心城市前列，促进上海国际金融中心核心区建设。①

---

① 《浦东 15 条举措支持陆家嘴打造全球资管中心核心功能区 到 2025 年国际领先资管机构突破 150 家》，证券时报百家号，2023 年 3 月 27 日，https：//baijiahao.baidu.com/s？id =1761505151606678105&wfr=spider&for=pc。

三 面向数字资产,创新上海自贸区 陆家嘴片区发展模式

上海自贸区建设十年来,陆家嘴把制度创新作为核心任务,充分发挥作为改革开放试验田的作用,不断提高开放能级,努力打造全方位开放的前沿窗口,在开放水平、改革创新、经济发展、扩容增效等方面取得了一系列成就。

(一)"三大高地"建设增强金融核心功能

坚决贯彻落实《进一步深化中国(上海)自由贸易试验区改革开放方案》,把握金融业扩大开放机遇,推动金融高水平开放先行先试,陆家嘴已经成为国内金融要素市场最完备、金融机构最集聚、金融交易最活跃、金融人才最丰富的区域,助推上海国际金融中心全球排名上升到第三位。加速吸引全球金融机构布局中国市场,推动外资综合金融集团设立独资或控股券商以及开展保险资管、公募基金、合资理财等重点项目。

一是打造持牌金融机构集聚高地。陆家嘴金融城已经集聚了6000多家金融机构,12家国家级要素市场和金融基础设施,持牌机构总量941家(其中银行类246、保险类441、证券类254),占全市50%的金融业增加值。[①] 集聚了一大批全国"首家",如首家外资保险控股公司(安联保险控股)、首家新设外资控股证券公司(摩根大通证券)、首家外资再保险法人机构(信利再保险)、首家新设再保险机构(大韩再保险)。

二是建设全球资管高地。陆家嘴金融城探索金融业对外资实行准入前国民待遇加负面清单模式,自2018年成立陆家嘴金融城全球资产管理机构联合会以来,目前已有来自13个国家和地区的76家国际知名资管机构在陆家

---

① 《6000家金融机构集聚,陆家嘴金融城八大体系优化营商环境》,南方都市报百家号,2023年11月5日,https://baijiahao.baidu.com/s? id=1781694435765822290&wfr=spider&for=pc。

嘴设立了 120 家各类外资资管公司，占全国 90% 以上。全球资管规模前 10 中有 9 家落户陆家嘴，全国 26 个外资私募基金管理人中有 23 个在陆家嘴，全国 8 家获得投顾资格的外资私募基金管理人有 7 家在陆家嘴，陆家嘴已成为外资资管机构在国内的主要集聚地。① 在资管机构募资、投资和创新业务方面取得显著突破，包括推动证监会、外管局发布扩大外资私募募资范围政策；推动央行上海总部等扩大外资私募投资范围；推动外商独资公募基金落户陆家嘴，2020 年外商独资公募基金公司全国前 3 家全部位于陆家嘴；推动 25 家资管机构获得 PFM 资格，36 家获批 QDLP 试点资格并展业。② 2021 年 7 月，启动"陆家嘴全球资产管理伙伴计划"；2023 年，通过制定发布《浦东新区加快推进陆家嘴金融城全球资产管理中心核心功能区建设的若干意见》，进一步推动资管领域制度创新，提升资管机构能级。连续召开陆家嘴全球资产管理高峰论坛，与一批全球资管机构、国际行业组织、研究机构签署合作备忘录。

三是建设金融科技高地。陆家嘴金融城始终致力于深耕和推动金融科技产业健康有序发展，优化金融科技产业生态，培育和集聚一批金融科技领域优秀企业，大力吸引金融机构和大型科技企业在陆家嘴设立金融科技子公司、金融科技研发中心、开放式创新平台，加快形成金融科技企业集群。2022 年陆家嘴软件和信息服务业实现营收 627.8 亿元，占浦东新区的 1/3 以上。集聚了建信金科、中银金科、银联国际、支付宝、通联数据、汤森路透、万得等代表性企业。陆家嘴金融城联合业界推动实施全球最优金融科技生态圈计划，帮助各类持牌金融机构发布需要科技赋能的具体应用场景信息，推动金融科技企业对接金融机构的科技诉求，构建场景触发与技术驱动相结合的金融科技新生态体系。连续举办"陆家嘴金融城×张江科学城×普华永道中国"加速营，发挥三方优势，为科技企业提供专业化培训以及投融资资源、金融机构业务场景资源，深化陆家嘴金融城与张江科学城"双

---

① 数据来自上海陆家嘴管理局。
② 数据来自上海陆家嘴管理局。

城辉映"战略合作,助力打造上海金融科技中心。

四是建设融资租赁高地。区域内已有融资租赁企业 219 家,商业保理企业 136 家,全国资产规模超 2000 亿元的 8 家中的 4 家,以上海 1/10 的企业数量贡献了全市 1/2 的税收;融资租赁企业资产规模超 1.5 万亿元,占全国 1/6,交银金租、招银金租、远东国际等知名企业集聚陆家嘴。① 以大型央企和地方国企为主的租赁企业投资主体新设企业业务发展迅速,浙江、江苏、安徽、山西、云南、新疆等地方国资纷纷在陆家嘴布局融资租赁板块,以当地产业和制造业为依托,充分利用陆家嘴的融资环境和金融人才集聚优势,业务发展非常迅速,积极发挥了金融服务实体经济的功能和作用。

(二)总部经济、楼宇经济推动高质量发展

依托自贸区政策叠加优势,陆家嘴全力实施"双百工程",即跨国公司地区总部超 100 家、亿元楼宇超 100 座。一是把握全球产业链布局机遇,瞄准全球细分领域龙头企业,吸引外资企业扩大在国内的投资,加速总部机构集聚。同时,引导各类总部企业将结算、销售、投资、研发等核心功能和更多业务板块布局陆家嘴,加速释放总部集群的乘数效应,带动上下游产业链集聚,进一步提升陆家嘴全球资源配置能力。截至目前,区域内拥有各类总部 600 多家,其中经商务部门认定的跨国公司地区总部达 140 家,占全区近 1/3、占全市近 1/6。世界 500 强企业有 340 多家在陆家嘴设有机构。国际知名企业纷纷在陆家嘴设立跨国公司总部甚至亚太总部,包括全球第一大食品企业(JBS 集团)、全球最大清洁产品(泰华施)、全球第三大航运巨头(贝仕海运)、全球第四大国际油气公司(道达尔)、世界顶尖的奢侈品集团(历峰商业)等。二是持续推动楼宇经济提质增效。按照"信息共享、机制整合、运转顺畅、多方联动"的原则,加强楼宇资源统筹,建立联动招商工作机制,进一步凝聚陆家嘴楼宇经济发展合力。2021 年楼宇税收数据显示,陆家嘴金融城税收亿元以上楼宇数量达到 113 座。其中,税收 10 亿元

---

① 数据来自上海陆家嘴管理局。

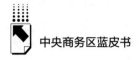

以上楼宇 35 座，税收 20 亿元以上楼宇 20 座，税收 50 亿元以上楼宇 4 座，百亿楼 1 座。

（三）专业服务业提升全球资源配置能力

立足区域特点和功能定位，在招引机构、深化合作、优化生态、探索创新等方面持续发力，推动区域专业服务业快速发展。目前，陆家嘴已发展成为国内专业服务业的重要集聚地，集聚各类专业服务机构 3000 多家，其中全球律所前 10 中 6 家、全国律所前 10 中 5 家、全市律所营收超 10 亿元的半数以上，以及全球四大会计师事务所中 3 家、全国会计师事务所 20 强中 11 家，全球五大地产经纪公司中 4 家，均在陆家嘴设有机构，呈现"产业规模大、国际化程度高、品牌影响力广"的显著特点，为增强区域经济活力以及优化营商环境发挥了重要的促进作用。2014 年 12 月，上海市司法局正式公布《中国（上海）自由贸易试验区中外律师事务所互派律师担任法律顾问的实施办法》和《中国（上海）自由贸易试验区中外律师事务所联营的实施办法》，允许大陆律师事务所与境外律师事务所以"互派律师担任法律顾问"、通过"联营"方式开展业务合作。截至目前，8 家中外律所联营的办公室均位于陆家嘴（奋迅和贝克麦坚时、瀛泰和夏礼文、联合信实与霍金路伟等），成为自贸区扩大开放的重要成果之一。①

（四）扩容增效打造国际一流金融城

从当年的"泥水漫流"到如今的财富涌流，陆家嘴中心区已成为上海中央商务区核心部分，目前已发展成为拥有 1500 万平方米写字楼，其中甲级写字楼占 50% 以上的产城融合区域。为更好面向未来培育发展新动能，挖掘经济增长新引擎，对标国际最高标准、最好水平，比肩纽约曼哈顿、伦敦金融城，建设上海国际金融中心核心区和与中国国际地位相匹配的国际一

---

① 《发挥制度创新"试验田"作用，三百多项改革经验推广全国》，搜狐网，2023 年 9 月 21 日，https://news.sohu.com/a/722211772_ 121332532。

流金融城，陆家嘴金融城扎实推进空间"扩容增效"，激活潜在产业发展空间，形成了"一核一心一带一轴"的空间发展格局。其中，"一核"为世界级中央活动区的核心承载区（东方路、张杨路、黄浦江的围合区域，含陆家嘴中心区、上海船厂地区、新上海商业城等）；"一心"指依托全市最大的超级换乘枢纽，打造花木—龙阳路城市副中心；"一带"指贯彻一江一河战略，沿浦江东岸形成南北发展带；"一轴"指沿世纪大道的东西发展轴，串联起陆家嘴中心区、世纪大道中段、竹园商贸区、花木行政文化区、花木—龙阳路城市副中心等重点发展区域。实施陆家嘴金融城空间扩容，推动主导产业固链、强链、延链，打造更优产业生态圈，实现核心功能持续增强、重点区块能级提升，国际化城市形象不断凸显。

（五）扩区提质创新发展

陆家嘴充分利用国内国际两个市场、两种资源的联动效应，进一步对标高标准国际经贸规则，积极推动制度创新，着力推动区域经济高质量发展，努力为浦东推进高水平对外开放不断做出新贡献。

1. 深化制度创新，建设全球要素配置重要枢纽

一是打造全球财资中心高地，出台并落实《浦东新区关于鼓励跨国公司地区总部财资中心集聚的若干意见》。二是增强全球专业服务商引领功能，出台《浦东新区关于推进陆家嘴金融城专业服务业高质量发展的若干措施》，鼓励专业服务机构拓展跨境业务，推动探索更多业务许可开放。推进"国际会计中心"建设，吸引全球知名会计服务机构入驻。三是加快推进全球资产管理中心核心功能区建设。推动财富管理领域相关立法及监管体系构建工作，维护国家金融体系稳定。推动国际资产管理机构拓展业务，发展跨境资产管理创新业务，打造资管上下游完整产业链。促进金融机构和外资资管机构进行深度合作，吸引各国主权基金、养老金、家族财富等国际机构投资者，基金托管方与代销方，以及法律、财务等第三方服务机构，探索支持外资第三方基金专业服务机构在境内展业。四是紧抓外资机构加大对中国金融科技领域投入的机遇，重点培育金融科技领域的研发中心，助力上海

打造具有全球竞争力的金融科技中心。

2. 强化区域国际影响力，发展更高能级总部经济

一是邀约全球有影响力的国际媒体，携手国际知名企业、头部机构和权威海外人士，向国际社会精准传递真实、客观、全面的金融城形象，使市场主体对陆家嘴营商环境、投资政策等有更直观、更深入、更形象的认知。二是结合《上海市鼓励跨国公司设立地区总部的规定》（沪府规〔2022〕17号）等政策，进一步鼓励更多跨国公司在陆家嘴设立地区总部和总部型机构，并不断扩大投资、拓展业务板块，提升总部经济增长级。三是重点把握首都功能疏解、央企产业转移机遇，推动大型央企、国企设立业务总部，布局新业务板块；强化与上证所科创板上市服务中心联动，积极跟进科创板拟上市企业，推动其在陆家嘴投资布局。

3. 积极争取扩区提质，提升发展空间范围

一是围绕陆家嘴金融核心功能的高质量发展诉求，推进陆家嘴金融城扩容增效，紧紧抓住近期100万平方米新增量，全力推进新项目开竣工。探索最大范围的陆家嘴中心区扩容升级，通过高品质复合开发、高水平基础建设和服务配套，形成重量级项目、高能级平台、标杆性企业高度集聚的功能高地和强劲增长极。二是"点土成金"，开展城市更新工作。结合《上海市城市更新条例》和即将出台的实施细则等配套文件，逐一探索和破解城市更新项目的难点和瓶颈问题，根据区域更新、零星更新两种模式分类施策，增强合力。

四 面向数字贸易，争创国家服务贸易创新发展示范区

2022年上海全力稳住外贸基本盘，货物进出口达到4.19万亿元，同比增长3.2%。[①] 2023年上海将实施"货物贸易优化升级"行动，继续全力培

---

① 《2022年货物进出口达4.19万亿元上海将促进外贸稳中提质》，中国新闻网百家号，2023年1月29日，https://baijiahao.baidu.com/s?id=1756341254146197580&wfr=spider&for=pc。

育贸易竞争新优势，促进外贸稳中提质，重点抓好四个方面的工作。

一是全力稳住外贸基本盘。充分发挥财政税收、金融保险、物流保障等政策措施的叠加效应，推动货物贸易优化升级。围绕重点市场、重点行业，以重点展会为支撑，支持外贸企业抢订单、扩产能、增份额。举办"出海优品　云洽全球"系列活动，会同各区和重点区域加大贸易招商力度。放大进口博览会溢出带动效应，提升"6天+365天"常年展示交易服务平台能级，深化国家进口贸易，促进创新示范区建设，提升进口集散功能。

二是加快新型贸易扩容。深化跨境电商综合试验区建设，集聚和培育一批海外仓企业主体，探索建立海外仓综合服务平台。提升离岸贸易外汇收支便利度，做大离岸贸易规模。新评定一批国际分拨示范企业，提升国际贸易分拨业态能级。推动符合条件的企业开展再制造件按新品实行进口管理试点。持续扩大保税燃料油加注企业规模。

三是大力推进服务贸易创新发展。持续推进全面深化服务贸易创新发展试点工作，争创国家服务贸易创新发展示范区。提升数字服务等国家特色服务出口基地能级，围绕生物医药、信息技术、集成电路等产业，推动服务外包加快转型升级。大力发展数字贸易，优化数字贸易发展政策，加快集聚和培育数字贸易标杆企业，打造数字贸易品牌，推动建设上海数字贸易国际枢纽港。

四是持续优化跨境贸易营商环境。发挥国家进口贸易促进创新示范区和外贸转型升级基地等外贸重点区域作用，提升外贸领域公共服务能级。落实《关于全面推进口岸数字化转型实施意见》，推动上海国际贸易"单一窗口"迭代建设，构建"单一窗口"服务新模式。对标最高标准、最高水平，推进实施新一批跨境贸易便利化措施，持续优化跨境贸易营商环境。①

---

① 《市政府新闻发布会问答实录（2023年1月29日）》，上海市人民政府网，2023年1月30日，https://www.shanghai.gov.cn/nw9820/20230130/d9f32ced467747f6847acb203c98acf8.html。

B.10
杭州未来科技城 CBD 引领数字经济发展

彭玉波*

摘　要： 数字经济现已成为稳增长促转型的重要引擎。杭州未来科技城 CBD 围绕数字经济构建优势数字产业集群，打造全球创新人才汇聚之地、战略科技力量支撑之地、宜业宜居宜创品质之地和营商环境优化示范之地。未来，未来科技城 CBD 将多措并举，坚持创新驱动、产业先导、品质为先，持续做好杭州数字经济发展"深耕地"，进一步发挥引领示范和辐射带动作用。

关键词： 杭州未来科技城 CBD　数字产业集群　数字经济

党的二十大报告指出："加快发展数字经济，促进数字经济和实体经济深度融合，打造具有国际竞争力的数字产业集群"。杭州市围绕高水平重塑"全国数字经济第一城"，以及打造数字经济理念和技术创新策源地、数字产业和人才高地、数字经济政策和制度先行地、数字资源配置和开放合作战略枢纽的"三地一枢纽"目标持续推动数字经济创新提质建设。其中，杭州未来科技城 CBD 作为杭州城西科创大走廊的核心区、示范区、引领区，坚持因"数"而兴、因"数"而强，多举措推动数字经济发展，为浙江打造数字经济高质量发展强省贡献力量。

＊ 彭玉波，浙江省商务研究院投资研究中心主任，研究领域为商贸流通和电子商务。

一　未来科技城 CBD 概况

（一）基本情况

杭州未来科技城 CBD 规划面积 128.3 平方公里，是浙江省高端人才集聚区、自主创新示范区和科学发展新城区，被中组部、国务院国资委列为全国四大未来科技城之一，也是全国首批双创示范基地。

（二）发展历程与功能定位

杭州未来科技城于 2011 年挂牌，经过 10 多年的发展，已经成为融合金融、商业、商务办公、休闲、文化、旅游、高端住宅、专业服务等多种功能的杭州城市的"第三中心"，是城市未来产业能级提升的重要示范地区；未来科技城拥有"浙江大学+阿里巴巴+EFC+梦想小镇"，形成"产学研"一体化的区域发展模式，同时吸引数十所知名高校、医院、科研院所，以及众多世界 500 强企业、高新科技企业和产业园落户，打造了一条类似"斯坦福大学+硅谷+沙丘大道"的杭州城西科创大走廊；同时未来科技城坐拥中国最大的城市湿地"西溪国家湿地公园"以及和睦湿地、五常湿地、南湖公园等得天独厚的环境，是杭州市的未来科技策源地、未来产业引领地、未来城市样板。

（三）空间布局情况

未来科技城 CBD 规划单元位于杭州市余杭区，是杭州城西科创大走廊的核心功能区所在地。规划范围南至杭徽高速（天目山西路），西至运溪快速路，北至余杭塘河东至绕城高速公路。涉及仓前、五常、闲林、余杭四个街道，依托城西高铁枢纽中心、未来科技文化中心、南湖国家科学中心，集聚世界级科创重器、区域性服务功能、高能级城市设施，构建杭州都市科创中心；实现"城西腾飞、东部兴盛、西部富美"目标，形成适配发展的空间格局。规划结构包括双廊、双轴、两区和多片。其中，双廊指城西科创产业走廊与湿地湖链风情廊；双轴指古今文化活力轴和文一西路城市发展轴；两区指科技总部 CBD 活力区、未来科技文化核心区；多片指科创产城融合片、数字经济创新片、五常水乡风貌片、和睦水乡风貌片、国际宜居生活片。

二 未来科技城数字经济发展情况

（一）经济基础持续扩大

2022 年，杭州市不断加强数字经济建设，持续擦亮"数字经济第一城"的金字招牌。全年全市数字经济核心产业增加值突破 5000 亿元，约占浙江全省的 57%，占全市 GDP 的比重超过 27%。① 同时，这些年杭州还斩获了国家新一代人工智能创新发展试验区、国家人工智能创新应用先导区、国家服务型制造示范城市、国家级信息消费示范城市等一批"国字号"招牌，稳居全国数字经济第一方阵。作为杭州数字经济的先行地，2022 年，未来科技城 CBD 企业实现营收 8874.2 亿元，完成税收 506.2 亿元，成立以来年均增幅分别达 40.98% 和 40.84%；其中数字经济核心产业增加值 1700 亿元，约占杭州市的 1/3、浙江省的 1/5；辖区人口总量突破 40 万，本科以上学历人口占就业人口的 84.5%。②

（二）特色产业链韧性不断增强

未来科技城重点打造数字经济、智能制造、科技金融、生物经济四大特

---

① 《助力杭州重塑数字经济第一城，2023 西湖论剑·数字安全大会即将召开》，中国发展网百家号，2023 年 5 月 4 日，https：//baijiahao.baidu.com/s？id＝1764955294566518163&wfr＝spider&for＝pc。
② 《〈麻省理工科技评论〉中国·青年人才"未来"之行在余杭成功举办》，DeepTech 深科技百家号，2023 年 11 月 3 日，https：//baijiahao.baidu.com/s？id＝1781554828919911922&wfr＝spider&for＝pc。

色产业集群，并进一步加快建设战略性新兴产业集群，围绕全球数字经济创新高地、生物医药研发高地、未来产业发展高地建设，全力招引"领军型""链主型"项目，发挥数字经济优势，培育一批具有硬科技实力的制造业企业，聚焦元宇宙、网络安全等新兴赛道，夯实未来特色产业基础。通过发布未来科技城 XR 产业计划，举办 AIIA2022 人工智能产业峰会、长三角资本市场服务基地走进杭州活动等大型活动，引进数字经济、生命健康、新材料、新能源等主导行业的（准）独角兽项目、行业特色项目。在优势产业链的基础上，着力巩固"硬核科技""智能制造"等关键环节，先后推动中国民营 500 强企业、中国电动车行业首家上市公司雅迪电动车浙江区域总部及其产业链上下游生态企业"一行电商"的同步落地；引进了理想汽车杭州研发中心、浙达能源总部、圣钘科技研发中心、芯片类相关企业、唯精医疗、獴哥健康等项目，提升未来科技城在硬核科技、新能源及高端装备制造产业链韧性，进一步打造特色产业集群。

（三）创新引领作用日益明显

未来科技城通过对接国家战略和浙江省发展重大需求，聚焦数字经济、生命健康、新材料三大科创高地建设，强化重大原创性研究和前沿交叉研究，在智能计算、智能感知、智能系统和装备、未来网络、脑机融合、高端微电子芯片、精准医疗、高端医疗器械和新药创制、量子科技、前沿新材料十大标志性科技领域形成了一批标志性科研成果，并推动基础研究、应用基础研究、关键技术创新、科技成果转化，构建支撑创新全过程的服务体系，是全省科创辐射能级最强的区域之一。

三　未来科技城发展举措与成效

围绕杭州市数字经济建设工作，未来科技城通过"人才引领、创新驱动、产城融合"的发展战略，不断完善创新创业生态，已经成为杭州市数字经济发展的重要引擎，持续发挥引领示范作用。

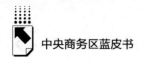

（一）引育结合，打造全球创新人才汇聚之地

未来科技城积极探索人才梯队建设。一是定期举办项目评审，做强高端人才培育。通过分类服务、人才导航、项目有机更新、上门答疑解难等途径，鼓励人才申报各类项目计划。二是积极开展国际合作，做精人才服务空间。通过合作共建丹麦、澳大利亚海外引才驿站，引入猎聘网杭州总部及猎聘孵化平台，上线9000余个中高端人才岗位。共同建设人才大厦，先导区块已入驻人才企业50余家。2022年新增顶尖人才15名，包括9名"两院"院士、3名海外院士；培育引进了13名国家级海外高层次人才、7名国家级国内高层次人才、26名省级海外高层次人才，海外高层次人才总量已达5300余名。新增海内外人才创业企业70家，1家自主培育人才企业上市。省"鲲鹏行动"计划申报14人次，其中1人已正式入选，鲲鹏人才总数达到9名；申报省领军型创新创业团队7支，成功落地重点人才项目20余个，在数字经济人才数量、质量方面位列省市前茅，成为浙江省海外高层次人才最为密集、增长最快的人才特区。[①]

（二）科创融合，打造战略科技力量支撑之地

未来科技城持续探索特色小镇打造，集聚产业链上下游企业，加快构建产业生态群落，相继建设梦想小镇、人工智能小镇、5G创新园、数字健康产业园等专业化数字经济产业平台。一方面，集聚阿里巴巴、中电海康、核新同花顺、遥望网络等大型头部企业，鲁尔物联、叙简科技和图讯科技等细分产业链龙头企业，以及vivo全球AI总部、字节跳动华东中心、OPPO全球移动终端研发总部、菜鸟总部等知名企业总部；另一方面，引入之江、良渚、湖畔、天目山4家省级重点实验室，启动国家重大科学基础设施超重力离心模拟与实验室装置建设。截至目前，累计吸引中国信通院人工智能

---

① 《杭州未来科技城：瞄定经济主战场，勇当发展排头兵》，杭州市余杭区人民政府网，2023年1月31日，http：//www.yuhang.gov.cn/art/2023/1/31/art_1532133_59035281.html。

（杭州）研究中心等 19 个高端研发机构入驻；2022 年未来科技城成功认定国家高新技术企业 460 家，新增国家专精特新"小巨人"企业 26 家、省科技型中小企业 862 家、市级"雏鹰计划"企业 166 家，取得市级及以上荣誉的创新载体 19 家，其中国家级孵化器 2 家。"尖兵""领雁"研发攻关计划项目成功立项 22 项，占全区的 88%；之江、湖畔实验室等 13 家单位 17 项成果获省科学技术奖，其中一等奖 5 项，实现"自然科学""技术发明""科技进步"三大奖项大满贯。[①] 同时强化"众创空间—孵化器—加速器"全链条创新创业服务体系，打造生态更优的环阿里创新圈和环南湖创新圈。举办全国双创周主会场主场馆活动、"创青春"中国青年互联网创业大赛、首届中国妇女创业创新大赛，累计举办 2526 场活动，累计 36.56 万人次参与，各类活动大赛影响力进一步提升。梦想小镇已集聚创业项目 2937 个、创业人才 23698 名；265 个项目获得百万元以上融资，融资总额达 146.63 亿元。[②] 各小镇内部及周边公共配套设施不断完善，公交线路得到加密和延伸；众多不同定位的特色创业餐厅完成装修营业；创意茶馆、创客健身馆、银行网点投入使用；针对园区创业者推出的 YOU+公寓正式开业并深受欢迎。

（三）产城融合，打造宜业宜居宜创品质之地

未来科技城遵循"人-城-产"的营城逻辑，以新市民需求为中心，以舒适宜居为主要目标，以打造生态、生活、生产有机融合，宜居、宜业、宜文、宜游兼具的城市建设理念，提升发展品位和发展潜力。一是加速配套设施建设。加快完成绿色交通网络体系、公共设施布点、城市国际化等战略规划研究，着力提升城市综合承载力和国际化水平。二是积极谋划新的双创平台。在丰富完善现有平台的基础上，全力配合之江实验室、城西

---

① 《杭州未来科技城：瞄定经济主战场，勇当发展排头兵》，杭州市余杭区人民政府网，2023年 1 月 31 日，http：//www.yuhang.gov.cn/art/2023/1/31/art_ 1532133_ 59035281.html。

② 《梦想小镇 8 年集聚创业项目 2937 个》，杭州市余杭区人民政府网，2023 年 3 月 29 日，https：//www.hangzhou.gov.cn/art/2023/3/29/art_ 812262_ 59077317.html。

高铁枢纽中心等重点平台和现代交通体系建设等重点项目的规划、选址、人才公寓配备等工作。三是持续加码城市品质提升建设。开展杭州未来科技文化中心、南湖科创半岛、浙大校友企业总部经济园等平台与重点项目的规划编制、企业服务等工作，通过产城融合发展，推动人才、项目、技术、资本集聚。

（四）厚植沃土，打造营商环境优化示范之地

未来科技城不断优化园区营商环境，当好企业"店小二"。未来科技城通过开展伴飞行动和"十百千万"联企帮扶活动，坚持纾困和培优两手抓，助力企业加速发展壮大。由管委会"一把手"和全体中层以上干部当"店小二"的队伍达60支，服务企业超1000家。一是坚持政策扶持先行。加大政策兑现力度，严把政策兑现流程，制定出台人工智能小镇政策和各类产业政策细则。大力实施科技创新"523"计划，成立未来科技城科创园区联盟，建成知识产权管理服务平台，打造知识产权与技术融合交易中心。二是完善数据服务支持。以购买服务的形式，与梦想小镇入驻企业合作开发未来科技城企业服务大数据平台，建立标准化企业数据库，提高企业服务、科学决策精准度。三是加大金融服务保障。推进资本市场结合、资本智力融合和国有资本配合，建立省股交中心海创板，坚持每月开展一场资智对接会，成立科技城投贷联盟，以天使梦想基金、金融风险池、产业引导基金等政府金融扶持手段有效保障企业投融资需求。截至目前，注册企业数达4万余家；累计引进金融机构1607家，管理资本3672亿元；上市企业和新三板及股权交易中心挂牌企业分别达20家和619家；建设各类专业园区、科创园区55个；中电海康军民融合示范区、未来科技城CBD城市综合体、北控水务华东总部等重点项目建设持续推进。①

---

① 数据来自浙江省商务研究院投资研究中心。

四 未来科技城 CBD 面临的挑战

当前未来科技城 CBD 与北京、上海、广州和深圳等地的 CBD 相比仍有不小差距，在新形势下面临如下挑战。

（一）国际技术转移壁垒不断增高

新时期，主要发达国家对我国核心技术封锁将常态化乃至持续加码，国际科技合作实现路径更加艰难复杂，对未来科技城开展高层次国际科研合作和人才交流、引进国际先进技术和关键设备、创新开发海外市场等方面带来一定冲击，"卡脖子"技术突破难度显著增大。

（二）创新资源竞争日益激烈

国内各大中心城市加快建设高能级科创平台，对高端创新要素的竞争更加激烈。合肥、上海张江、北京怀柔、深圳已被国家定位为综合性国家科学中心，成都、武汉、南京等主要城市也在加紧创建科创中心，这些城市和地区往往具备国家中心城市和国家级自创区、高新区、自贸区体制叠加优势，在集聚创新要素方面更具优势。

（三）空间资源制约趋紧

未来科技城所在的城市西部地区是杭州的生态安全屏障，可供利用的建设用地有限。随着西站枢纽中心、未来科技文化中心等重大公共设施和西湖大学、之江实验室、阿里达摩院等高等级创新平台的入驻，现有建设用地趋于饱和，发挥辐射带动作用和推进产业化的土地空间严重不足，新产业、新平台、新机构发展面临的空间制约突出。

（四）发展体制机制障碍凸显

当前未来科技城实现一体化整合、实体化管理、市场化运作的体制机制

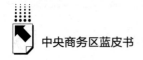

还不完善；全省动员发力、对标国际一流、创新要素集聚等方面的体制机制还有待完善；对重大科研基础设施、新型基础设施和新型研发机构的建设力度不够。目前未来科技城发展的体制机制尚未理顺，缺乏国家级高新技术开发区、自由贸易试验区的体制，人才、技术、创投资金国际化流动缺乏便利性，需要对标世界一流的创新策源地，加大改革创新力度，以一流的体制机制保障和引领创新策源地建设。

五　未来科技城 CBD 发展方向和对策

通过借鉴各地中央商务区发展的先进经验，结合杭州数字经济发展实际，未来科技城 CBD 应以数字化改革为牵引，以数字经济+实体经济"双轮"驱动为目标，进一步提升核心产业竞争力，推动数字经济迭代升级。

（一）多措并举，构筑人才高地核心区

应进一步坚持人才首位战略，建设人才管理改革试验区，打造人才特区，构建与国际接轨、有利于创新创业的人才机制，营造一流的人才发展环境，全力打好人才"引进、培育、评价、激励"组合拳，引进培育一批顶尖人才、科技领军人才和青年科技人才，造就全球创新人才汇聚之地。

一是加快引进海内外科技创新领军人才。立足未来科技城产业布局与实际人才需求，进一步对接省市高技能人才引进计划，构建"高精尖缺"人才开发目录库，以打造一流招才引智枢纽为目标，集中资源重点引进国际一流的战略科学家和高层次科研团队。

二是着力培养科技企业家队伍。聚焦数字经济、生命科学、新材料及高端装备制造等特色优势领域，组织实施科技企业家培育计划，着力培养一批具有国际视野、战略思维、创新精神、创业能力的科技企业家队伍，形成具有未来科技城特色的科技企业家培养品牌。深化"人才+项目+资本"发展模式，推动人才地图与产业地图融合。

三是打造国际一流人才创业创新生态。通过加大人才评价和使用机制改

革力度，探索建立多元化的人才评价机制、竞争性人才使用机制，制定以创新能力、质量、实效、贡献为导向的人才评价办法，探索新型研发机构在人才使用、管理和激励等方面的创新政策试点，推动院所平台开展科研人员"双聘"制度，建立完善的企业和院所双向流动机制。

四是完善高层次人才服务机制。依托杭州人才码等载体，实施全生命周期、全过程人才服务。打造高层次人才"绿色通道"，为进驻的高层次人才提供政策咨询、证照办理、出入境服务以及财税、法律、金融等个性化服务，在项目扶持、子女教育、医疗保健等方面给予优先保障，健全国际医疗保险国内使用机制，完善高层次人才子女就近入学机制，支持设立外籍人员子女学校。探索制定个性化的人才住房政策，加大人才租赁住房供给。落实省部属高校、国有企业、新型研发机构的同城待遇，支持户口不迁、关系不转的人才同等享受公共服务。

（二）创新驱动，搭建国家级科创示范平台

创新平台是集聚创新资源、汇聚创新人才、开展技术创新的有效载体，未来科技城 CBD 应不断加强科技创新支持力度，加快推广数字领域新技术新业态新模式，推动实现数字经济与实体经济的深度融合。面向世界科技前沿、面向经济主战场、面向国家重大需求、面向人民生命健康，集群化推进一批标志性科技平台建设，争创综合性国家科学中心，打造国家战略科技力量支撑之地。

一是加快打造具有国际引领性的重大科技基础设施集群。推进浙大超重力离心模拟与实验装置这一国家重大科学基础设施建设，打造面向世界科技前沿、面向国家重大需求的"国之重器"，如新一代工业互联网系统、信息安全、智能计算、超级感知、社会治理大数据与模拟推演等一批重大科技基础装置建设。依托重大科技基础设施吸引全球科学家开展联合研究，突破重大科学难题。

二是完善多层次新型实验室体系。支持之江实验室、西湖实验室加快建设国家实验室，推动之江实验室与中国科学院的战略合作，打造世界一流智

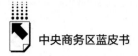
能计算国家实验室。支持现有国家实验室提升创新能力，在"互联网+"、生命健康、新材料等领域创建一批国家重点实验室，推进省部共建国家重点实验室建设。高水平建好智能科学与技术、系统医学与精准诊治、生命科学与生物医学、数据科学与应用四大省实验室。加快形成国家实验室、国家重点实验室、省实验室、省级重点实验室等组成的新型实验室体系，全面提升基础研究和应用基础研究能力。加强与国际尖端实验室的科研交流合作，支持组建联合实验室和实验室联盟，提升实验室国际竞争力。

三是创建一批高水平国家级创新中心。加快构建以企业为主体、整合高校和科研院所创新资源的技术创新体系。瞄准人工智能、集成电路、生命健康等硬核科技领域，支持龙头企业牵头建设国家技术创新中心、产业创新中心、制造业创新中心等"国字号"创新平台。进一步支持国家工程技术研究中心、国家地方联合工程实验室（研究中心）建设，支持企业建设工程研究中心、技术中心、博士后工作站、院士工作站等创新载体，鼓励领军企业建设一批从事基础研究和应用基础研究的全球研发中心和未来实验室。深度参与长三角国家创新中心建设，共建一批创新联合体。鼓励企业到海外建立研发中心，联合科研院所承担国际科技合作项目。

四是培育一批高水平新型研发机构。加快推动现有省级科研机构、重点实验室、工程研究中心体制机制和治理模式创新，联合国内外知名院所加快向新型研发机构转型，新建一批集研究开发、成果转化、衍生孵化和技术服务等于一体的新型研发机构；推动省级重点企业研究院、产业创新服务综合体等向高水平新型研发机构升级。深化与中国科学院、中国工程院等的战略合作，吸引国内外一流高校和科研机构、世界500强企业、中央企业和地方大型企业设立新型研发机构。

（三）产业先导，建设未来新兴产业标杆

面向新一轮产业变革前沿，聚焦优势科创领域，充分发挥创新主体作用，重点培育一批标志性企业，以完善产业链为关键提升核心产业、数字科技产业集群国际竞争力，壮大生命健康、高端装备产业集群，发展金融科技、创投产业、人力资本等特色科技服务业，前瞻布局新材料等若干重量级未来产业，形成"123X"现代产业体系。

一是全面提升企业创新竞争力。精选一批创新带动能力突出、营业收入可达千亿级规模的科技龙头企业，大幅提升核心技术开发与品牌建设能力。建立上市企业培育库，加强与科创板联动，支持科技产业优秀企业上市。研究制定独角兽企业专项支持政策，着力培育一批独角兽企业。推动阿里巴巴等平台企业健康发展，支持综合实力强、发展潜能大的平台企业跨地区跨行业整合资源，重点在数字贸易、金融科技、工业互联网、供应链、智慧医疗、在线教育、生活服务、数字创意等领域新培育一批行业带动力强且具有国内外影响力的平台型"链主型"企业。

二是全力打造世界级数字科技产业集群。瞄准世界数字科技前沿方向，推进数字基础学科前沿探索，着力突破"卡脖子"技术，率先探索商业化应用模式，推进新兴数字科技成果产业化，参与制定国际行业标准，打造新一代人工智能产业链、云计算与大数据产业链、集成电路产业链、5G 物联网产业链、区块链产业链和数字贸易产业链等重点产业平台项目建设。

三是着力建设未来产业先导区。把握全球科技创新趋势，依托高能级创新平台，围绕创新链布局产业链，重点布局先进材料、量子科技、区块链技术、下一代人工智能、下一代移动通信系统应用及网络安全、航天航空等高精尖未来产业，出台未来产业培育计划，打造未来产业先导区。

（四）品质为先，打造城市样板

进一步按照人文、智慧、绿色、韧性、发展的理念，围绕"科产城人文"融合，提升综合交通、公共服务、市政设施、绿色生态、新型基础设施五大网络支撑服务能力，全力打造全域未来社区样板，着力建设宜居宜业、产城融合的现代化、国际化、绿色化科创新城。

一是提升发展综合交通网络。以杭州西站枢纽为核心，系统谋划铁路网络建设，加强铁路交通与城市快速路建设，优化形成"四纵三横"快速路

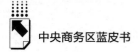

网体系，实现"15 分钟进入高速网、25 分钟通达主城区、1 小时通达全城"的通行目标。

二是构建高品质公共服务网络。提升公共服务覆盖率，完善基础教育设施，鼓励园区中小学与国外学校加强合作与交流，引进国外先进教育教学理念，提升中小学办学质量。建设社区邻里共享学堂，着力打造社区线上线下联动的学习交流平台。加快完善优质医院布局，均衡布局社区卫生服务中心和社区智慧养老与康复中心，构建形成 15 分钟基层健康医疗社区服务圈。建立健全公共卫生和重大疾病防控体系，提升应急医疗救治储备能力。强化药品安全保障，建立覆盖全生命周期的药品风险精密智控系统，严格药品安全系统治理、源头治理、综合治理，保障药品安全。借鉴 XOD 模式，按照领先型、示范型、基本型三个层次，规划未来社区生活圈。实施新文化地标建设，高质量推进歌剧院、科学技术馆、博物馆等一批具有国际一流水平的重点文化设施建设。构建均衡协调的基础公共文化设施体系，建设标志鲜明的文化艺术长廊。

三是适度超前布局新型基础设施网络。加强数字信息基础设施建设，率先构建全球领先的"双 5G、双千兆"网络基础设施，探索一杆式智慧杆塔在 5G 网络建设中的集成应用，加快完善双 5G 规模部署，新增、改造 5G 基站 2200 座以上，实现双 5G 优良覆盖率达到 100%。加快建设国家级行业数据中心，完善城市空中配送网络，规模部署智能充电桩等，进一步完善数字基础设施建设。

四是推进区域系统治理数字化。坚持"科产城人文"融合创新、系统发展的理念，统筹园区规划建设，探索跨层级、跨区域、跨部门整体智治变革，突出科技创新、空间治理、公共服务、产业发展、体制机制创新等一体化领域，实现数据共享、流程再造、业务协同和数字化平台化集成应用，逐步建立"高效能、平台化、服务型、生态性、国际范"的管理体制系统，加快形成全域数字化发展、全域智慧化服务、全域一体化协同的新格局。

B.11
贵阳观山湖 CBD 驱动楼宇经济发展

韦亚林　裴梧凯　曾剑平*

摘　要： 贵阳观山湖区通过搭建楼宇智能化管理平台，实现楼宇智能化数字化管理，高效赋能楼宇精细化管理和企业精准化服务，促进了楼宇企业快速发展、营商环境不断优化、产业生态加快打造，提升了中央商务区产业发展水平和综合竞争力。虽然依托楼宇智能化管理促进了产业发展，但观山湖 CBD 楼宇经济也还存在产业关联度聚集度不够高、楼宇品质有待提升等问题。对此，观山湖 CBD 需从平台完善、机制创新、楼宇品质提升等方面，多维度提升楼宇整体竞争力和企业发展动力，促进中央商务区产业高质量发展。

关键词： 贵阳观山湖区　数字化管理　楼宇经济　中央商务区

楼宇经济是近年来我国城市经济发展中涌现的一种新型经济形态，能够将城市发展空间由平面拓展为立体，突破了中心城区土地资源匮乏的空间限制，拓展了城区经济发展的空间，是推进第三产业发展和城市经济做优做强的重要突破口。观山湖区深入贯彻落实贵阳市"强省会"决策部署，着力优化楼宇空间布局、创新楼宇服务模式、完善楼宇产业链条、提升楼宇特色品牌，探索出一条具有观山湖区特色的楼宇经济高质量发展路径。

---

* 韦亚林，观山湖现代服务产业试验区管委会副主任；裴梧凯，观山湖现代服务产业试验区管委会规划建设处负责人；曾剑平，观山湖现代服务产业试验区管委会规划建设处工作员。

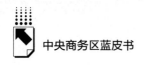

一 观山湖区基本概况

（一）基本情况

观山湖区为贵州省省会城市贵阳市下属辖区，地处黔中城市圈核心腹地，辖区面积 307 平方公里，常住人口 55 万人，是贵阳市政治、经济、文化、金融和交通中心，也是贵阳市乃至贵州省对外开放的重要平台和窗口，被誉为"黔中门户·滨湖花城"，连续五年荣获"全国投资潜力百强区"称号，入选 2022 年"中国西部地区综合竞争力百强区"。在贵阳市第十一次党代会上，明确构建以阿哈湖为绿心，以云岩南明城区、观山湖区、贵安新区为三核，以白云、高新、综保、乌当、双龙、花溪、经开、清镇、修文、息烽、开阳为组团的"一心三核多组团、山水林城相融合"城市空间格局，实现以产兴城、以城促产、产城融合的良性互动。

（二）发展历程

2000 年，为推进城镇化进程，加快经济社会发展，缩小与先进城市和发达地区的差距，解决贵阳市云岩区、南明区两个中心城区面积狭小、人口密度过大等问题，贵州省委省政府、贵阳市委市政府做出重大决策部署：主要以贵阳金华农场和阳关农场作为开发建设范围，全面启动建设"金阳新区"。2012 年 12 月，经国务院批准成立建制区，"金阳新区"正式更名为观山湖区。自开发建设以来尤其是建制区成立以来，观山湖区在省委省政府及市委市政府的坚强领导下，坚持以改革开放为驱动力，全面贯彻落实党中央、国务院，省委省政府及市委市政府各项决策部署，通过 20 余年的开发建设，经济社会各项事业实现了从无到有、从有到强、从强到优的华丽蝶变，呈现稳中有进、动力增强、质效提升、民生改善的良好态势，经济社会发展各方面取得了显著成效，成为"多彩贵州""爽爽贵阳"的一张亮丽名片。

二 观山湖区发展布局

近年来，观山湖区大力培育发展现代产业经济形态，深入贯彻党的二十大精神和习近平总书记视察贵州重要讲话精神，抢抓新时代西部大开发重大机遇，大力转变发展方式、优化经济结构、转换增长动能，坚持"稳三、强二、优一"，在产业高质量发展的赶考路上加快迈步，截至 2022 年底，第三产业占比已达到 83.9%。① 通过进一步优化产业结构，强化现代服务业在楼宇的集聚发展，依据城市功能和产业发展布局，拓展空间，形成了"两轴三区"点线结合、功能协同、配套科学、便利快捷的楼宇布局。

（一）数智金融引领轴

沿数博大道两侧区域，北连贵州金融城，南接贵阳高新区，依托数博大道规划建设，打造集高端商务、科技服务、会展博览、精品商业、风尚住宅于一体的城市社会经济主动脉，现已成为西南地区经贸交流黄金带、城市经济发展主动脉以及高端商业商务集聚区。

（二）活力商务发展轴

沿林城路两侧区域，汇聚了世界 500 强和当地龙头企业总部，为百强企业提供集高端酒店、生态休闲、文化体验、特色商业于一体的超级会客厅，采用 TOD 模式实现轴线对区域发展的引领，打造了 TOD 发展模式新标杆及生态活力文化体验带。

（三）楼宇经济核心区

金融会展区是观山湖区楼宇经济核心引擎和城市发展形象门户，也是集现代金融、会展服务、专业服务等功能于一体的楼宇经济核心区，大力引进

---

① 数据来自观山湖现代服务产业试验区管委会。

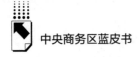

科技服务、金融服务、人力资源服务、工业服务等生产要素运筹型服务企业，为观山湖区楼宇经济发展奠定坚实的主体基础。

（四）楼宇经济拓展区

商务发展区、楼宇发展提升区及特色楼宇优势地，发挥已有特色楼宇的带动作用，形成观山湖区乃至贵阳市经济高质量发展的新增长极，重点打造了数字经济、专业服务、文化创意三大产业方向。打造"竖起来"的园区CBD，集中推进都市工业企业入驻，推动"企业上楼"，发展都市型工业新业态，加快聚集新经济企业，以数字经济、智能经济、流量经济等新经济形态为着手点，打造楼宇产业链，吸引核心配套企业、产业链上下游企业、关联企业汇聚，提升楼宇产业吸附和集聚效应，形成楼宇内部纵横交错的产业集合和产业链条。

（五）楼宇经济潜力区

贵阳北站东部新城、世纪城、商贸城、朱昌镇等区域，是楼宇经济潜力发展区及新兴产业聚集地。通过推进老旧商务楼宇改造，积极拓展新片区开发，强化职能楼宇特色，逐步形成楼宇经济特色功能区和集聚圈。潜力区重点发展数字经济、现代商贸、文化创意、科技服务四大产业。

经过20多年的发展，观山湖区楼宇入驻率不断提升，税收亿元楼数量不断增加，中央商务区产业发展效益不断凸显，现代产业体系更加健全。截至2023年6月，观山湖区共有137栋商务楼宇，楼宇总建筑面积达到732.42万平方米，楼宇入驻率为82%，较2022年底增加了5个百分点。累计培育税收亿元楼20栋以上，成功打造了会展、文化传媒、金融基金、建筑设计、工业设计、品牌孵化等特色品牌楼宇，培育纳税亿元以上龙头企业20余家。2022年度楼宇在地注册企业年度纳税总额超113亿元，占全区企业纳税总额的69.3%。[①]

---

① 数据来自观山湖现代服务产业试验区管委会。

三 "服务+智慧"双轮驱动的楼宇经济管理模式

政府规划管理、服务体系、基础设施配建、人力资源与招商引资因素对楼宇经济发展有显著影响。观山湖区通过建立完善楼宇经济服务体制机制，借助云计算、大数据、移动互联网等信息技术手段，于 2023 年 1 月打造了全省首个楼宇智能化管理平台，探索采用"服务+智慧"双轮驱动的楼宇经济管理模式，成功将楼宇经济由粗放式管理、自由式发展的 1.0 时代向精细化管理、引导式发展的 2.0 时代推动。

（一）积极探索高标准楼宇服务模式，培育优质营商环境

高效的楼宇服务是优化楼宇产业生态的保障。观山湖区从企业需求端入手，构建"高标准""保姆式""全生命周期"的服务模式，不断提高服务标准，培育优质营商环境。

一是完善工作机制。制定完善楼宇经济服务体制机制，成立楼宇经济"1+3+N"服务体系，其中"1"是区委区政府，"3"是试验区楼宇指挥调度中心、街道（镇）楼宇服务中心、楼栋服务工作站三级服务体系，"N"是各相关区直部门。各部分形成合力，通过定期工作调度、执行反馈，推动各项工作落实到位。

二是建立目标考核体系。充分发挥目标考核的导向和激励作用，制定各街道楼宇经济工作测评体系和考核办法，通过楼宇服务机构设立情况、楼宇经济发展情况、楼宇服务工作情况及企业建议收集情况四个方面（包含 20 项考核指标）对各街道（镇）楼宇服务中心及楼栋服务工作站进行综合考评，强化统筹调度管理。

三是建立政策扶持体系。出台《观山湖区促进楼宇经济发展若干措施（试行）》，通过财政专项资金扶持，从提升硬件品质、优化服务水平、建设产业生态圈、提升经济发展质量四个方面，鼓励楼宇发展提质增效。

四是建立评比机制。为重点品牌楼宇设置"亿元税收楼宇""产业发

楼宇""超甲级、甲级写字楼"等评比奖项，充分激发楼宇业主及运营商参与并推动地方经济发展的积极性。

（二）努力搭建"观观楼宇汇"智能化平台，助推楼宇经济智变

观山湖区着眼发挥智慧化、数字化孪生平台作用，迭代升级"观观楼宇汇"智能化管理系统，优化企业服务、招商载体、楼宇管理、数据分析、决策参考等功能，深入契合楼宇经济"1+3+N"服务体系，通过"联动式服务+智慧化管理"构建智治体系，推动楼宇经济持续健康发展，凝聚起以楼聚产、以产兴城的强大合力。

1. "一屏三端、多端协同"，实现楼宇智能"一网统筹"

数据指挥大屏。为了强化数据统筹，在区楼宇指挥调度中心设立数据指挥大屏，大屏由综合态势、楼宇详情、企业服务三大板块组成，综合态势板块主要展现观山湖区楼宇栋数、总办公面积、入驻企业概况、行业分类、楼宇税收、楼宇空置及入驻率情况与走势；楼宇详情板块主要呈现单栋楼宇的规模、入驻企业、税收及空置情况；企业服务板块主要展现"1+3+N"服务体系、楼宇动态以及企业建议反馈的跟踪情况。通过数据监测、数据分析等步骤，构建重点监测统计分析指标，实现对全区楼宇数据分析和动态监测，为促进楼宇经济工作提供指标支撑，为相关决策提依据和参考。它主要供区领导使用。

管理后台 PC 端。为了加强平台数据库管理，在区楼宇指挥调度中心及街道（镇）楼宇服务中心设立管理后台 PC 端，主要包括楼宇管理、企业管理、任务管理、数据管理、报表统计、活动资讯公开等核心功能，可以对整个系统数据进行编辑、修改、校核，有效提升工作人员效率。它主要供区领导、试验区工作人员、街道办事处工作人员使用。

政府 App 端。App 作为承载试验区信息的枢纽，支持用户随时随地查看全区楼宇指标数据、管理楼宇信息、查看企业信息、处理任务、分析数据，实现业务多场景应用。它主要供区领导、试验区工作人员、街道办事处工作人员、楼栋服务工作站以及区直部门工作人员使用。

公众小程序端。小程序作为虚拟楼栋服务工作站，通过联动观山湖区"观观好汇玩"商业平台，接入"观观楼宇汇"入口，为企业、公众提供找房服务，同步支持查看楼宇相关政策等信息，同时楼宇入驻企业可以通过小程序意见建议板块向楼宇经济主管部门反映企业发展运营中遇到的难题，也可以提供楼宇经济发展的建议。

2. 五个层级多维归集，实现楼宇管理"一网统领"

区委区政府层级。通过楼宇指挥大屏、App 移动驾驶舱、楼宇数据分析等模块，统筹调度全区楼宇经济发展运行情况；推行县级领导包保楼宇工作制度，定期走访调研重点包保楼宇，全方位助推楼宇良性发展；全面指导试验区楼宇指挥调度中心、街道（镇）楼宇服务中心及楼栋服务工作站工作，不断提升楼宇服务质量（详见图 1）。

区楼宇指挥调度中心层级。通过楼宇管理、数据分析、决策参考、指标考核等模块，严格落实区委区政府楼宇经济工作部署；定期组织街道（镇）楼宇服务中心、楼栋服务工作站召开楼宇经济专题工作推进会议，依托楼宇智能化管理平台，开展重点楼宇调度，通报街道（镇）楼宇服务中心及楼栋服务工作站工作情况；负责全区楼宇工作考核测评，强化工作调度。

街道（镇）楼宇服务中心层级。通过楼宇管理、载体信息、数据报告等模块，掌握街道辖区内楼宇发展运行情况，保证管理楼栋服务工作站服务质量及效能，严格落实区楼宇指挥调度中心工作安排。

楼栋服务工作站层级。通过企业入驻退租登记、物业管理、企业反馈诉求等模块，全面录入楼宇基本信息，确保数据精准有效；为楼宇入驻企业提供多元化服务、集成性公共服务。

区行管部门层级。通过企业反馈建议、数据分析、App 移动驾驶舱、主体信息等板块，共享经济主体发展数据，研判分析企业发展情况，为安商、营商、富商做好协同治理。

3. 聚焦五个层面，多元互动实现楼宇治理"一网统管"

楼宇业主层面：围绕楼宇硬件配套，包括建筑规模、功能配套（空调、车位、客梯等）、建筑装饰等方面，持续提升楼宇品质。

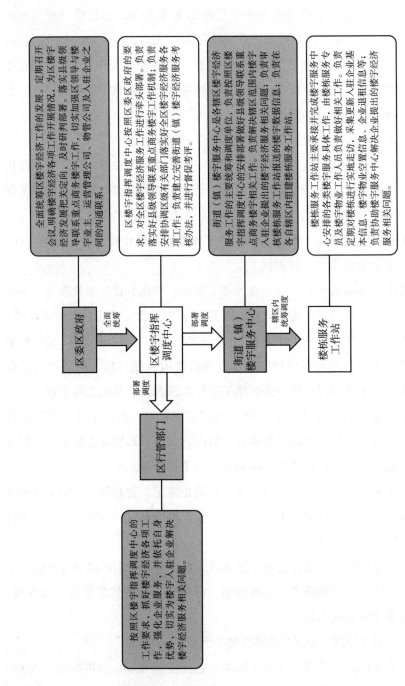

图 1 楼宇管理的五个层级

楼宇运营商层面：围绕楼宇招商，包括专业运营、入驻率统计、信息化管理等方面，不断加强招商力度，健全楼宇产业链，优化产业结构。

楼宇物业方层面：围绕楼宇物业，包括物业服务、秩序维护、绿化保洁、消防安全等方面，持续维护良好的客商环境，提高物业服务水平。

入驻企业层面：围绕楼宇贡献，包括纳税数额、单位产值、企业培育、科技创新等方面，持续做好楼宇龙头企业服务，带动楼宇产业发展，支持企业做大做强。

社会公众层面：围绕楼宇外环境，包括外立面形象、标识标牌、商圈配套等方面，探索"楼宇+商圈"协同发展，持续提升城市形象，通过数字化服务推动楼宇经济转型升级。

4. 实现五个功能，协同实现楼宇经济"一网统揽"

织密"网格服务"，摸清底数。深度融合观山湖区楼宇经济"1+3+N"服务体系，设立 137 个楼栋服务工作站，通过智能化管理系统全面展示物业、企业、人员等立体信息，彻底摸清楼宇基础情况。

制作"立体画像"，综合研判。制作楼宇立体画像，归集住建、统计、税务、人力社保等多个部门数据，全景式反映楼宇空置物业、租金、企业信息、纳税等数据，通过分析研判楼宇发展态势，为政府提供有效参考，引导楼宇良性发展，为后续建设亿元楼宇、产业发展楼宇打好基础。

搭建"企求智办"平台，联动服务。开设"企业建议反馈"线上渠道，建立"在线申报、分级响应、协同处置、项目跟踪"全周期管理流程，运用智能化管理平台实现实时接收、在线反馈，依托平台畅通政与企、楼与楼、企与企之间的沟通桥梁。同时，调取企业规模、营收、税收等数据构建运营分析模型，配置法律、经营、金融等多个风险预警指数，实行"红黄绿"检测，准确发现企业潜在运行风险，开展针对性帮扶。

编制"五张表格"，强化数据分析。为直观反映楼宇经济发展水平，设立了 5 张统计分析表，分别从观山湖区全域、街道辖区、税收亿元楼宇、产业发展大楼、具体楼宇信息五个维度进行分析，通过数据对比、走势研判等发现楼宇经济发展的问题，进而确定发展计划，有针对性地落实楼宇经济服务工作。观山湖区全域指标着力于统计全区楼宇发展情况，通过分析空置率、入驻率、税收总额及占比、行业占比、在地注册率等 16 项核心指标，摸清楼宇经济问题及发展走势；街道辖区指标着力于环比分析各街道楼宇经济发展水平及各项数据体量，通过 9 项主要指标强化对街道楼宇服务工作的调度，对各街道进行综合考核排位；税收亿元楼宇指标通过对比楼宇年度税收走势、代表性企业纳税情况、空置率等指标，分析判断已达到亿元税收的楼宇有没有下滑趋势以及未达到亿元税收的楼宇能否通过培育成为亿元楼宇；产业发展大楼指标主要是通过研判楼宇产业集中度，以总部企业、规上企业、龙头企业的带动作用推动建设楼宇产业链，打造"竖起来"的园区，制订产业发展大楼培育计划；具体楼宇信息指标主要是通过空置率、税收数据、代表企业等数据，判断单栋楼宇的发展情况及走势，判断其是否能够培育为税收亿元楼宇、产业发展楼宇、超甲级与甲级楼宇等品牌楼宇。

设立"指标考核"，闭环管控。在楼宇智能化管理平台内嵌入楼宇经济考核指标体系，实时监测新增楼宇、物业数据、企业入驻退租等情况，追踪企业服务记录，并将相关数据作为楼宇经济工作考核的重要参考，挂钩年终绩效考核，进一步压实服务体系各层级责任，推动楼宇服务做实做优。

四 双轮驱动楼宇经济管理模式下的发展质效

观山湖区采用"服务+智慧"双轮驱动的楼宇经济管理模式以来，层层压实楼宇经济服务体系各层级职责，依托"观观楼宇汇"智能化管理平台，在楼宇现状、政府引导、企业服务、产业培育等方面取得了较好的发展质效。

（一）楼宇发展现状进一步摸清

一是企业主体方面。之前楼宇摸排主要通过人工进行"扫楼式"排查，楼宇入驻企业的全称、统一社会信用代码、行业分类、税收等数据较难采集，工作人员无法摸排注册在楼宇却不在楼宇办公的企业。管理平台上线后，可智能获取在观山湖区注册的企业的信息，并实时将企业注册地址与管理楼宇地址进行匹配，按照"1+3+N"服务体系架构推送给街道及楼栋服务工作站，由楼栋服务工作站人员进行确认，并将楼宇入驻企业精准分类，即注册办公企业、注册非办公企业、办公非注册企业。截至 2023 年 6 月 28 日，全区入驻楼宇企业 13428 户，其中注册办公企业 6640 户、注册非办公企业 4362 户、办公非注册企业 2426 户，楼宇企业在地注册率 81.93%（见图 2）。

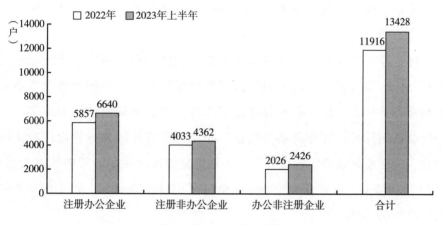

图 2　楼宇入驻企业数量

二是楼宇信息方面。之前楼宇基本信息统计主要依靠 Excel 表格进行，商务楼宇资源、楼宇地理信息、硬件设施设备等查阅不便。平台上线后，通过数据导入、人工核查等方式准确记录楼宇基本信息，经过后期人工修正维护后，可精准反映楼宇实际情况，为商务楼宇等级划分提供了有效的数据支撑。目前，观山湖区共计 137 栋建成商务楼宇，在建楼宇 15 栋，建成楼宇总建筑面积 730.28 万平方米，在建楼宇总建筑面积约 30 万平方米，办公总面积为 520.16 万平方米。结合贵阳市《商务楼宇等级划分及评定要求》，观山湖区商务楼宇硬件方面达到超甲级标准楼宇的有 12 栋，达到甲级标准的楼宇有 55 栋。[①]

————————————

① 数据来自观山湖现代服务产业试验区管委会。

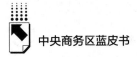

三是空置物业方面。之前楼宇空置物业统计主要依靠街道定期走访楼宇进行摸排，不能实时监测楼宇企业退租情况，导致楼宇载体信息滞后。平台上线后，可实时监测楼宇企业退租情况，压实楼栋服务工作站人员职责，强化楼宇精细化管理，根据楼宇入驻企业、空置面积、避难层等实际情况生成楼宇立体画像，有效解决了空置物业变动频繁的痛点难点。目前，观山湖区商务楼宇空置办公面积为 93.63 万平方米，全区综合入驻率达到 82%，较2022 年底，成功去化空置办公面积 16.37 万平方米，综合入驻率提高了3.15 个百分点。①

四是经济效益方面。之前因楼宇企业主体信息不明确，无法与区税务局、区市场监督管理局等职能部门进行数据共享，导致经济效益估算不精准。平台上线后，精准分类楼宇入驻企业，准确统计企业名称、统一社会信用代码、行业分类等数据，成功实现与各区直行管部门的协同治理，为区委区政府实现敏捷决策和精细化管理提供了有效的数据支撑。2022 年，楼宇入驻企业共计纳税（全口径）113.03 亿元，占全区企业纳税总额的 69.34%。②

（二）楼宇党建引领作用进一步凸显

在楼宇智能化管理过程中，观山湖区坚持党建引领，全面激发机关党建、楼宇企业党建活力。在重点商务楼宇设立党群服务中心，承载核心价值引领、党群企邻服务、休闲交流联谊、公益组织展示、党员学习成长等功能；成立商务楼宇联合党组织，把楼宇内分散在不同企业、行业的党员聚集起来，联合有关区直部门，打造楼宇经济、党建联建、社会服务、企业服务等服务平台，定期深入企业开展政策解读、企业家沙龙、企业家论坛等贴近企业需求的活动；对楼宇企业党建工作实行"一对一"帮扶，对楼宇党建运行规范、工作开展好、作用发挥充分的楼宇党支部给予支持。

---

① 数据来自观山湖现代服务产业试验区管委会。
② 数据来自观山湖现代服务产业试验区管委会。

（三）品牌楼宇效应进一步凸显

一是楼宇运营工作日渐完善。楼宇运营团队作为楼宇智能化管理闭环中的关键一环，一方面，观山湖区加大对优质楼宇运营商的招引力度，促成区内优质楼宇与国内外知名楼宇专业运营机构形成合作；另一方面，加大对楼宇专业运营管理团队的培育力度，选出世邦魏理仕运营混沌大厦、兴竹联行运营东五塔、品牌中心运营盘江 5 号楼、多彩新媒体运营盘江 3 号楼等优秀案例，组织开展楼宇运营商交流培训会，促进楼宇运营团队取长补短、共同发展。目前，观山湖区正在积极探索制定楼宇专业运营商奖励机制，激励楼宇运营商进一步提高服务质量、招商营运效率和企业满意度，助力楼宇品牌建设。

二是产业引导能力更优。结合各地经验来看，制约楼宇经济发展的因素之一是产业分散、企业入驻散乱。观山湖区通过智能化管理平台，整合各方力量，提高服务水平，通过打造特色楼宇、培育亿元楼宇等，形成了市场主导、政府引导的产业发展模式。在产业引育过程中，观山湖区根据行业分类、企业类别，重点培育龙头企业，引导上下游企业精准入驻，促进关联企业集聚发展，推动行业企业实现共生共存、共促共享、共同发展，解决了此前楼宇企业入驻杂乱无章和同质化低效发展的问题，促进楼宇企业良性发展。

三是招商引资效率更高。楼宇智能化管理平台全面整合了楼宇空间分布、综合特征指标、效益贡献指标、产业特色以及楼宇外部形态等信息，可随时随地向公众展示楼宇信息、发布招商公告，实现楼宇数据实时共享。无论招商主体是政府还是楼宇运营方，智能化管理平台都起到了桥梁纽带作用。同时，意向企业通过互联网便可查看楼宇信息、筛选意向楼宇，简化了楼宇招商流程，提高了楼宇招商效率，不但调动了楼宇运营商的积极性，而且提高了创意设计、现代金融、服务外包等新兴关联产业的引进效率，还提高了企业落户、招商对接、政策兑现、楼宇宣传等事项的办理效率。

四是产业集群效应更强。通过高效的产业引导和招商引资，观山湖区以

"4+2"为主导的现代服务产业链条逐渐完善，以现代服务业发展为主的中央商务区产业生态加速构建，集群效应逐渐凸显。通过特色产业楼宇的培育，观山湖区将招商、引商、选商，以及安商、服商、富商、优商的理念贯穿产业大招商全过程。在智能化管理平台的精准赋能下，观山湖区实现了楼宇精细化管理和企业精准化服务，招商引资效率更高，引进企业质量更优，优质特色楼宇加快培育，以中央商务区为载体的现代服务产业"高地"正在加快形成，立足贵阳、服务贵州、面向全国的现代服务业产业生态正在加快构建。

（四）区域营商环境进一步优化

一是企业服务效率更高。通过智能化管理平台，企业可在线上及时反映问题，部门可及时了解企业诉求、解决企业难题，实现楼宇企业服务的精准化，促进营商环境不断优化。同时，通过平台实现楼宇信息聚合，加强各级领导与楼宇业主、运营管理企业及楼宇企业的沟通联系，及时发现企业需求，并汇编成问题清单和任务清单，其中任务清单实行销号制度，解决一项、销号一项。观山湖区通过智能化管理平台收集到的 500 项问题，截至 2023 年 6 月，已成功解决 300 多个。

二是企业内生动能加快激活。通过"互联网+"的形式，政府可及时掌握楼宇及入驻企业数据，从而促进楼宇高效管理，简化楼宇统筹调度流程。同时，政府可依据各产业楼宇功能、区位优势等情况，制定楼宇经济发展空间规划、业态规划和特色规划，通过发挥商务楼宇的集聚和辐射带动作用，促进政府与各类市场主体开展紧密合作，进一步提高楼宇品质，激活企业发展内生动力，为中央商务区产业转型升级提供强力支撑。

三是企业创新活力更加强劲。通过高效精准的楼宇管理和企业服务，观山湖区加快促进人、产、城融合发展，持续强化创新核心地位，坚持以产业聚集人才、靠人才引领创新，依靠数字经济、科技创新催生新的发展动力，以创新助力经济高质量发展。同时借助楼宇智能化管理平台，观山湖区整合楼宇数据资源，充分发挥数据效能，将经济发展水平、政府管理能力、市场成熟程度和社会发育状况紧密结合，以智慧的理念、前瞻的思维方式、可持续的计划，持续增强企业创新活力，推动中央商务区产业高质量发展。

五　观山湖 CBD 发展面临的挑战

楼宇产业生态对中央商务区的影响不容忽视，结合观山湖区的实际情况来看，CBD 为了能够实现良性发展，需要构建完整的楼宇产业生态，这也是提升 CBD 及楼宇经济整体发展层次的关键点。但是实际上，观山湖 CBD 楼宇产业生态还存在一定的问题，主要表现为以下两个方面。

（一）部分楼宇存在同质化问题，产业特色不够明显

近几年，楼宇数量不断增加，但是部分楼宇本身没有特色的产业布局以及功能定位不明晰，导致在发展中出现同质化问题，这对楼宇经济的影响不容忽视。一是从对外影响来看，楼宇对企业的吸引力下降，可能导致大型企业的入驻率偏低，这会显著增加后续招商引资的难度，不利于增加企业效益；二是从对内影响来看，楼宇的特色不明显会进一步加剧内部竞争，甚至引发恶性竞争，导致楼宇生态进一步恶化，对楼宇经济的长远发展产生影响。

（二）少数楼宇的功能配套设施不够完善

楼宇产业属于集生活、生产、生态于一体的复杂系统，所以要想保证楼宇产业生态良好，则需要做好相关配套工作，这对于促进楼宇经济发展意义重大。但是在实际上，楼宇功能配套设施不完善的问题一直存在，如部分楼宇因为建成时间早、运营时间长，内部配套设施陈旧，设施功能不完善。而近些年新建楼宇则解决了上述问题，如停车场、餐饮娱乐场所等配套设施齐全，功能也更加完善。但是受到城镇化速度加快等因素影响，楼宇周边的交通压力增大，尤其是在早晚高峰时期，可能出现严重的交通拥堵，并且配套的教育、医疗等服务也存在供需失衡的情况，在一定程度上会影响企业的办公环境，最终影响楼宇产业的竞争力。

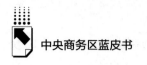
六　观山湖CBD未来发展方向和对策

观山湖CBD将从以下几方面发力，持续提升楼宇综合管理水平，促进楼宇经济加快发展，助推中央商务产业更好更快地发展，在为贵阳产业高质量发展注入强劲动能的同时，奋力为贵州、全国的楼宇经济发展和中央商务区产业转型升级探索经验、提供样本。

（一）持续完善楼宇智能化管理平台

进一步加强"三端一屏"政府统筹指挥、区楼宇指挥调度中心管理、楼栋服务工作站数据采集、公众企业问题反馈等场景应用，智能化分析全区楼宇运行情况，深度融合"1+3+N"服务体系，主动与各区直部门对接，了解数据需求，及时推送精准有效的数据，助推有关工作精准有效开展。

（二）完善绩效考评制度，健全服务联动机制

强化"1+3+N"服务机制，推动楼宇品牌建设。制定楼宇经济发展考核办法，加大对有条件发展楼宇经济的街道（镇）、企业的考核力度，出台楼宇经济工作绩效与年终目标责任制考核相挂钩的考评制度。鼓励镇街立足实际，探索发展楼宇经济的新方法、新措施，鼓励有条件的社区、企业参与楼宇经济建设，对已取得一定成效的镇街、企业进行广泛宣传和表彰，树立先进典型。

（三）建立楼宇经济高质量发展评价指标体系

立足楼宇发展实际，结合楼宇经济发展的关键因素，从楼宇经济发展环境、楼宇经济发展水平、楼宇经济发展潜力等维度，科学、系统、动态地选取相应指标，建立楼宇经济高质量发展评价指标体系，并依托楼宇智能化管理平台，定期形成楼宇经济运行分析报告，为党委政府开展经济调研和指导产业发展提供有力支撑。

（四）培育优质品牌楼宇

聚焦楼宇经济市场主体，以树立楼宇品牌服务为抓手，推动楼宇载体与产业互动融合、协同发展，培育产业发展大楼和优质税源，形成"规模提升、产业集聚、特色引领、质效倍增"的楼宇经济发展格局。一是认定挂牌一批品牌楼宇，在本年度至少完成 10 栋亿元楼宇、5 栋产业发展大楼、3 栋超甲级写字楼、10 栋甲级写字楼挂牌工作；二是强化培育产业发展大楼，依托"观观楼宇汇"智能化管理系统，搭建企业服务平台，做好载体服务，突出产业招引，逐步在楼宇形成产业链条，建设"竖起来的园区"，打造一批品质高、服务好、企业强、产业优的代表性品牌楼宇。

（五）提升楼宇品质

坚持楼宇硬件设施升级、楼宇服务优化、周边配套完善"三步走"，以灵活高效、数字智能、品牌运营为导向，全面提升楼宇品质，形成高质量产业空间，为集聚人才、知识、信息、资本、技术和创新等高端要素，发展中高端产业奠定坚实的载体基础。一是梳理楼宇基础设施现状，根据楼宇内外软硬设施配套情况，形成现状清单、问题清单，协调有关部门进行整改，进一步改善楼宇环境；二是探索"特色街区+楼宇""后备厢集市+楼宇"的发展模式，着力营造舒适商务氛围，充分匹配联合办公、花园商务、咖啡商谈、文化沟通的楼宇办公模式，打造休闲配套的生活服务业态；三是试点建设智能化管理楼宇，针对现有楼宇且运营时间低于 10 年的楼宇，探索试点楼宇设施的绿色化、智能化升级。规划协调新建楼宇在前期设计、施工阶段便按照绿色建筑要求建设，充分融入智能智慧元素，真正改善入驻企业体验，推动楼宇内部安全性、健康度、舒适度提升。

（六）组建楼宇经济促进会

探索组建楼宇经济促进会。进一步整合楼宇业主、运营商、企业及政府部门等资源，提高资源整合及利用效率；进一步提升楼宇服务品质，优化楼

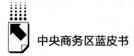

宇管理，提高服务质量，提升入驻企业满意度，从而吸引更多企业和投资者入驻；加快形成联动协调机制，以楼宇经济促进会为依托，形成政府、业主、运营商、企业、物业等各方协调机制，更好地解决楼宇经济发展面临的各种问题和困难，推动楼宇经济更好地服务于区域经济发展；通过楼宇经济促进会开展各类活动、交流会及论坛等，聚集更多人才，通过楼宇企业的发展，更好地助推中央商务区经济高质量发展。

后　记

　　《中央商务区产业发展报告（2023）——数字服务提升城市能级》是"中央商务区蓝皮书"系列的第六本报告。

　　2022 年 12 月 9 日，项目开题。社会科学文献出版社、中国人民大学、北京大学、中央财经大学、商务部市场运行和消费促进司等单位专家提出了具体实施建议。

　　随后，课题组开始制订计划、分工调研、分析数据、撰写皮书。编撰团队先后在北京、上海、杭州、贵阳等地进行学术交流和实践调研，积累了一手有效资料，了解了我国 2023 年典型 CBD 的实践情况。在此过程中，调研交流遇到不少现实阻碍，好在课题组编撰人员克服主客观困难，多次沟通协调，积极修改完善，终于如期完成了皮书撰写工作。

　　需要说明的是，受各地 CBD 发展情况影响，CBD 数字服务提升城市能级的部分数据难以获得，不少城市 CBD 及其所在城区的产业数据没有公布，这在一定程度上影响了数据测算和内容分析。有鉴于此，为提高皮书质量，课题组尽量从多种渠道收集、整理资料和数据，以降低数据缺失造成的客观影响。

　　本书由张杰主持完成。除已标注作者外，张杰负责对主要报告进行审读并撰写总报告，范雨婷、孙涛、苑帅峰等博士研究生和曾维瑞、王华毅等硕士研究生参与了调研数据收集、资料汇编及撰写相关工作。

　　我们感谢商务部市场运行和消费促进司、上海市商务局和上海陆家嘴管理局、浙江省商务厅和浙江省商务研究院、贵州省商务厅和贵阳市商务局及贵阳观山湖现代服务产业试验区管委会、北京商务中心区管委会等有关单位

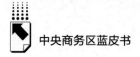

的大力支持和帮助。

本报告在撰写过程中，参考并吸取了同行业专家学者的研究成果，我们在此表示谢意和敬意。尽管引用资料已在参考文献中详细列出，但如有遗漏之处，在此深表歉意。

非常感谢北京市社会科学界联合会、北京市哲学社会科学规划办公室对北京市 CBD 哲学社会科学基地和中央商务区蓝皮书研创团队的长期支持和指导，感谢北京市教育委员会对项目的资助和指导。

由于学术水平有限，加之有些数据较难获得，书中难免存在不足之处，敬请各位专家和读者批评指正。

张　杰

于首都经济贸易大学启铸恭温楼

2023 年 8 月 15 日

Abstract

Under the new development pattern, the development of digital economy has become the leading strategy for urban development in China, and the leading role, driving force and path orientation of CBD's digital service to enhance urban capacity are becoming more and more prominent.

This report is based on the theme of Central Business District's "Digital Service Enhancing Urban Capacity", and it theoretically studies the five directions, analyzes the current digital economy development dynamics of China's top ten urban CBDs with case studies, continues to measure the indexes related to the development of central business districts, and summarizes the three major paths of urban capacity enhancement. Through theoretical guidance, case analysis, index calculation, path condensation and practical reference, it comprehensively describes the latest development dynamics, characteristics and paths of the enhancement of urban capacity by the improvement of digital service in China's central business districts, and puts forward specific development proposals to accelerate the enhancement of urban capacity.

Based on the theme of "Digital Service Enhancing Urban Capacity", this report measures the development of central business districts in selected first-tier and new first-tier cities by constructing the comprehensive development index, the regional radiation index, the building economy index, and the business environment index, and by using the entropy method to determine the weights. The data analysis shows that the current urban CBDs in China are in the conversion stage of industrial economic transformation and digital economy promotion; the digital economy of CBDs in first-tier cities and some new first-tier cities is developing rapidly; digital service is integrated into all aspects of urban

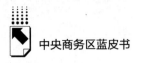
management, residents' consumption and service industry upgrading; and new forms of business, such as digital governance, digital consumption, and digital trade, are developing vigorously.

In order to ensure the academic support and in-depth doctrinal thinking, this book analyzes the three-dimensional enhancement paths of digital service in CBDs to improve the city's capacity, which includes macro-digital service, meso-asset management, and micro-enterprise transformation in three aspects of the topic, and three thematic research reports have been formed. The thematic reports not only study the mechanism of digital economy and digital service, but also expound the paths of asset management and urban energy level, with certain theoretical depth and academic level.

Demonstrating the experience of drawing on the development of CBDs around the world and understanding the actual development of summarized CBDs are also important contents and results featured in this book. Shanghai Lujiazui Management Bureau summarizes the development direction of professionalservice in Lujiazui Financial City, Zhejiang Provincial Business Research Institute examines the dynamics of digital economy in CBD of Hangzhou Future Science and Technology City, and Guanshanhu Pilot Modern Service Industry Zone Management Committee shares the mode of management of building economy, and the experiences of various places are highly condensed, full of characteristics, and can be used for reference.

As a blue book mainly studying the development of CBD industry in China, this book makes a comprehensive analysis on the recent development of the CBDs' digital economy in Beijing, Shanghai, Guangzhou, Shenzhen, Hangzhou and other domestic ten cities, presenting the Beijing CBD to build a data platform to promote cross-border digital service, Shanghai Lujiazui Financial City to enhance the professional service to promote digital trade, the Guangzhou Tianhe CBD digital trade development to promote the construction of demonstration zones, Shenzhen Futian CBD data elements to empower the high-quality development of the digital economy, Hangzhou City North CBD digital headquarters to gather industrial ecological chain and other new trends. The above comparative analysis can not only help us observe the direction and path of the future CBD digital economy and high-end service industry, but also reflect on the characteristics and experience of CBD development in various regions, which provides an indispensable reference for future CBD development and management.

Keywords: CBD; Digital Service; Urban Capacity

Contents

I General Report

Abstract: Under the new development pattern, the development of digital economy has become the leading strategy for urban development in China, and the leading role, driving force and path orientation of CBD's digital service to enhance urban capacity are becoming more and more prominent. This report is based on the theme of Central Business District's "Digital Service Enhancing Urban Capacity", and it theoretically studies the five directions, analyzes the current digital economy development dynamics of China's top ten urban CBDs with case studies, continues to measure the indexes related to the development of central business districts, and summarizes the three major paths of urban capacity enhancement. Through theoretical guidance, case analysis, index calculation, path condensation and practical reference, it comprehensively describes the latest development dynamics, characteristics and paths of the enhancement of urban capacity by the improvement of digital service in China's central business districts, and puts forward specific development proposals such as digital consumption, digital science and technology, digital service and digital-reality fusion.

Keywords: CBD; Digital Economy; Digital Service; Urban Capacity

II　Evaluation Index Reports

B.2　Index Analysis on CBD Comprehensive Development (2023)

Fan Yuting / 050

Abstract: Service industry is an important industry for the development of CBDs in China. With the development of digitalization, digital service has gradually become one of the driving forces by which CBDs improve the urban capacity. This paper measures the comprehensive development of 13 CBDs from 2019 to 2021, and the main conclusions are as follows. (1) The CBDs of the 13 selected cities develop relatively smoothly from 2019 to 2021, but there is still a gap between the CBDs in the new first-tier cities and the CBDs in the first-tier cities, and the CBDs in the first-tier cities are higher than the CBDs in the new first-tier cities in terms of the comprehensive score. (2) In the view of the three-year average, there is a significant heterogeneity in the core influencing factors in the development process of each CBD. Overall, the regional radiation effect of the 13 CBDs is obvious, while the heterogeneity is manifested in the driving differences between the CBDs in first-tier cities and the CBDs in new first-tier cities in terms of individual development. (3) Digital service in CBDs in first-tier cities and some CBDs in new first-tier cities are integrated into many aspects of urban management, generating new business forms such as digital governance, digital consumption, and digital trade. Based on the results of the analysis, this report argues that the digital upgrading of CBD service consumption should be accelerated, new forms of CBD digital service consumption should be cultivated, digital technology should be used to empower CBD high-end service, the driving force of technological innovation to enhance the capacity of urban CBDs should be strengthened, and the public service should be optimized to promote the innovation of public digital service from the CBDs.

Keywords: CBD; Digital Service; Urban Capacity

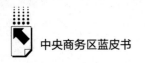

B.3 Index Analysis on CBD Regional Radiation（2023）

Li Xiaoyan / 080

Abstract：CBDs are the new engine of urban development. This report takes a total of 13 CBDs in 4 first-tier cities（Beijing, Shanghai, Guangzhou, Shenzhen）and 9 new first-tier cities（Tianjin, Chengdu, Wuhan, Hangzhou, Chongqing, Nanjing, Xi'an, Changsha, Shenyang）as the research object, and calculates, analyzes, and evaluates the regional radiation indexes of them. It is found that from 2019 to 2021, under the dual impact of the epidemic and macroeconomic downturn, the regional radiation index of CBDs in the 13 cities is generally characterized by imbalance, and the regional radiation index of CBDs in first-tier cities is still leading, which is significantly higher than that of CBDs in new first-tier cities, but it also exhibits a certain phenomenon of lack of growth, and at the same time, it can be seen that new first-tier cities' CBDs are also gradually rising. Based on this, this report puts forward the following suggestions：explore the integration mechanism of digital economy and related industries to promote the high-quality development of CBD；empower CBD with "digital" to create a benchmark city for digital economy at home and abroad；optimize the innovation mechanism of CBD to improve the innovation ecosystem；and promote the construction of intelligent CBD.

Keywords：CBD；Regional Radiation；Digital Economy

B.4 Index Analysis on CBD Building Economy（2023）

Cheng Sisi / 109

Abstract：As the development of building economy in central business districts of first-tier cities has gradually stepped into the 3.0 era, the development concepts of green, smart, sharing and integration have been more widely applied to building environment, and the creation of a shared industrial community integrating buildings, enterprises, properties, and employees has also become a new mode of building economy development in the new era. However, most of the new first-tier cities are still in the transition to the 3.0 era, and the problems of homogenization of building development and uneven development of smart buildings still exist. In order to improve the quality of buildings, localities should adhere to scientific planning and clear positioning of buildings; optimize the management scheme to create buildings with characteristics; enhance the environmental capacity to create high-end and convenient smart buildings.

Keywords: CBD; Building Economy; Smart Buildings

B.5   Index Analysis on CBD Business Environment (2023)

Sun Tao / 130

Abstract: This report takes 13 CBDs in China's first-tier and new first-tier cities as the research object, and evaluates domestic CBDs by constructing the CBD business environment index. The report concludes that, against the background of the booming digital economy, the business environment of many CBDs has been enhanced with remarkable effects and outstanding features. At the same time, the digital economy can enhance urban capacity by optimizing the business environment. In this regard, CBDs in Beijing and Shanghai should fully benchmark against international standards and create a superb business environment; CBDs in Guangzhou and Shenzhen should further highlight their advantages and lead the construction of business environment in the country; CBDs in new first-tier cities should deepen the reform of business environment, break the difficulties and make up for the short boards; and localities should optimize the business environment through the development of the digital economy to improve urban capacity.

Keywords: CBD; Business Environment; Digital Economy; Urban Capacity

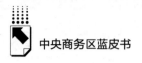
中央商务区蓝皮书

Ⅲ Special Studies

B.6 Analysis of The Current Situation and Trend of Digital
      Economy to Improve the Urban Capacity

Xing Hua, *Li Xiangyang*, *Hua Guodong* / 156

Abstract: At present, China's urban development is generally faced with the
problems of upgrading and kinetic energy transformation, and population mobility
and social structure changes are posing new challenges to the provision of urban
public service and urban governance. Digital economy plays an important role in
promoting urban innovation and economic growth, solving the "big city
disease", optimizing urban public service, and enhancing the effectiveness of
government governance, etc. All the cities should vigorously develop digital
economy to promote the transformation of production mode, accelerate the
construction of digital society to guide the transformation of life style, and help
build digital government to realize the transformation of governance mode.

Keywords: Digital Economy; Digital Society; Digital Government

B.7 Asset Management Enhances Digital Service Capability
      of Cities with CBDs

Wu Jiang, *Li Quanlin*, *Zhang Zhen*, *Yu Shaojie* / 182

Abstract: CBD is the center of economic development of a city, but under
the effect of many factors, the city where CBD is located is prone to non-
performing assets, resulting in a waste of resources. Asset management companies
are closely linked to CBDs, and at the same time have unique professional
advantages in asset management. By studying the functional role and digital
application of asset management companies and analyzing the case of the ZKGC

project in Beijing's Haidian District, this report argues that although asset management companies are faced with problems such as a lack of effective integration of information, the inability of the existing toolkit to satisfy differentiated needs, and functional advantages to be tapped into and played out, the robust market demand and outstanding functional advantages enable asset management companies, through digital service, to help CBDs in asset management and factor allocation, and thus enhance the urban capacity.

Keywords: CBD; Asset Management; Digital Service; Urban Capacity

B.8   Regional Heterogeneity Impact of Digital Economy on Urban
Capacity —Observations from Micro-listed Firms

Gao Jieying, Huang Suqin / 199

Abstract: Compared with the traditional economy, the digital economy has fundamentally changed the logic of business society's organizational operation and the way of value creation, and has become an important traction force leading the high-quality development of China's economy. This report takes the A-share listed companies in Shanghai and Shenzhen in the cities where CBDs are located in various parts of China from 2011 to 2021 as the research object, uses text analysis to portray the degree of digital transformation, empirically examines whether the implementation of digital transformation by enterprises can enhance their own value and innovation performance and reduce the tax burden, so as to empower the enhancement of the city's capacity. It also examines the regional heterogeneity of digital economy in three dimensions: digital business district, economic circle and three economic regions. The study finds that digital transformation can enhance city capacity by increasing enterprise value, improving enterprise innovation performance and reducing enterprise tax burden. The analysis of regional heterogeneity finds that the effects of digital transformation on enterprise value, innovation performance and corporate tax burden are more pronounced in the

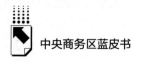

eastern region; the promotion of digital transformation on enterprise value is more pronounced in the Yangtze River Delta and Pearl River Delta Economic Circle, the promotion of corporate innovation performance is more pronounced in the Chengdu-Chongqing and Beijing-Tianjin-Hebei Economic Circle, and the inhibition of corporate tax burden is more pronounced in the Pearl River Delta Economic Circle; The effects of digital transformation on enterprise value and enterprise tax burden are more obvious in the "Beijing-Shanghai-Guangzhou-Jiangsu-Zhejiang" region, and the effects on enterprise innovation performance are stronger in other provinces and cities. In addition, further analysis reveals that the level of regional financial development plays a synergistic role in the effect of digital transformation on improving enterprise performance and reducing enterprise tax burden, while it plays a substitute role in the effect of digital transformation on improving innovation performance.

Keywords: Digital Economy; Urban Capacity; Enterprise Value

Ⅳ Regional Practice

B.9 Shanghai Lujiazui Financial City's Professional Service Enhances the Ability of Global Resource Allocation

Chen Chen / 234

Abstract: In recent years, the core industry of digital economy in Shanghai has been developing rapidly. Relying on the development of Shanghai, Lujiazui Financial City focuses on improving professional service and building a global leading professional service highland; seizes the opportunity of opening up of the financial industry to enhance the core function of the global asset management center; innovates the system reform and relies on the Shanghai Pilot Free Trade Zone Lujiazui Area to enhance the ability of global resource allocation; and vigorously develops the digital trade and strives for the creation of the national model zone for the innovative development of the trade in service.

Keywords: CBD; Lujiazui Financial City; Digital Economy; Professional Service

B.10   Hangzhou Future Science and Technology City CBD

   Leads Digital Economy Development   *Peng Yubo* / 246

Abstract: Digital economy has become an important engine for stabilizing growth and promoting transformation. Hangzhou Future Science and Technology City CBD builds advantageous digital industry clusters to create a place where global innovative talents and technological power converge, and which is suitable for business, live, and business environment optimization. In the future, Hangzhou Future Science and Technology City CBD will take multiple measures, adhere to the innovation-driven, industry-oriented, quality-first, continue to do a good job in Hangzhou digital economy development , and further play a role of demonstration and radiation driven.

Keywords: Hangzhou Future Science and Technology City CBD; Digital Industry Clusters; Digital Economy

B.11   Guiyang Guanshanhu CBD Drives Building Economy

   Development   *Wei Yalin, Pei Wukai, Zeng Jianping* / 259

Abstract: Guiyang Guanshanhu District constructs the intelligent management platform to achieve intelligent digital management of buildings, which efficiently empowers the building of fine management and enterprise precision service, promotes the rapid development of building enterprises, the improvement of business environment, the optimization of the industrial ecology, enhancement of the industrial development and the overall competitiveness of the central business district. Although relying on intelligent management of buildings has promoted the

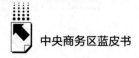

industrial development, the Guanshanhu CBD's building economy also exists some problems in the industrial relevance and the degree of aggregation is not high enough, the quality of the building to be improved and other issues. In this regard, Guanshanhu CBD needs to enhance the overall competitiveness of the building and enterprise development momentum, and to promote the high-quality development of the central business district industry from the platform improvement, mechanism innovation, building quality enhancement and other aspects.

Keywords: Guiyang Guanshanhu District; Digital Management; Building Economy; CBD

北京市哲学社会科学研究基地智库报告系列丛书

推动智库成果深度转化

打造首都新型智库拳头产品

为贯彻落实中共中央和北京市委关于繁荣发展哲学社会科学的指示精神，北京市社科规划办和北京市教委自 2004 年以来，依托首都高校、科研机构的优势学科和研究特色，建设了一批北京市哲学社会科学研究基地。研究基地在优化整合社科资源、资政育人、体制创新、服务首都改革发展等方面发挥了重要作用，为首都新型智库建设进行了积极探索，成为首都新型智库的重要力量。

围绕新时期首都改革发展的重点热点难点问题，北京市社科联、北京市社科规划办、北京市教委与社会科学文献出版社联合推出"北京市哲学社会科学研究基地智库报告系列丛书"。

北京市哲学社会科学研究基地智库报告系列丛书

（按照丛书名拼音排列）

· 北京产业蓝皮书：北京产业发展报告

· 北京人口蓝皮书：北京人口发展研究报告

· 城市管理蓝皮书：中国城市管理报告

· 法治政府蓝皮书：中国法治政府发展报告

· 健康城市蓝皮书：北京健康城市建设研究报告

· 京津冀蓝皮书：京津冀发展报告

· 平安中国蓝皮书：平安北京建设发展报告

· 企业海外发展蓝皮书：中国企业海外发展报告

· 首都文化贸易蓝皮书：首都文化贸易发展报告

· 中央商务区蓝皮书：中央商务区产业发展报告

权威报告·连续出版·独家资源

皮书数据库
ANNUAL REPORT(YEARBOOK)
DATABASE

分析解读当下中国发展变迁的高端智库平台

所获荣誉

- 2020年，入选全国新闻出版深度融合发展创新案例
- 2019年，入选国家新闻出版署数字出版精品遴选推荐计划
- 2016年，入选"十三五"国家重点电子出版物出版规划骨干工程
- 2013年，荣获"中国出版政府奖·网络出版物奖"提名奖
- 连续多年荣获中国数字出版博览会"数字出版·优秀品牌"奖

皮书数据库

"社科数托邦"
微信公众号

成为用户

　　登录网址www.pishu.com.cn访问皮书数据库网站或下载皮书数据库APP，通过手机号码验证或邮箱验证即可成为皮书数据库用户。

用户福利

- 已注册用户购书后可免费获赠100元皮书数据库充值卡。刮开充值卡涂层获取充值密码，登录并进入"会员中心"—"在线充值"—"充值卡充值"，充值成功即可购买和查看数据库内容。
- 用户福利最终解释权归社会科学文献出版社所有。

数据库服务热线：400-008-6695
数据库服务QQ：2475522410
数据库服务邮箱：database@ssap.cn
图书销售热线：010-59367070/7028
图书服务QQ：1265056568
图书服务邮箱：duzhe@ssap.cn

社会科学文献出版社　皮书系列
SOCIAL SCIENCES ACADEMIC PRESS (CHINA)

卡号：694126284275

密码：

法律声明